Ute Benz
Jugend, Gewalt und Fernsehen

Ute Benz

JUGEND GEWALT UND FERNSEHEN

Der Umgang mit bedrohlichen Bildern

METROPOL

Für Benjamin, Angelika und alle Jugendlichen,
die an der Entstehung dieser Arbeit mitgewirkt haben.

Die Deutsche Bibliothek – CIP-Einheitsaufnahme

Benz, Ute:

Jugend, Gewalt und Fernsehen. der Umgang mit bedrohlichen Bildern. –
Ute Benz
Berlin : Metropol-Verl., 1997
ISBN 3-926893-70-2

Kurfürstenstr. 135
10785 Berlin

Satz: Hendrik Bäßler, Berlin
Umschlaggestaltung: Bruno Schachtner, Dachau
Druck: H. & H. Russ GmbH, Berlin

Inhalt

Einleitung ... 7

I. Gewalt im Bild und Jugendgewalt als gesellschaftliche Probleme ... 20

1. Der Diskurs über Gewalt, Film und Jugend im Spannungsfeld pluralistischer Interessenkonflikte ... 20
2. Abwehrprozesse und Instrumentalisierungen am Beispiel staatlicher Indizierungspraxis ... 47
3. Filmzensur – Kollisionen von Idee und Wirklichkeit ... 56

II. Visueller Analphabetismus. Befunde aus der Beobachtung von Kindern und Jugendlichen ... 69

1. Naives Sehen und der visuelle Analphabetismus als Mangel an Fähigkeit zum bewußten Sehen bewegter Bilder: Erscheinungformen, Auswirkungen, Konsequenzen ... 69
2. Unfähigkeit zur Verbalisierung visueller Eindrücke ... 78
3. Der Untergang der Sprache und des Denkens vor dem Bild ... 80
4. Eßzwang als Ausdruck des Hungers nach Leben ... 82
5. Langeweile und Sehzwang ... 88
6. Kollektive Abwehrversuche gegen Sehzwang ... 93
7. Widerstände gegen die Auflösung von Sehzwängen ... 100
8. Die Notwendigkeit der visuellen Bildung und der Förderung der Verbalisierungsfähigkeit ... 103

III. Wurzeln der Gewalt: Die Disposition zur Radikalität ... 111

1. Psychische Wurzeln von Gewalt ... 111
2. Disposition zur Radikalität ... 129

IV. Gewaltbilder im Unterricht. Realisierungskonzepte anhand von Schulprojekten 164

1. Warum ausgerechnet Gewaltbilder und Gewaltfilme? 164
2. Intentionen 166

V. Durchführung von Projekten: Projekttag, Arbeitsgemeinschaft, Projektwoche 189

1. Methodische und didaktische Fragen 189
2. Übungen als Vorbereitung der Filmanalysearbeit 203
3. Filmanalysearbeit 209

VI. Jugendliche Gesichter: Verwandlung und Entfremdung 228

1. Portraitfotos als Anfang bewußten Bildersehens 228
2. Foto-Dokumente aus dem Schulprojekt „Erkennen von Gewalt in Beziehungen“ 247
3. Jugendliche Gesichter als Dokumente zur Weiterarbeit 257

Schlußbetrachtung 270
Literaturverzeichnis 275

Einleitung

„Die Zivilisation ist nichts ‚Vernünftiges'; sie ist nichts ‚Rationales', so wenig sie etwas ‚Irrationales' ist. Sie wird blind in Gang gesetzt und in Gang gehalten durch die Eigendynamik eines Beziehungsgeflechts, durch spezifische Veränderungen der Art, in der die Menschen miteinander zu leben gehalten sind. Aber es ist durchaus nicht unmöglich, daß wir etwas ‚Vernünftiges', etwas im Sinne unserer Bedürfnisse und Zwecke besser Funktionierendes daraus machen können. Denn gerade im Zivilisationsprozeß gibt das blinde Spiel der Verflechtungsmechanismen selbst allmählich einen größeren Spielraum zu planmäßigen Eingriffen in das Verflechtungsgewebe und den psychischen Habitus, zu Eingriffen auf Grund der Kenntnis ihrer ungeplanten Gesetzmäßigkeiten."

Norbert Elias, Über den Prozeß der Zivilisation, Bd. II, S. 316.

Angeregt zu dieser Arbeit im Grenzbereich von Psychoanalyse und Pädagogik wurde ich durch Fragen, die sich mir im Laufe meiner langjährigen kunsterzieherischen Tätigkeit und anschließenden psychoanalytischen Praxis für Kinder, Jugendliche, Eltern und Familien immer häufiger bei Gesprächen über Filme stellten. Sie betrafen Verständigungs- und Beziehungsprobleme. Jungen und Mädchen im Alter von sechs bis 16 Jahren machten mich, wenn sie mir von Filmen, sehr häufig von Gewaltfilmen, erzählen wollten, auf problematische Zusammenhänge von Filmesehen, mangelnder Verbalisierungsfähigkeit visueller Eindrücke und auf damit in Verbindung stehende Beziehungsstörungen aufmerksam. Erfüllt und erregt von visuellen Eindrücken und obwohl sie sich gerne darüber unterhalten hätten, vermochten diese Kinder und Jugendlichen häufig nicht das, was sie in Bildern gesehen und erlebt hatten, so in Worte zu fassen, daß ich es ohne Nachfragen hätte verstehen können. Doch meine Nachfragen irritierten sie offensichtlich. Häufig signalisierte mir ihr ärgerlicher Unterton eine latente Gereiztheit. Sie wirkten verwirrt, wenn sie unklare Zusammenhänge erkannten, und verärgert, wenn sie meinten, den Film gegen meine Fragen verteidigen zu müssen. Auf seiten der Kinder und Jugendlichen fiel mir ferner auf, wie frustrierend sie selber die große Kluft zwischen Sehen und Sprechen empfanden. Sie „schalteten" das Gespräch und damit die Beziehung zu Erwachsenen an dieser Stelle häufig ab. Sie erschienen mir als visuelle Analphabeten, die gegenüber Bildern ihre Wortsprache verloren hatten, so daß eine Verständigung, obwohl von beiden Seiten gewünscht, nicht gelingen konnte.

Diese Problematik der durch Sprachhemmnisse bereits im Keim störanfälligen Kommunikation erschien mir zunehmend als eine allgemeine, auch außerhalb therapeutischer Praxis zu beobachtende Problematik, zu deren Lösung ich einen Beitrag leisten wollte. Denn, so meine Überlegungen, beachtet man diese fundamentale Problematik mangelnder Verbalisierungsfähigkeit nicht, so riskiert man bereits im Ansatz das Scheitern von Gesprächen über Filme, das doch allgemein für wichtig in der Medienerziehung der Kinder und Jugendlichen gehalten wird. Gespräche über emotional so belastende und vielfältige Ängste in der Gesellschaft tangierende Themen wie Gewaltfilme können, so meine Erwartung, besser gelingen, wenn die unbewußten Widerstände in den Beziehungen aller an Gesprächen Beteiligten deutlicher erkannt und bei Lösungsversuchen berücksichtigt werden.

Widerstände finden sich nämlich nicht nur auf seiten der Jungen und Mädchen, sondern ebenso auf seiten der Erwachsenen, die mit ihnen über Filme reden. In psychoanalytischer Arbeit ist die Beachtung des Übertragungs- und Gegenübertragungsgeschehens wichtig, weil sich hier relevante unbewußte Konflikte abbilden und verstehen lassen. So bemerkte ich meinerseits ganz ähnliche „Abschalttendenzen" wie bei den Kindern und Jugendlichen. Es fiel mir oft schwer, ihnen aufmerksam zuzuhören. Häufig hatte ich den Eindruck, in eine Art double-bind-Situation geraten zu sein, einerseits sollte ich rasch „im

Bild“ sein und mich für den Film interessieren; tat ich das aber mit Fragen, wurde ich andererseits ausgeschlossen und spürte ihren Unmut über meine Fragen. So stellte sich in mir ebenfalls eine ärgerlich empfundene Verwirrung und merkwürdige Spannung her, die diskrepant war zu dem Gefühl der Langeweile beim Aufzählen vieler „und dann und dann“. Ich begann auch meine unbewußte double-bind-Botschaft zu verstehen („erzähl mir was, aber verschone mich damit“). Ich hatte es zwar bewußt begrüßt, daß Jungen und Mädchen über ihre Filmeindrücke mit mir reden wollten, und ich war neugierig auf ihre Sicht, aber zugleich hatte ich auch unbewußt Widerstände dagegen entwickelt, besonders wenn es um Gewaltfilme ging. So stellte sich auch die Frage, worauf diese Widerstände beruhen, was sie mit meinen Ängsten, Befürchtungen, Zuschreibungen und Aggressionen zu tun hatten. Gleichzeitig begann ich zu fragen, inwiefern darin kollektive Vorstellungen enthalten sind.

Zum Handwerkszeug künstlerischer und psychoanalytischer Arbeit gehört es, möglichst „genau hinzusehen“ und möglichst alles, was sich manifest oder latent in einer Erscheinung ausdrückt, in Betracht zu ziehen. Das heißt, neben dem Sichtbaren und Auffälligen der Gewaltbilder ist auch nach den unsichtbaren, den verborgenen Seiten zu fragen, die dazu gehören. Dadurch wurde es erforderlich, den Bereich der Ästhetik und der Psychoanalyse zu überschreiten und auch politische, historische oder soziologische Dimensionen nach Möglichkeit einzubeziehen. Wichtige Bereiche der Diskurse zur Geschlechterdifferenz, zur Konkurrenzproblematik und der Medienpädagogik konnten dabei nur am Rande berührt werden, weil der unmittelbare Bezug zur Praxis den Schwerpunkt der Arbeit bildet. Um ihn herzustellen, bot ich Seminare für Kinder und Jugendliche zu Gewaltfilmen an, in der Absicht, sie gemeinsam mit ihnen zu analysieren.

Erste Film-Seminare führte ich 1991/92 außerhalb der Schulen in Berlin im Rahmen von „Kids beraten Senator“ (einer vom damaligen Berliner Jugendsenator Thomas Krüger initiierten Einrichtung) mit Kindern und Jugendlichen im Alter zwischen elf und sechzehn Jahren durch. Anschließend wurden im Zeitraum von 1992 bis 1996 über 20

Projekte im Land Brandenburg im Rahmen der von der Regionalen Arbeitsstelle für Ausländerfragen (RAA Potsdam, Leiterin PD Dr. Hilde Schramm) geförderten Angebote für Schulen zum Abbau von Gewalt und Fremdenfeindschaft durchgeführt, teils von mir selbst, teils von Kolleginnen und Kollegen, die ich beriet. Die dabei gewonnenen Erfahrungen führten zu neuen Konzepten und wurden in Seminaren und Lehrerfortbildungen zur Diskussion gestellt. An mehreren Schulen begannen Kolleginnen und Kollegen, Konzepte entsprechend ihren Interessen und den Gegebenheiten an ihrer Schule zu entwickeln und zu erproben.

Sozialpsychologische Reflexionen, die seit Freud zur Psychoanalyse gehören und mit denen die kollektiven Einflüsse auf individuelle Entwicklungen berücksichtigt werden, haben Ende der 70er Jahre durch familientherapeutische Ansätze und trianguläre Beziehungsforschungen in der Psychoanalyse neue Akzente erfahren. Kollektive Interdependenzen werden dabei als Ergänzung zu individualpsychologischen stärker berücksichtigt. Zum Verständnis der Interdependenzen in derartigen „Szenen", wie sie sich in Gesprächen über Filme zwischen Erwachsenen und Kindern herstellen, sind die beziehungsanalytischen Theorien zur Familientherapie der Psychoanalytikerin Thea Bauriedl besonders nützlich. Wie Helm Stierlin und Horst-Eberhard Richter u. a. auf jeweils eigene Weise sah Bauriedl in den 70er Jahren die Notwendigkeit, die theoretische Fixierung der psychoanalytischen Sicht auf die Zweierbeziehung (Mutter und Kind, Vater und Kind, Vater und Mutter) zu lockern und durch eine stärkere Beachtung der – im Prinzip triadischen – Strukturen menschlicher Beziehungen mit ihren spezifischen Interaktionsmöglichkeiten zu ergänzen. Sie rückte damit auch die historische (und politische) Dimension konflikthafter Beziehungen deutlicher ins Blickfeld. Individuelle duadische Beziehungen erhalten so einen (geometrischen, im Dreieck anschaulich symbolisierten) „Ort", in dem einzelne, individuelle, duadische, triadische und intergenerationale Konfliktbeziehungen nicht isoliert, sondern in Abhängigkeit voneinander erscheinen, d. h. in ihren Interdependenzen problematisiert werden können.

Unter beziehungsanalytischen Aspekten ging es mir in dieser Arbeit darum, im engen Bezug zur Praxis folgende Fragestellungen zu klären: Was macht Gespräche zwischen Erwachsenen und Kindern über Filme so schwer? Wo liegen die besonderen Schwierigkeiten und wie sind sie zu beheben? Welche bewußten und unbewußten Motive spielen dabei auf seiten der Erwachsenen, welche auf seiten der Jungen und Mädchen, welche auf seiten der Filmemacher eine Rolle? Inwiefern manifestieren sich in den „Szenen" (in den Gesprächen Erwachsener mit Jungen und Mädchen über Filme oder auch in Diskursen Erwachsener über die Problematik „Gewalt, Film und Kinder bzw. Jugendliche") einander möglicherweise ergänzende Abwehrstrategien? Was wären die Motive für solche Abwehr, welche Ängste motivieren dazu? Könnte es an unbewußten Abwehrstrukturen liegen, daß die paradoxe Situation erhalten wird, daß die Lösung politisch und kommerziell induzierter Probleme des Fernsehkonsums von Kindern und Jugendlichen individualisiert wird, daß die Verantwortung dafür auf überforderte Eltern mit Schuldgefühlsdruck verlagert wird?

Ziel meiner Arbeit unter solchen Fragestellungen war, einige der Hindernisse besser zu verstehen, die als Abwehrformen Gespräche, Diskurse und Beziehungen, sei es durch unbewußte Delegationen, Zuschreibungen, Spaltungen, Bündnisse oder durch Abhängigkeits- und Ausbeutungsprozesse, stören. Ziel war darüber hinaus, zugleich praktikable Wege zur Förderung von Gesprächen und Diskursen in der Schule zu suchen. Gespräche über Filme hängen aber, wie sich zeigte, nicht allein vom guten Willen zur Aufklärung der Beteiligten ab, sondern auch von strukturellen Problemen der Schulen. Sie veranlaßten mich dazu, Fragen zur allgemeinen visuellen Bildung zu stellen.

Im ersten Teil dieser Arbeit werden ursprünglich aufs Individuum gerichtete psychoanalytische Fragen nach der Wirksamkeit unbewußter Motive auf die Gesellschaft bezogen. Im zweiten theoretischen Teil werden Thesen über den „visuellen Analphabetismus", seine individuellen und strukturellen Folgen diskutiert, insbesondere das moderne Macht- und Ohnmachtsgefälle sowie das Phänomen der „Sprachlosigkeit" vor Bildern, das nur bildungspolitisch und nicht von Eltern zu verändern ist, nämlich durch kontinuierliche visuelle Bildung und Verbalisierungsarbeit an Schulen.

Im dritten Teil schließlich werden praktische Wege zur Veränderung des visuellen Analphabetismus, zur visuellen Aufklärung als gemeinsam von Lehrern und Schülern im Diskurs zu betreibender Forschungsprozeß, zu bewußtem Sehen und Reflektieren anhand der Erfahrung in Schulprojekten dargestellt und kritisch auf ihre allgemeine Brauchbarkeit im Bildungsbereich untersucht.

Als analyseleitendes Gerüst dienen folgende Thesen, die in der Arbeit am empirischen Befund konkretisiert werden:

- Das entscheidende Problem für Kinder und Erwachsene im Medienzeitalter liegt nicht allein in der Quantität oder in der Qualität der Bilder in Fernsehen, Film, Computer und Druckerzeugnissen, sondern vor allem in der Offenheit und Naivität, mit der Kinder und die Mehrzahl der Erwachsenen Bilder sehen.
- Diese Naivität bezeichne ich ihrer Auswirkungen wegen als visuellen Analphabetismus, als Unfähigkeit vieler Menschen zu genauem und zu bewußtem Sehen. Visueller Analphabetismus steht in engem Zusammenhang mit der naiven Annahme, es genüge zur Kommunikation der Menschen, „im gleichen Bild" zu sein, um sich – wortlos – zu verständigen. Dies führt zu einem schleichenden Entwertungsprozeß der Sprache – es erscheint müßig und zu schwierig, Bilder in Worte zu übersetzen – bis hin zum Verlust von Sprache.
- Mit dem Verlust von Sprache verbunden ist der Verlust des Denkens, da außerhalb von Sprache, Begriffen und Bedeutungsverknüpfungen nicht kritisch gedacht werden kann, nur assoziierend und bestenfalls vergleichend. Verlust der Sprache impliziert eine sozial-politische Gefahr: den Verlust an Kommunikations- und Diskursfähigkeit.
- Visueller Analphabetismus hat zur Folge, daß bildkritische Fähigkeiten verlorengehen bzw. nicht entwickelt werden. Bildkritische Fähigkeiten sind es jedoch, die mündige Bürger im Medienzeitalter angesichts perfekter Bildmanipulationsmöglichkeiten dringend benötigen, um Fiktion von Realität und das authentische Dokument von der Fälschung zu unterscheiden und um zu erkennen, was per Bild mit ihnen

gemacht wird. Ziel ist das Erkennen der Mechanismen moderner alltäglicher Manipulation.

• Visueller Analphabetismus erzeugt, weil er auf Unwissenheit basiert, Abhängigkeiten vieler Menschen von wenigen, die über exklusives Wissen und Know-how der Herstellung und Verteilung von Bildern verfügen und insofern Macht haben, Vorstellungen der ohnmächtigen Mehrheit zu manipulieren.

• Das wachsende Machtungleichgewicht zwischen Bildkonsumenten und „Bildermachern" kann die demokratische Substanz gefährden. Daher muß die Macht der Konsumenten durch zielbewußte Aufklärung, d. h. durch die Vermittlung von Fähigkeiten zu bewußter Wahrnehmung rasch wechselnder Bilder sowie durch die Vermittlung der Fähigkeit zu bewußter Wahrnehmung der Intentionen der Bildermacher bzw. Bilderanbieter gefördert werden. Voraussetzung dafür ist die Entwicklung der Fähigkeit zur Verbalisierung visueller Eindrücke.

Über daraus resultierende Erkenntnisse wird auswertend berichtet mit dem Ziel, didaktische Konzepte zu gewinnen, die als Gewaltprophylaxe Anfänge einer (im Projektrahmen natürlich nur ansatzweise erreichbaren) allgemeinen visuellen Bildung sind, die auch Gewaltfilme einbezieht. Neu in dieser Arbeit ist der interdisziplinäre Ansatz, der psychoanalytische, speziell beziehungsanalytische, künstlerische und medienpädagogische Ansätze entsprechend meiner Berufserfahrungen in Kunsterziehung und Psychotherapie verknüpft.

Der öffentliche Diskurs über Gewalt und Jugend in den Medien scheint zu stagnieren. Er erschöpft sich in Wiederholungen altbekannter Anklage- und Verteidigungsstrategien und hat im wesentlichen zwei entgegengesetzte Lösungsmuster – mehr staatliche und elterliche Zensur oder aber mehr Laissez-faire-Politik – ergeben. Beide Lösungswege freilich sind ebenso unbefriedigend wie eine dritte Position, die, um Vermittlung bemüht, einfach zu größerer Gelassenheit angesichts der Problematik rät. Eine wesentliche Ursache dafür, daß sich an der Stagnation des Diskurses, ungeachtet neuer Detailforschungen, auch zukünftig grundlegend wenig ändern kann, liegt, so meine These, daran, daß der Diskurs um Bilder und ihre Wirkung sich nach dem Prinzip einer kollektiven Problemspaltung entwickelt hat, die ich im folgenden darlegen will, um die Grundspannung zu charakterisieren, die mir in der Problematik Bild und Gesellschaft wirksam zu sein scheint.

Im Diskurs konzentriert man sich weitgehend auf die Bildinhalte und ignoriert die Tatsache, daß er über einen Gegenstand – fotografische Bilder und ihre Wirkung – geführt wird, der seinem Wesen nach immer doppelbödig ist. Fotografische Bilder dokumentieren etwas und zugleich täuschen sie damit auch etwas vor; sie wirken realistisch und sind doch künstlich, sie sind immer eine Mixtur aus Realitäten und Manipulationen, sie reißen Realitäten aus ihren ursprünglichen räumlichen und zeitlichen Zusammenhängen heraus. Wieviel Realität Fotos auch immer enthalten mögen, sie bleiben künstliche Produkte, gestaltete, d. h. in Farbe, Form, Größe, Ausschnitt gestylte Bilder. Insofern sind Bilder visuelle Botschaften von Absendern an Adressaten, die sich nicht kennen. Die Botschaften enthalten verschlüsselte Informationen und sie müssen immer vom Adressaten dechiffriert werden.

Und obwohl alle fotografischen Bilder diese Doppelbödigkeit haben, so fällt im Diskurs auf, daß nur eine bestimmte Kategorie von Bildern, solche nämlich, die im weitesten Sinne „stören", kritisch diskutiert werden. Die zu dieser Kategorie gehörenden Bilder werden im folgenden, bewußt generalisierend, als „Bilder des Häßlichen" oder „Bilder des Bösen" oder aber, leicht mißverständlich, als „böse Bilder" bezeichnet. Dabei bedeutet die negative Qualifikation kein moralisches oder künstlerisches Urteil, mit ihr soll nur erfaßt werden, was im öffentlichen Diskurs bestimmten Fotos und Filmen negativ zugeordnet wird. Tatsache ist, daß um die Wirkung „häßlicher, böser Bilder" intensiv gestritten wird, während gleichzeitig die andere Kategorie von Bildern unreflektiert bleibt. Bilder der zweiten Kategorie werden im folgenden (ebenfalls generalisierend) als „Bilder des schönen Scheins" oder „Bilder des Schönen" oder, ebenfalls leicht mißverständlich, als „schöne Bilder", zutreffender als „geschönte Bilder" bezeichnet.

Über die zweite Bilderkategorie gibt es keinen öffentlichen Erregungsbedarf, vielmehr besteht ihr gegenüber offenbar stillschweigende allgemeine Akzeptanz. Warum? Tatsächlich sind sie nicht weniger fragwürdig als die häßlichen, denn obwohl die schönen Bilder als harmlos gelten, haben sie ja nicht nur positive, sondern ebenfalls negative Wirkungen. So nähren sie, analog den „bösen“ Bildern, unrealistische Phantasien von ewiger Schönheit und Jugend, von Kraft und Gesundheit, von Größe und Bedeutung, und auch sie erzeugen Ängste vor Rivalität, Konkurrenz und Wertvergleichen. Sie täuschen Leben, Glück, Liebe, Freundlichkeit und Natürlichkeit vor, wo tatsächlich Verzicht (etwa der bewunderten Models) z. B. auf Spontaneität und Natürlichkeit war, wo Berechnung mit Schminke, Maske, Raffinesse und Kalkül eingesetzt wurde zur Erzeugung des schönen Scheins für ein paar Sekundenbruchteile. Bilder des Schönen bewirken auch, daß neben ihrem „schönen Schein“ die Realität der Menschen verblaßt, daß sie zum Vergleich zwingen und Realität besonders grau, unattraktiv, unbedeutend und entwertet erscheinen lassen.

Bezieht man nun beide Kategorien, die des „schönen“ und die des „häßlichen“ Bildes in den Diskurs ein, so ergeben sich Aussagen für ihre Relationen zueinander und für die Instrumentalisierung der Bilder im Diskurs der modernen Gesellschaft des Medienzeitalters. Meine These lautet: Es besteht ein dialektischer Zusammenhang zwischen den Bildern des Häßlichen und den Bildern des Schönen, der im Medienzeitalter unter den neuen technischen Bildproduktionsmöglichkeiten eine eskalierende Eigendynamik entwickelt hat. Die Eskalation der „häßlichen“ Bildproduktion ist das Ergebnis der kommerziellen Ausbeutung des „schönen Scheins“.

Die Omnipräsenz schöner Bilder im Alltag der Menschen bewirkt suchtartige Abhängigkeiten vom „schönen Erscheinungsbild“ und stellt eine mächtige Diktatur des schönen Scheins und der Pseudoharmonie im Bild dar. Zugleich aber eskaliert die Produktion „häßlicher Bilder“ ebenfalls und zwar deswegen, weil der Genuß „schöner Bilder“ auf Dauer nicht befriedigen kann. Selbst die schönsten Fotos sind letztlich unlebendig, sind immer gleich bleibende Produkte, erstarrt in ihrer Stilisierung des einst Lebendigen. Sie verändern sich nicht mehr, sie enttäuschen und sie langweilen, sie vermögen den Blick nicht dauerhaft zu fesseln. Für ein von Fluten geschönter Bilder gelangweiltes Publikum haben daher die häßlichen Bilder stärkeren Reiz als die schönen.

Es liegt vermutlich an ihrer allenfalls kurzzeitig faszinierenden Pseudorealität, daß „schöne Bilder“ das Verlangen schüren nach immer neuen und noch schöneren Bildern, ein Verlangen nach neuer Spannung durch andere Bilder. Spannung kann im Bildbereich vor allem aus der Kontrastbildung entwickelt werden, und der stärkste mögliche Kontrast zum „schönen Bild“ ist sein Komplementär-Kontrast, also das „häßliche Bild“. Das „häßliche“ Bild liefert im Kontrast zum „schönen“ maximale Spannung, denn in häßlichen Bildern taucht all das wieder auf, was aus den schönen Bildern als störend eliminiert wurde: Häßlichkeit, Unansehnlichkeit, Krankheit, Verletzung, Mord und Totschlag – all die Motive, die den schönen Schein eines idealisierten Daseins fundamental bedrohen und die Illusionen unendlicher Schönheit zerstören, indem sie an Endlichkeit, Bosheit und Tod gemahnen.

Insofern läßt sich die These aufstellen, daß die weltweit massenhaft publizierten Bilder des Bösen und Häßlichen (Gewaltfilme, Horrorfilme) Pendants sind zu den Bildern des Schönen (Werbung, „schöne Filme“). „Häßliche Bilder“ sind Spaltungsprodukte der „geschönten Bilder“. Eine dialektische Beziehung zwischen idealisierten „Bildern des Schönen“ und „Bildern des Häßlichen“ treibt die Bildentwicklung voran. Jede Eskalation schöner Bilder zieht eine Eskalation häßlicher Bilder nach sich.

Berücksichtigt man den inneren Zusammenhang „schöner“ und „häßlicher“ Bilder, dann ergeben sich für die Frage, wie man die „häßlichen“ Bilder zum Schutze der Jugend „loswerden“ könnte, andere Antworten. Unmittelbar einsichtig wird auch, warum ein Diskurs, der sich lediglich auf eine Bildsorte, auf Gewaltbilder und deren Zensur fixiert, kein positives Ergebnis bringen kann, ja daß er indirekt zur weiteren Eskalation häßlicher Bilder beiträgt. Ein Diskurs, der Konjunktur exklusiv für das „Schöne“ subventionieren will, fördert damit die Spaltung und insofern die Konjunktur des „häßlichen“ Bildes. Wenn nicht damit begonnen wird, die Spaltung der Bilderwelten aufzuheben und dem „häßlichen“ seinen gebührenden Platz neben dem „schönen“ einzuräumen, wird das „häßliche“ Bild im Schatten des „schönen“ gedeihen.

Auf der Basis einer dialektischen Beziehung „schöner“ und „häßlicher“ Bilder läßt sich die Prognose aufstellen: Je geschönter, je omnipräsenter, sauberer, ordentlicher, perfekter gestylt die Bilderwelt wird, desto mehr wird das Interesse an gegensätzlichen Bildern zunehmen und als Nachfrage auf dem Medienmarkt wirken. Für Produzenten „häßlicher“ Filme gibt es so lange einen florierenden Markt, wie der Markt des idealisierten Schönen floriert. Durch Zensur und Verbote kann das häßliche Bild nicht an Attraktivität verlieren, im Gegenteil. Seine Kontrastwirkung läßt sich indessen reduzieren durch Integration des „Häßlichen“, durch bewußte Versuche, die Spaltung der Bilderwelten aufzuheben durch Integration des Häßlichen in das Schöne. Für Künstler, Regisseure und Produzenten, Intendanten und Journalisten ist dies die eigentliche Herausforderung im Medienzeitalter.

Zur Vorgehensweise

Für die Projekte gegen den visuellen Analphabetismus waren folgende Überlegungen maßgeblich: Über stehende bzw. bewegte Bilder zu reden bedeutet, stets drei Ebenen in Betracht zu ziehen: erstens die manifeste Bildebene mit allen unmittelbar sichtbaren und hörbaren Erscheinungen, Farben und Formen, mit Inhalten, Tönen, Geräuschen; zweitens die hinter der manifesten Ebene verborgene latente Bildebene, die die Bildermacher und ihre Intentionen umfaßt, und schließlich drittens die Ebene vor dem Bild, die der Betrachter. Die Interdependenzen dieser drei Ebenen, also des manifesten Bildes, der Bildhersteller sowie der Bildbetrachter sind zu untersuchen. Es genügt also nicht, wie es gegenüber Gewaltfilmen meist gemacht wird, sich gänzlich auf die Klärung von Wirkungsfragen, also auf die beiden Ebenen Film und Betrachter zu beschränken und nur die Relationen zwischen jungen Zuschauern und dem betrachteten Film zu untersuchen. Vielmehr muß auch die Beziehung vom Betrachter zum Hersteller und vom Hersteller zum Film in die Analyse einbezogen werden. Denn während die sichtbare Oberfläche von Bildern mit ihren Objekten, Farben und Formen vorrangig alle Aufmerksamkeit von Betrachtern auf sich zieht, treten die Schöpfer der Bilder selbst nebst ihren Intentionen und Bündnissen überhaupt nicht in Erscheinung. Ihr Tun als Absender visueller Botschaften, die mit ihren Bildern genau definierte Absichten verfolgen, wird vom Adressaten in der Regel nicht bewußt beachtet.

Die in dieser Arbeit maßgebliche Perspektive auf die Problematik „Jugend, Film und Gewalt" unterscheidet sich von anderen Publikationen zu dieser Thematik wesentlich darin, daß sie nicht nur die Objekte (Film und Jugend) als Forschungsproblem einbezieht, sondern daß sie den kritischen Blick auch auf die über Jugend und Film reflektierenden Erwachsenen, d. h. auf die Subjekte in der Metaposition richtet. Bewußt in Kauf genommen wird der Nachteil einer derartigen Metaperspektive, daß nämlich die Kontrastbildung – nach den Kategorien Jugend einerseits und über Jugend nachdenkende Erwachsene andererseits – für bestimmte Fragestellungen keine unmittelbare Differenzierung vornimmt. Das bedeutet jedoch keineswegs, daß die Differenzierung durchgehend geopfert wird, daß alle Erwachsenen in „einen Topf Erwachsener" müssen. Auch „die Jugend" hat, wo über sie geredet wird, vielfach den Eindruck der unzulässigen Verallgemeinerung. Diese Perspektive ist ja nicht von außen herangetragen, sondern sie folgt nur konsequent der manifesten einfachen Grundstruktur des allgemeinen Diskurses. Zweck der Metaperspektive auf die beiden Grundgrößen Jugend (Jungen und Mädchen) und Erwachsene (Männer und Frauen) ist vielmehr, spezifische kollektiv verdrängte Probleme im Diskurs in ihrer Grundstruktur herauszuarbeiten um damit zur weiteren Diskussion anzuregen.

Die beträchtlichen Unterschiede von Kinofilmen, Videofilmen, Computerbildern hinsichtlich ihrer künstlerischen und suggestiven Elemente werden ebenso wie ästhetische und qualitative Fragen weitgehend außer Betracht gelassen. Auch die Frage der geschlechtsspezifischen Differenzen wurden in den allgemeinen Überlegungen dann nicht berücksichtigt, wenn es darum ging, den Akzent auf generationale Konflikte um Bildersehen herauszuarbeiten. In solchem Zusammenhang wird allgemein von Kindern und Jugendlichen gesprochen, um den altersmäßigen Aspekt erkennbarer zu machen, „jugendlich" meint dann die Altersstufe von 14 bis 18 bzw. 21 Jahren.

Eine weitere Einschränkung betrifft die Reduzierung der Filmproblematik auf visuelle Fragen unter Auslassung der akustischen Elemente von Filmen, Fragen nach ihrer Funktion und Bedeutung als dramatische und emotionalisierende Faktoren, die sich mehr noch als Bilder rationaler Reflexion entziehen.

Der öffentliche Diskurs, auch dies ist bei den folgenden Überlegungen zu berücksichtigen, zeigt das Dilemma zweier deutscher Grundeinstellungen gegenüber Gewalt: Hinsehen als Akt des Widerstandes (um eine Lehre aus der NS-Geschichte zu ziehen) versus Wegsehen als verordneter Akt staatlichen Schutzes (Indizierung oder Zensur).

*

Diese Arbeit wurde unter dem Titel „Gewaltprophylaxe in der Schule. Eine Studie zu Diskurs- und Verbalisierungsfähigkeit im Pubertätsalter" vom Fachbereich 2 der TU Berlin im Juni 1996 als Dissertation angenommen. Über die akademische Betreuung hinaus danke ich Hilde Schramm und Astrid Albrecht-Heide für viele Anregungen, Kritik und stete Ermutigung sehr herzlich.

I. Gewalt im Bild und Jugendgewalt als gesellschaftliche Probleme

1. Der Diskurs über Gewalt, Film und Jugend im Spannungsfeld pluralistischer Interessenkonflikte

Unbewußte Faktoren in der Parteinahme pro oder contra Jugendschutz vor Gewaltbildern in Filmen und Computerspielen

Öffentliche Diskurse über Gewaltbilder im Kinofilm, Fernsehen und im Computerspielen sowie über eskalierende Jugendgewalt sind in besonderem Maße Ausdruck parteipolitischer, religiöser, wirtschaftlicher, ideologischer, kollektiver wie individueller Interessen, doch werden diese hinter der stets in den Vordergrund gerückten allgemeinen Sorge für die Jugend selten deutlich benannt. Offensichtlich ist aber, daß die Diskurse eine besondere Erregungsqualität für Erwachsene haben, so daß zu fragen ist, warum und welche Motive dafür maßgeblich sind.[1]

Kollektive, strittige Auseinandersetzungen Erwachsener über Kinder und deren gute oder schlechte Entwicklung tragen, wie Thea Bauriedl

1 An repräsentativer Stelle verlieh die damalige Bundesministerin für Frauen und Jugend, Angela Merkel, dem für konservative Auffassungen typischen Sorgeaspekt Ausdruck in: Jugendschutz ein politischer Auftrag?, in: Jugend-Medien-Schutz-Report (JMS-Report) 15 (1992), H. 3, S. 1–3. Die von Rudolf Stefen herausgegebene Zeitschrift hat insofern offiziösen Charakter, als sie regelmäßige Listen indizierter und beschlagnahmter Medien publiziert und daher für Verleihstellen wichtig ist. Sie ist allgemein um den Diskurs über Jugendschutz, insbesondere unter juristischen Aspekten, bemüht.

aus beziehungsanalytischer Sicht eindrücklich dargelegt hat, vielfach Züge eines verdeckten gemeinsamen Arrangements, wie es modellhaft in Familien zwischen Vätern und Müttern etwa oder auch zwischen Großeltern und Eltern zu beobachten ist, Züge eines konkurrierenden und oft eifersüchtigen Ringens darum, was für das Kind am besten sei, wer es am besten verstehe, oder aber im Gegenteil, wer was falsch mit dem Kind mache. Durch die Erforschung familiendynamischer Zusammenhänge machte Bauriedl darauf aufmerksam, wie Erwachsene spaltend Probleme zwischen sich aufteilen, etwa die Frage, ob und wieviel Schutz ein Kind braucht, so daß zusammengehörige Fragen letztlich als polar getrennt erscheinen. Wer aus Gründen der eigenen Biographie den Schutzaspekt betont, schätzt ein Kind eher als schwach ein und zieht zur Bestätigung seiner Einschätzung bevorzugt Informationen über reale Schwächen und Gefahren heran, die nach Schutz verlangen. Ist aber die Schutz-Position in einer Familie von einem Elternteil besonders stark ausgefüllt, so kann der Elternteil unbesorgt eine gegenteilige Position, die auf der Erwartung basiert, das Kind sei stark genug, um sich selbst zu schützen, übernehmen.[2] Anhänger der Position „zu schwach" solidarisieren sich mit den Schwachen, betonen die Gefahren und verlangen folgerichtig etwa gegenüber Bildern der Gewalt mehr öffentlichen Schutz.[3] In Diskursbeiträgen zielen Anhänger des Schutzgedankens darauf ab, intensive Gefühle von Angst und Bedrohung, wie sie sie selbst haben, suggestiv durch eine bestimmte Strategie in der Argumentation zu vermitteln, wonach allgemeine Klagen über Orientierungslosigkeit, Werteverlust, Elternversagen, Demokratieverlust addiert werden. Charakteristisch für sie ist, daß sie eine all-

2 Vgl. Thea Bauriedl, Auch ohne Couch. Psychoanalyse als Beziehungstheorie und ihre Anwendungen, Stuttgart 1994, S. 223–238 ; dies., Psychoanalyse ohne Couch, München 1985, S. 85–92.

3 Werner Glogauer, Kriminalisierung von Kindern und Jugendlichen durch Medien, Baden-Baden 1991; Neil Postman, Wir amüsieren uns zu Tode, Frankfurt a. M. 1985.

gemeine dumpfe Krisenatmosphäre, die förmlich nach Rettung schreit, beschwören.[4] Aber auch Anhänger der gegenteiligen Auffassung, „das Kind ist stark genug", verfolgen im Prinzip, gewissermaßen nur seitenverkehrt, dieselbe Strategie, nach der sie etwa eine Politik der Zensur von Gewaltfilmen gänzlich ablehnen und statt dessen die Ansicht vertreten, es genüge, gelassen abzuwarten, die Probleme erledigten sich von selbst.[5]

4 Arbeitsgemeinschaft familienfreundliches Fernsehen (AfF). Gründung Mai 1992, Kuratorium aus Wissenschaft und Politik (u. a. N. Blüm, H. Geissler, W. Heitmeyer, Neil Postman, J. Schoeps, I. Bubis, Bayerische Landfrauen/ Bayerischer Bauernverband, Deutscher Frauenring, Deutscher Lehrerverband); Ziele: Umsetzung des Medienschutzes gegen „verrohend wirkende Medienverbreitungen", gegen NS- und Kriegsverherrlichung, Frauendiskriminierung, Pornographie, Drogen; vgl. Chris M. Förster, Rezension in: psychosozial 13 (1990), H. 44, S. 103–104 zu: Joshua Meyrowitz, Die Fernsehgesellschaft, Wirklichkeit und Identität im Medienzeitalter, Weinheim 1987. Den negativen Thesen Neil Postmans, daß der „Bildschirm den Verstand einschläfert", stünden antithetisch Thesen von Joshua Meyrowitz gegenüber, der als Gewinn des Fernsehens ortsunabhängige „soziale Erfahrung" angeboten sieht, so daß ihre kognitive und soziale Entwicklung beschleunigt werde; vgl. Helmut Lukesch, Horrorvideos – Verbreitung und Wirkung, in: psychosozial 13 (1990), H. 44, S. 33–41; vgl. auch VV Medien, in Zusammenarbeit mit AfF, in Anhörung Deutscher Bundestagsausschuß 31. 1. 1996. Dort wurde von ihr der Gesichtspunkt der Elternverantwortlichkeit kritisiert und mehr staatlich restriktive Medienpolitik, u.a. die Einführung einer „Sex- und Crime-Sondersteuer" verlangt. Vgl. auch Joachim H. Knoll, Jugend, Medien und Gewalt, in: JMS-Report 16 (1993), H. 3, S. 6–9: „Alkoholismus, Vandalismus, Provokation durch neonazistische Parolen und Aktionen scheinen einer Sinn- und Perspektivlosigkeit zu entstammen, die in besonderem Maße die Beitrittsländer betrifft..."

5 Vgl. Waldemar Vogelgesang, Rainer Winter, Die neue Lust am Grauen, in: psychosozial 13 (1990), H. 44, S. 42–49; Barbara Pfetsch, Klaus Neumann, Am (N)Kabel der Welt? Kinder und Kabelkommunikation, in: psychosozial, ebenda, S. 24–32.

Aus beziehungsanalytischer Sicht sind derartige polarisierte Pro- und Kontra-Diskurse ein Indiz für eine beiderseitige, mißbräuchliche Verwendung einer Problematik im Dienste der Konfliktabwehr zwischen Erwachsenen. Der Diskurs über Gewalt im Bild und seine Wirkung auf Jugend trägt deutliche Züge solcher Abwehr.[6] Er hat, wie zu zeigen sein wird, u. a. auch die Funktion, von geschlechts- und generationsspezifischen Konflikten Erwachsener untereinander abzulenken. Der Diskurs kann so zur Bühne werden, auf der Gefechte Erwachsener ausgetragen und wechselseitige Schuldzuschreibungen plaziert werden. Die instrumentelle Funktion des Diskurses könnte erklären, warum seit Jahrzehnten nur punktuelle, nicht aber effektive allgemeine Lösungen im Bereich visueller Bildung entwickelt wurden.

Für eine Abwehrfunktion im Diskurs über Film, Gewalt und Jugend spricht die Einseitigkeit der vorgetragenen Motive, als wäre es nur Sorge und Angst, die Erwachsene bewegt. Von Lust, von ideellen und finanziellen Gewinninteressen ist kaum die Rede. Seltenheitswert hat es, wenn andere Motive, wie etwa im Jugend-Medienschutz-Report des Jahres 1992, referiert werden, wo über eine Tagung der Deutschen Gesellschaft für Jugendschutz e. V. (DGJ) im November 1991 zu lesen war: „... daß die Rezeption von Gewaltdarstellungen und Horror manchem Referenten selbst Spaß mache, ließ der eine oder andere erkennen. Danke für soviel Ehrlichkeit!“[7] Dem Rezensenten war auch erwähnenswert, wie sich auf Tagungen des Jugendschutzes gegen Gewalt ein spezifisches Kampfvokabular ausbildete: „Die besonderen Kriegs- und Sportmetaphern des Podiums dürfen nicht unerwähnt bleiben:

6 Waldemar Vogelgesang, Medien und Gewalt: Fakten und Vermutungen im Widerstreit, in: psychosozial 18 (1995), H. 1, S. 99–110. Seine These lautet: „Es besteht keine kausale Beziehung zwischen dem Betrachten von gewalthaltigen Fernsehsendungen und aggressiven Handlungen bei Kindern“ (S. 107) .

7 Gerhard Glück, Das „scharfe Schwert“ gegen Gewalt in den Massenmedien, in: JMS-Report 15 (1992) H. 1, S. 8.

‚an die Startlöcher', ‚an die Gewehre', ‚die Kämpfer für den Jugendschutz', ‚die Schwerter kreuzen', das Indizierungsverfahren als ‚scharfes Schwert', ‚Feuer frei' als Aufforderung für Diskussionsbeiträge, ‚ins Gefecht bitten', und ‚Flankenschutz geben', ‚Hineinkatapultiert werden', Neue ‚Munition', ‚kein Verzagen', ‚weiterkämpfen'".[8]

Gewaltfilme lassen sich, dies ist auch meine Erfahrung, nicht rein sachlich und emotionsfrei abhandeln, sie emotionalisieren unvermeidlich und lösen unbewußte Abwehrreaktionen vielfältiger Art aus. Damit sie den Diskurs nicht unbemerkt behindern, wäre es aus psychoanalytischer Sicht sinnvoll, die verdrängten Motive und Emotionen stärker zu erforschen, um den Diskurs von Instrumentalisierungen zu entlasten.

Instrumentalisierungen im Gewaltdiskurs

Indikatoren für Instrumentalisierungen des Gewaltfilm-Jugend-Diskurses im Dienst persönlicher oder parteipolitischer Interessen sind z. B. emotional stark engagiert wirkende Darstellungen, die Gewalt-, Jugend-, Familien- und Filmprobleme zu einem dramatischen Einheitsthema verdichten. Auf den ersten Blick scheint das der kompletten Aufzählung aller für die Problematik relevanten Aspekte zu dienen, tatsächlich führt es durch die Art der Formulierungen zur Erzeugung einer Katastrophenstimmung, zur Angsterweckung sowie zur Schuldzuschreibung, sei es an Eltern oder an politische Gegner, wie die folgenden Beispiele aus der gerichtsmedizinischen, psychoanalytischen, soziologischen, parlamentarischen Literatur sowie aus der Tagespresse und dem Fernsehen zeigen.[9]

8 Ebenda, S. 35.

9 Die Instrumentalisierung zeigt sich u. a. auch in der populären Verweigerung von Fachwissen, das zur Korrektur des Katastrophendenkens zwingen müßte; vgl. Ministerium für Arbeit, Gesundheit und Soziales des Landes Nordrhein-Westfalen, 10. 9. 1993, Stellungnahme zu parlamentarischen Anträgen „Gewalt gegen Kinder verhindern": „Belege für eine ge-

Überschriften von Zeitungsartikeln, die sich mit der Thematik befassen, nicht nur solche der Boulevardpresse, sondern auch seriöser Zeitungen und Publikationen mit wissenschaftlichem Anspruch – lassen erkennen, daß Jugendgewaltfragen vielfach mit einer besonderen Erregungsqualität präsentiert werden. Die Absicht der Erregung ist in der Textdramaturgie und in der Akkumulierung von Fakten festzustellen, die reale Taten wie die ausländerfeindlich begründeten Mordanschläge mit fiktiven Gewalttaten in Filmen vermischen.

Viele Titel rekurrieren unmittelbar auf lustvolles Interesse Erwachsener an der Gewaltproblematik der Jugend: „Angsthaben ist so schön“[10]; „Nie hat es so viel Spaß gemacht. Brutales in den Medien.[11]; „Exzesse der Gewalt“[12]; „Geil auf Gewalt – Psychoanalytische Bemerkungen zu Adoleszenz und Rechtsextremismus“[13]; „Zunehmende Gewaltbereitschaft von Kindern und Jugendlichen“[14]. Beispiele aus dem Nachrichtenmagazin „Der Spiegel“ aus den Jahren 1990 bis 1995 zeigen die Instrumentalisierung im Dienste journalistischer Spannungsdramaturgie. „Nachts wenn der Ninja kommt“, „Hoffen auf den

nerelle Gewaltzunahme liegen nicht vor ... Die Auswertung der vorliegenden Untersuchungen bestätigt den aus Praxisberichten gewonnenen Eindruck, daß das Gewaltphänomen in den Medien nicht ausreichend differenziert dargestellt wird, die fast ausschließliche Berichterstattung eklatanter Einzelfälle verzerrt die Realsituation an den Schulen“. (S. 22).

10 Jo Groebel, Angsthaben ist so schön, in: Die Zeit, 13. 1. 1995.

11 Rita Müller-Hilmer und Helga Theunert, Institut Jugend, Film und Fernsehen München (Hrsg.), Nie hat es soviel Spaß gemacht. Brutales in den Medien, München 1987.

12 Der Spiegel, 17. 1. 1994.

13 Annette Streeck-Fischer, „Geil auf Gewalt“. Psychoanalytische Bemerkungen zu Adoleszenz und Rechtsextremismus, in: Psyche 46 (1992), S. 745–768.

14 Heidrun Bründel, Klaus Hurrelmann, Zunehmende Gewaltbereitschaft von Kindern und Jugendlichen, in: Aus Politik und Zeitgeschichte, Beilage zur Wochenzeitung Das Parlament, 23. 9. 1994.

geilen Fight", „Party bis zum Einsargen", „Ekelhafte Wirklichkeit, Gewalttätige Übergriffe gegen mißliebige Debattenbeiträge und Kulturveranstaltungen mehren sich"; „Dann macht er dich kalt", „Wie rechtsextreme Jugendbanden Ausländer und Deutsche terrorisieren", „Barrieren gegen Blut und Busen". Wie Elektronikkonzerne und TV-Sender Kinder vor Sex und Gewalt schützen wollen", „Wo lernt man das denn?" „Gestört und seelisch tot", „Gewalt und Gefühlsarmut verändern das Leben an Schulen".[15]

Im journalistischen Dilemma zwischen sachlicher Information und Unterhaltungsdramaturgie geraten Fakten über Jugend und Gewalt, auch wenn sie im einzelnen korrekt recherchiert sind, zum gewaltakkumulierbaren Material, aus dem Spannung besonders leicht erzeugt werden kann. Dies gilt nicht nur für Printmedien, sondern es läßt sich regelmäßig auch im Fernsehen beobachten, wenn dort die Thematik Jugend-Gewalt aufgegriffen wird. Als aktuelles Beispiel dafür dient eine nach den Briefbombenattentaten (u. a. auf die Jugendmoderatorin Arabella Kiesbauer) ausgestrahlte Magazinsendung. In „Hautnah", moderiert von Kerstin Graf im Sender Pro 7, waren am Abend des 12. Juni 1995, dem aktuellen Anlaß rechtsradikal motivierter Briefbombenattentate entsprechend, Gewaltthemen angesagt. Zunächst wurden Interviews mit Opfern früherer Briefbombenattentate gezeigt, u. a. mit dem Wiener Bürgermeister Zilk, der seine verkrüppelte Hand „erstmals öffentlich" demonstrierte, und dann mit der jungen Moderatorin Arabella Kiesbauer, dem glücklicherweise unversehrten Opfer des aktuellen Anschlags. Sympathische junge Frauen, Betroffenheit bei allen, man ist sich einig im Saal: Wie kann jemand so etwas machen? So weit so gut, dann aber sind Täter gefragt. In Ermangelung der eigentlichen (Briefbomben-) Täter wird nun die Problematik „Gewalttätigkeit" auf paradoxe Weise ins Allgemeine gewendet und den-

15 Beispiele in: Marianne Knief, Dokumentation Psychosoziale Aspekte von Schule, Berlin 1995, Hrsg. Berliner Institut für Lehrerfort- und weiterbildung (BIL), 1995, S. 88 f.

noch am konkreten Beispiel eines einzigen Jugendlichen festgemacht. Einer wird vorgeführt, der keck in die Kamera spricht, er wolle gewalttätig sein. Seine Aussagen vor der Kamera werden zerstückelt und montiert als Illustrationen für die ebenfalls zerstückelten Erklärungen einer Psychoanalytikerin für Kinder und Jugendliche.[16]

Inhaltlich ist alles korrekt und wichtig. Aber mit der Fokussierung auf ein junges Gesicht haben die Gewaltprobleme jetzt einen Ort, ein spezielles Jungengesicht, das lange Zeit zu sehen ist. Zuschauer bekommen einen sich unbelehrbar gebenden Jungen angeboten zur Illustration der generalisierenden Frage „was ist los mit unseren Kindern?" Die kompetenten Antworten der Fachfrau gehen im Stakkato schneller Schnitte unter. Aber die Dramaturgie begnügt sich nicht mit dem Gesicht eines einzigen, uneinsichtigen Jungen, sondern fügt krampfhaft passend gemachte dramatische Bildeffekte bei. Scheinbar in Übereinstimmung mit der Frage, wohin das alles führe, werden abschließend Gewaltszenen kämpfender Männer vorgeführt. Daß es sich dabei allerdings nicht um Realitäten handelt, sondern um highlights aus der aktuellen Studiotour-Show des Filmgeländes Potsdam-Babelsberg mit Szenen brennender und prügelnden Männer zur emotionalisierenden Steigerung der Spannung für die abendlichen Fernsehzuschauer, realisiert man in der Eile kaum. Es entsteht der Effekt, daß durch willkürliche Zusammenschnitte ein sowohl beängstigender als auch unterhaltsam spannender Gesamteindruck erzeugt wird, daß irgendwie alles mit der Gewalt der Jugend und den Briefbombenattentaten sehr aufregend und bedrohlich ist. Bürger zu Hause werden den starken staatlichen Arm herbeisehnen, der endlich Ordnung schafft, damit die Guten vom Bösen (Kind bzw. Film) befreit werden.

Warum, so ist zu fragen, stellt sich, wenn es um Fragen der Jugendgewalt geht, die dramatische Wirkung so selbstverständlich ein? Offenbar werden Erwachsene durch die Jugend-Gewalt-Thematik in zweifa-

16 Fachlich kompetente Erklärungen gab die Analytische Kinder- und Jugendlichen-Psychotherapeutin Ingrid Romberg-Asboth.

cher Weise herausgefordert. Zum einen aus äußeren Gründen, wo sie sich gefordert fühlen, ihre Ordnung, ihren Besitz, ihre Macht zu verteidigen.[17] Erwachsene immerhin sind es, die aus den Augen der nicht Volljährigen über ökonomische und rechtliche Verfügungsmacht über Jugend (Geld, Wissen, Produktionsmittel) verfügen. Daß es zwischen Erwachsenen riesige Unterschiede gibt, spielt dabei keine Rolle für sie. Herausgefordert werden Erwachsene zum zweiten aber vielfach auch aus subjektiven Gründen ihrer individuellen Erfahrungen mit Gewalt in Kindheit und Jugend, die Ursache für bewußte oder unbewußte Identifikationen und Projektionen sein können. Ein filmisches Beispiel für projektive Abwehr aggressiver Phantasien Erwachsener gegen das Kind ist der Film „Mikey", gesendet am 28. 9. 1995 in „Pro 7", der von einem bösen Adoptivjungen handelt. Mit unschuldigem Gesicht wird er als kaltblütiger Mörder, der seine diversen Adoptiveltern umbringt, gezeigt und verkörpert so das absolut bösartige männliche Kind gegenüber den guten Erwachsenen. Vom Kind, dies ist die Botschaft des Filmes, nicht von Erwachsenen, geht die totale Bedrohung aus.[18]

17 Vgl. Norbert Elias, Über den Prozeß der Zivilisation. Soziogenetische und psychogenetische Untersuchungen. Bd. 1, Wandlungen des Verhaltens in den weltlichen Oberschichten des Abendlandes, Frankfurt a. M. 1995 (19. Aufl.), S. 249. Mit dem Bild der dichten Mauern um Heranwachsende symbolisiert Elias u. a. die Bedrohlichkeit der intergenerationalen Beziehungen, in denen sich als Folge der gesellschaftlichen sexuellen Triebabwehrentwicklung die Angstproblematik Erwachsener zeigt.

18 Ein zweites Beispiel für Projektionen aggressiver Erwachsenenphantasien auf Kinder ist der Film „Friedhof der Kuscheltiere 2", trotz „geänderter Fassung". Dieser Film benutzt Kinder als Zielgruppe und zur Ausbeutung für Erwachsene. Er handelt von zwei Jungen, die von anderen Jungen als Feinde behandelt werden und Probleme mit ihren Vätern bzw. Stiefvätern haben. Sie agieren tötend bzw. wiederbelebend durch Zauberei. Ein Sohn wird gezeigt, der zusieht, wie seine vom Vater getrennt lebende, von ihm idealisierte Mutter zuerst durch Stromschlag getötet wird und später „verbrennt", als er sie „opfert", um doch lieber dem Vater beizustehen.

Die Identifikationsmöglichkeiten im Diskurs über Jugend, Gewalt und Film sind nicht nur vielfältig, sondern auch hochambivalent, weil sie zu unterschwelligen Bündnissen führen: Bündnisse z. B. mit Kindern gegen die (anderen) Erwachsenen, die dann als gemeinsame Gegner, als gegenüber den Bedürfnissen der Jugend verständnislose, nur kontrollierende, verbietende, keinen Spaß erlaubende Erwachsene erlebt werden. Andererseits bieten sich aber auch Bündnisse mit Erwachsenen gegen Kinder an, in deren Folge dann Kinder als ihre Gegner, als egozentrisch, unbelehrbar und uneinsichtig, gefährlich und verrückt erscheinen. Eine ganze Reihe von Filmen bedient solche aggressiven Phantasien Erwachsener und stellt damit die tatsächlichen Machtverhältnisse gleichsam auf den Kopf. Filme wie „Mikey", in denen ein böses Adoptivkind seine guten Eltern und Adoptiveltern ermordet, liefern dafür eindrückliche Beispiele. Es fällt auf, daß dort, wo Jugendgewaltfragen mit besonderer Entrüstung in den Vordergrund geschoben werden, die zugehörigen Erwachsenengewaltfragen häufig außerhalb der Sicht gerückt werden.[19]

So nützlich Identifikationen mit einer Seite sein können, um die Anliegen dieser Seite besser zu verstehen, so gefährlich sind sie, wenn dabei das Bewußtsein für die unvermeidlichen Ambivalenzen der Probleme verloren geht, wenn nämlich Gut und Böse klar verteilt erscheinen und so Fronten oder gegenseitige Blockaden geschaffen werden. In der Folge sinkt dann z. B. die Bereitschaft Erwachsener, neben Jugendgewalt auch die eigene Erwachsenengewalt, die eigenen Instrumentali-

19 Vgl. Wilhelm Heitmeyer, Jugend – Staat – Gewalt. Politische Sozialisation von Jugendlichen, Jugendpolitik und politische Bildung, München 1989. Heitmeyer macht vor allem auf die allgemeinen politischen Zusammenhänge von Jugendgewalt und Rechtsextremismus aufmerksam. Mit der Gewichtung auf wirtschaftliche und soziale Defizite sucht er, Impulse für äußere, politische Veränderungen zu geben; Klaus Hurrelmann, Aggressionen und Gewalt in der Schule. Ursachen, Erscheinungsformen und Gegenmaßnahmen. päd.extra 5/1993.

sierungen zu thematisieren. Über Jugendgewalt zu reden ermöglicht also, von Erwachsenenkonflikten und von heimlichen Bündnissen abzulenken.[20]

Die Skandalisierung fiktiver Gewalt als kollektive Abwehr realer Gewalt

Es besteht ein auffälliges Mißverhältnis in der öffentlichen Resonanz auf reale und fiktive Gewalt. Wenn von Gewalt mit Todesfolge, der existentiell bedrohlichen Gewalt die Rede ist, kann man vergleichend fragen, über welche Toten man sich öffentlich besonders aufregt, wo allgemeine Beunruhigung erzeugt wird oder aber, wenn das Gegenteil geschieht, wo man beruhigend über Gewaltopfer spricht. Wie die Fakten gewichtet und interpretiert werden – darin zeigen sich gravierende Unterschiede, die zur Frage veranlassen, welche unbewußten Absichten dazu führen, ausgerechnet die fiktive Gewalt mehr zu dramatisieren als die reale.

Als Indikator ideologisch und nicht sachlich begründeter Gewichtung dient eine Meldung in der Süddeutschen Zeitung, die sich nach eigenem Bekunden als Spiegel gesellschaftlicher Prozesse versteht.[21] Daß die Meldung von Bedeutung ist, geht daraus hervor, daß sie sich auf der Titelseite auch dem flüchtigen Leser einprägt. Zu lesen war: „Weniger Verkehrstote auf deutschen Straßen. Die Zahl der Verkehrstoten in Deutschland ist im vergangenen Jahr um 1,7 Prozent auf 9 777 zurückgegangen. In Westdeutschland, wo im vergangenen Jahr 6 786 Menschen im Straßenverkehr starben, wies die Statistik gar die nied-

20 Jakob Augstein, Mütter und Väter sind die gefährlichsten Täter. Grausamkeiten gegen Kinder beschäftigen die Berliner Polizei mehr als die organisierte Kriminalität, in: Süddeutsche Zeitung, 12. 3. 1996; Vgl. Michael-Sebastian Honig (Hrsg.), Kindesmißhandlung, Gewalt gegen Kinder als öffentliches Thema, München 1982. Hier werden instrumentelle Funktionen des Gewaltdiskurses angesprochen.

21 Süddeutsche Zeitung, 7./8. Okt. 1995 (Festreden zum 50jährigen Bestehen).

rigste Zahl seit 1953 aus. Gegenüber dem Vorjahr sank die Zahl der Verkehrstoten im Westen um zwei Prozent. In den neuen Bundesländern und in Ostberlin, wo die tödlichen Unfälle nach der deutschen Vereinigung rapide zugenommen hatten, sank die Zahl der Verkehrstoten im Vergleich zum Vorjahr um 1,1 Prozent.[22]

Bereits die Plazierung der Nachricht auf dem Titelblatt der Tageszeitung drückt den Stellenwert aus, den man ihr zuweist. Die Meldung selbst wirkt rein sachlich und faktenbezogen. Was faktisch völlig korrekt ist, die Betonung des Rückgangs, wird zum Problem, wenn man zu rechnen beginnt und die Zahlen 9 777 Tote pro Jahr umrechnet auf Wochen und Tage. Dann ergeben sich 184,47 Tote pro Woche, d. h. 27 Tote pro Tag. Diese Tatsache müßte erschrecken, sie entspricht ungefähr der Schülerzahl einer Klasse. In der Formulierung der Nachricht aber geht es nicht um die Vorstellung der tatsächlichen Größe einer Gefahr, sondern um ihre Relativierung, wenn von „Abnahme" und „zurückgegangen", „niedrigster Zahl", „sinken" gesprochen wird. Die Abnahme wird nicht nur im Minimalbereich (unter 2 %) durchgespielt, sie wird auch noch historisch vergleichend betont: schlußendlich wird so Beruhigung produziert, nicht aber, was der Zahl tatsächlich angemessen wäre, nämlich Beunruhigung über alltägliche Gewalt im deutschen Straßenverkehr. Dieses Beispiel kollektiver Gefahrenabwiegelung gibt Anlaß zur Frage, ob die Proportionen der öffentlichen Aufregungen stimmen, weil die öffentliche Aufregung viel höher ist, wenn es um fiktive Tote im Fernsehen und deren Wirkung auf Kinder geht.

Dieses Ungleichgewicht der kollektiven Gefahreneinschätzung ist als stillschweigender Konsens PS-bewehrter Erwachsener zu sehen, die

22 Weniger Verkehrstote auf deutschen Straßen, in: Süddeutsche Zeitung 20. 2. 1995. Daß diese diminuitive Präsentierung realer Toter in der Presse kein Einzelfall, sondern symptomatisch für die Vermeidung einer Skandalisierung ist, belegt eine im selben Tenor gehaltene Pressenotiz, ebenfalls auf der Titelseite, ein Jahr später: „Niedrigster Stand seit 1953, 9 485 Verkehrstote im vorigen Jahr", in: Süddeutsche Zeitung 29. 2. 1996.

von ihnen ausgehende Gewalt – auch gegenüber der Jugend – als abnehmend zu stilisieren. Keine fetten Balkenüberschriften wecken bei dieser Thematik Beunruhigung. Welche Wirkung hat es auf die Glaubwürdigkeit Erwachsener, die sich über Jugendgewalt entrüsten, wenn Jugend beobachtet, wie Erwachsene sich öffentlich weit heftiger über die fiktiven Toten, die Jugendliche in Fernsehfilmen und Computerspielen sehen, erregen als über reale Tote? Warum wird in der Gesellschaft weniger über die reale tägliche Bedrohung aus ihrer Mitte diskutiert als über die fiktive im Bereich der Bilder und Bildwirkungen? Die Ungleichgewichtigkeit in der öffentlichen Aufmerksamkeit ist aus psychoanalytischer Sicht Indiz für die Wirksamkeit einer kollektiven Abwehrstrategie Erwachsener, die ihre (z. B. motorisierten) Formen von Gewalt offenbar nicht als Gewalt begreifen, sondern sie von vornherein thematisch säuberlich getrennt halten und so vor öffentlicher Problematisierung verschonen.

Kollektive Ängste vor der Wiederkehr des Verdrängten im Bild der Gewalt

Die Frage nach der Abwehr von Gewaltfragen hat in Deutschland vor dem Hintergrund kollektiv erfahrener extremer Gewaltpolitik der NS-Zeit eine besondere Dimension. In der Tendenz der Gesellschaft, Gewalt in der Realität adäquate Aufmerksamkeit zu verweigern und statt dessen Gewalt in Bildern als zentrale Bedrohung für Kinder zu bekämpfen, lassen sich kollektive Abwehranstrengungen gegen die Wiederkehr verdrängter Realitäten erkennen. Die Gefahr sittlicher Verrohung und die Gefahr verderblicher Vorbildwirkung für Kinder und Jugendliche geht weniger von Bildern aus als von realen negativen historischen Vorbildern menschlichen Handelns. Bilder der Gewalt bringen zum einen allgemein ans Licht der Öffentlichkeit, was im Zivilisationsprozeß der Menschheit tabuisiert und verdrängt wurde: Mordlust, Inhumanität und Perversitäten.[23] Und ganz allgemein lassen sich Ängste

23 Norbert Elias, Über den Prozeß der Zivilisation. Soziogenetische und psychogenetische Untersuchungen, Bd. I, S. 250.

Erwachsener vor den Folgen dessen, was böse Bilder bei Kindern anrichten könnten, als Signalängste begreifen, die kollektive Beunruhigung zur Abwehr potentieller Bedrohungen erzeugen müssen. Max Horkheimer und Theodor W. Adorno haben die fundamentalen latenten Bedrohungen der Zivilisation durch archaische Möglichkeiten menschlichen Zusammenlebens anhand mythischer Zeiten des Odysseus in „Dialektik und Aufklärung" beschrieben.[24] Zusätzlich aber zu solch allgemeinen menschlichen Zivilisationsproblemen und den daraus resultierenden allgemeinen Ängsten vor archaischen Triebdurchbrüchen – sexuellen und aggressiv destruktiven Abwehrformen – gibt es in Deutschland auf realer Gewalterinnerung beruhende kollektive Ängste vor dem Offenbarwerden verdrängter mörderischer Realitäten. Das Bemühen, Kinder vor Bildern der Gewalt zu schützen, anstatt sich gemeinsam mit ihnen darüber kritisch auseinanderzusetzen, kann daher auch als Verdrängungsleistung verstanden werden. Diese aber lösen das Problem nicht, weil sie wie alle Abwehrversuche die Wiederkehr des Verdrängten mitproduzieren. Wo Gewalt – im Bild – bekämpft wird, wird sie zugleich beständig erinnert. Die Angst vieler Erwachsener, Gewaltbilder könnten Jungen und Mädchen aggressiv und gefährlich für die Gesellschaft machen, kann auch als Angst vor der Wiederkehr verdrängter Geschichte verstanden werden.

Parteipolitische Interessen im Gewaltdiskurs

Eine ministerielle Präsentation einer Studie über Schülergewalt aus Baden-Württemberg[25] ist aufschlußreich für die Frage der Einschät-

24 Max Horkheimer, Theodor W. Adorno, Dialektik der Aufklärung, Philosophische Fragmente, Frankfurt a. M. 1969, S. 50 ff.

25 Vgl. Heike Schmoll, Gemeinsinn, soziale Verantwortung, Sprachkultur, in: Frankfurter Allgemeinen Zeitung (künftig: FAZ), 31. 1. 1995. Bericht über die offizielle Präsentation einer Untersuchung zur Entwicklung der Gewalt an Schulen durch die baden-württembergische Kultusministerin Schultz-Hector (CDU). Zum Vergleich dienten Zahlen einer vorausgehenden Studie aus dem Jahr 1991.

zung von Jugendgewalt, Ursachen, Wirkungen und Schlußfolgerungen durch Repräsentanten des Bildungswesens, von Schuldirektoren und deren ministerielle Würdigung. Zehn Prozent aller baden-württembergischen Schulleiter (400) waren zu Gewaltvorfällen an ihren Schulen und ihren eigenen Einschätzungen der Gründe dafür befragt worden und zwar ohne einengende Vorgaben. Von Interesse ist erstens die Selbstverständlichkeit, mit der als Endergebnis von einer Eskalation von Schülergewalt gesprochen wird und zwar an sämtlichen Schularten. Festgestellt wird dies im Vergleich zu einer ersten Studie 1991. Auf 100 Schüler gab es 1994 2,81 „Vorfälle", im Vergleich dazu waren es 1991 nur 1,2 „Vorfälle".

Rechnerisch gibt es also eine Steigerung von über 50 % – daher erscheint es sachlich korrekt, von einer Steigerung der Gewaltneigung der Schüler zu sprechen. Wer sollte da nicht Angst kriegen und die Unterscheidung im Einzelnen, um welche Gewaltakte es sich handelt, für unbedeutend halten? Tatsächlich stehen Sachbeschädigungen mit einem Anteil von 42 % an erster Stelle. Erwähnt wird, daß von 1000 Schülern 38 eine Waffe trügen, auch so etwas prägt sich ein. Vulgäre Beschimpfungen und verbale Drohungen hätten ebenso wie die Verspottungen und Verunglimpfungen unter Mitschülern stark zugenommen – richteten sich aber nicht gegen Lehrer. Die Ursachenerklärungen der Direktoren weisen Denkmuster und Argumentationslinien auf, wie sie für einen Großteil der Gesellschaft typisch sind. „Familiäre Ursachen" werden am häufigsten als Gründe für die Gewaltbereitschaft der Schüler genannt, es folgen „Bindungs- und Orientierungslosigkeit" und fehlende Übereinstimmung im Blick auf Erziehungsziele und Wohlstandsverwahrlosung.

Auffällig ist das Argument der Direktoren, daß Eltern häufig zu hohe Erwartungen an ihre Kinder hätten, und diese damit dauernd überfordern würden. Handelt es sich hier um Zeichen einer Solidarisierung mit überforderten Kindern oder aber kommt hier klassisches, konservatives Elitedenken zum Ausdruck? Warum enden an dieser Stelle, wo von Überforderungen durch Erwartungen Dritter die Rede ist, die Reflexionen von Schuldirektoren, Ministerin und Journalistin – läge es nicht nahe, Fragen der Überforderung auch im Blick auf Eltern zu stellen, an die, was Medienerziehung betrifft, die Gesellschaft für viele Eltern unerfüllbare Ansprüche stellt? Die Überforderung der Eltern nicht zu bedenken, statt dessen nur elterliche Defizite zu reklamieren, ist kein Einzelfall, sondern findet sich regelmäßig im konservativen Bereich; in der Tat ermöglicht diese Sicht, ein gesellschaftspolitisches Problem letztlich als ein familiäres zu behandeln und so seine politische Lösung zu verhindern.[26]

Ebenfalls bezeichnend für die Instrumentalisierung von Jugendgewaltfragen ist eine spezifische Auslassung bei der Ursachenerforschung. So wird der nach konservativer Auffassung doch wesentlich zur Schule gehörende Bereich, nämlich die Qualität der Lehrer-Schüler-Beziehungen und ihre Auswirkungen auf Gewalt in der Schule, überhaupt nicht thematisiert – warum? Offenbar wird selbstverständlich vorausgesetzt, daß diese Beziehung fraglos in Ordnung und irrelevant für das Entstehen von Frustration und Aggressivität im Schulbereich sei. Die im pädagogischen Bereich so wichtige Beziehung zwischen Schülerinnen und Schülern sowie Lehrerinnen und Lehrern erscheint aus der Gewaltproblematik ausgeklammert. Das kann nur einen (unbewußten) Sinn haben: die Beziehungen vor kritischen Fragen nach Schwächen, Vorurteilen und mißbräuchlichen Machtverhältnissen zu schützen.

In den politischen Schlußfolgerungen der baden-württembergischen Kultusministerin Schultz-Hektor kommt eine Tendenz zur Solidarisierung der Politikerin mit Lehrern zum Ausdruck, indem sie das Gefühl

26 Heiko Boumann, Mut zur Erinnerung, in: psychosozial 17 (1994), H. 56, S. 17–40. Joachim von Gottberg, „Da aber die Vermehrung von Programmen nicht eingeschränkt werden kann, wird es immer wichtiger, auf die Verantwortung der Rezipienten selbst bzw. ihres erzieherischen Umfeldes zu setzen. Die Familie muß lernen, vernünftig mit dem Fernsehen umzugehen und reale soziale Erfahrungen nicht durch das Fernsehen zu ersetzen", in: Anhörung „Jugendschutz und Medien" des Bundestags-Ausschusses für Familie, Senioren, Frauen und Jugend am 31. 1. 1996.

der Überforderung vieler Lehrer aufgreift, die gegen Veränderungen im Bildungsauftrag sind und die Schule nicht als Reparaturwerkstatt der Gesellschaft verstanden haben wollen. Politik kann neue Aufgaben für Schulen nur fordern, wenn sie Lehrerinnen und Lehrern universitäre, psychologische und stundenplanmäßige Unterstützung zur Erfüllung neuer Aufgaben gibt.[27] Neue Bildungsaufträge an die Schule sind in Konsequenz einer genaueren Problemanalyse unumgänglich. Denn wenn gehäuft auftritt, daß Eltern in ihrer Verantwortung im Medienbereich überfordert sind, dann kann die entscheidende Frage an die politischen Entscheidungsträgerinnen und -träger nur lauten, ob sie sich weiterhin mit billigen Klagen über Elternversagen und mit moralischen Appellen begnügen oder aber der Notlage der Kinder und Eltern in der modernen Medienwelt Rechnung tragen. Benötigt werden problemadäquate Bildungsmöglichkeiten in der Schule und die Unterstützung möglichst vieler Jugendprojekte außerhalb der Schule als attraktiver Gegengewichte zur sich so protzig wichtig gebärenden Bilderwelt.[28]

Instrumentalisierung des Diskurses über Jugendgewalt ist, wie eine Broschüre aus dem grün-alternativen Spektrum 1991 mit Analysen und Thesen zum Problem von Jugendbanden zeigt[29], nicht spezifisch für konservative Parteien. Zwar wird darin den rechten Parteien Instrumentalisierung der Gewalt, der Asylanten- und Gastarbeiterfrage

27 FAZ, 31. 1. 1995.

28 Viele sozialwissenschaftliche Studien markieren die familiäre Überforderung letztlich als Defizit; vgl. Antwort der Bundesregierung auf die Große Anfrage der Fraktionen der CDU/CSU und der F. D. P. Bonn 1994, in Drucksache 12/6836, S. 50. Auch hier wird festgestellt, daß Eltern in ihrer Verantwortung im Medienbereich Defizite haben und außerfamiliäre Unterstützung in Medienerziehung benötigen.

29 Jürgen Strohmaier, Das Ende, in: Fraktion Bündnis 90/Grüne (AL)/ UFV (Hrsg.), Wenn nur die Straße bleibt ... Jugendbanden, Analyse und Auseinandersetzung, Berlin 1991, S. 31 f.

vorgeworfen, ohne daß jedoch die Instrumentalisierung der eigenen Seite erkannt wird. So spiegelt sich im Begriff Subkultur für die Szene der Jugendgangs nicht nur das rationale Bemühen um Akzeptanz und Aufwertung junger Menschen, sondern man kann darin auch eine bewußte Identifikation mit Jugendlichen aus Opposition zu anderen Parteien sehen. Dies zeigt sich in der Interpretation von Gruppengewalt Jugendlicher auf der Straße als „Aufstand der 90er Jahre". Im Schlußkapitel der Broschüre wird von Jürgen Strohmeyer eine Lösung vorgeschlagen: „Statt – wenn es zu spät ist – für die Gesellschaft sichere Räume vor den Jugendlichen zu suchen, ist es die eigentliche Aufgabe der Politik, den Jugendlichen sichere Räume anzubieten, in denen sie ihre Orientierung suchen und finden können."[30] Auch in Konzepten von freien Räumen für Jugendliche zur Lösung von Gewaltfragen erscheinen Beziehungskonflikte und Generationskonflikte, um die es bei Gewaltproblemen nach psychoanalytischer Auffassung auch gehen müßte, ausgespart.

Aufklärung und Verdrängung in der Fachliteratur

Welche Funktion eine Dramatisierung der Gewaltproblematik im Diskurs spielt, zeigen auch Beispiele aus der Fachliteratur. Im ersten bezieht die Gerichtsmedizinerin Elisabeth Trube-Becker im Vorwort zu ihrer beklemmenden Studie „Gewalt gegen das Kind", in der sie über die juristisch schwer faßbare Gewalt in Form seelischer Mißhandlungen schreibt, vehement Stellung, ganz im Gegensatz zur anschließenden emotionslosen, faktenbezogenen Analyse einzelner Verbrechen am

30 Ebenda, S. 32; Heidrun Bründel, Klaus Hurrelmann, Zunehmende Gewaltbereitschaft von Kindern und Jugendlichen, S. 7: „Es fehlen die Räume für nicht-kommerzielle, nichtorganisierte, nichtpädagogisierte und nichtbetreute Aktionen und Tätigkeiten ..." Die Idee von den Räumen ist ein in der Großstadt wichtiges, aber romantisierendes Denken, sofern es die Illusion nährt, wenn genügend Raum da wäre, gäbe es weniger Gewalt.

Kind im Hauptteil des Buches.[31] Spürbar wird an dieser Stelle etwas von der emotionalen Belastung einer Frau, zu deren Beruf es gehört, tote, gepeinigte Kinderkörper genau anzusehen und dann sachlich juristisch darüber zu berichten.

Auffällig ist auch die Folge, daß die Empörung über das Versagen von Erwachsenen nicht in Vorwürfen an Politik und Gesellschaft mündet, sondern schlußendlich in zornigen Anklagen gegen den allgemein haftbar zu machenden Schuldigen, gegen das Fernsehen. Es wird seiner Gewaltbilder wegen als sozialer Giftschrank, als Kinderverderber und eigentliches Übel angegriffen – in diesen Chor der Schuldanklage einzustimmen, wird jedermann angeboten.

Wie unterschwellig wirksam Emotionen der Angst, Wut und Sorge in sachliche Beiträge zu Gewaltthemen einfließen und wie alle möglichen Erklärungen benutzt werden, um sie indirekt darzustellen, zeigt ein zweites Beispiel. Es ist insofern staatlich repräsentativ, als es der Beilage zur Wochenzeitung Das Parlament „Aus Politik und Zeitgeschichte" entstammt, die von der Bundeszentrale für politische Bildung herausgegebenen wird. Heidrun Bründel und Klaus Hurrelmann publizieren darin aus ihrem Buch „Gewalt macht Schule" ein Kapitel unter dem Titel „Zunehmende Gewaltbereitschaft von Kindern und Jugendlichen"[32]. Es enthält allgemeine, soziologische und psychologische Erklärungen zum Diskurs über Jugend und Gewalt. Die Gedankenführung beginnt mit der populären Einschätzung, die „Gewalt der Jugend nehme zu". Mit ihr verbunden ist die unausgesprochene Unterstellung, daß es früher anders war – wann, bleibt jedoch offen. Die anschließende Frage, „was ist anders geworden als früher?", erlaubt die Antwort: Die sozialen Spielregeln der Fairneß und Anerkennung würden nicht mehr eingehalten. Nicht mehr – das impliziert,

31 Vgl . Elisabeth Trube-Becker, Gewalt gegen das Kind, Heidelberg 1987, S. 21–23.

32 Heidrun Bründel und Klaus Hurrelmann, Zunehmende Gewaltbereitschaft von Kindern und Jugendlichen, S. 3–38.

daß solche Regeln früher generell eingehalten worden wären. Die Schlußfolgerung „offenbar hat sich das Klima des Zusammenlebens verändert" löst dann die Gewaltfrage im diffusen Allgemeinen auf.

Als Charakteristikum aktueller Gewalt „einiger" Kinder heben die Autoren das Mißverhältnis von brutalen Gewaltformen und „nichtigen" Anlässen hervor, die Täter würden keine Gründe für ihr Verhalten angeben, sondern lediglich mit Achselzucken reagieren. „Es scheint so, als brauche Gewalt weder Anlaß noch Ziel, als genüge und rechtfertige sie sich selbst. Willkür und Sinnlosigkeit kennzeichnen viele Gewalthandlungen der letzten Zeit." Weiter heißt es: „Kinder und Jugendliche schlagen heute schon bei nichtigen Anlässen schneller und mitleidloser zu als früher. Besonders beunruhigend ist die schleichend wachsende ganz alltägliche Gewaltbereitschaft unter Schülern, ihr fehlendes Mitgefühl und ihre sinkende Hemmschwelle. Alles dies führt dazu, daß auch dann noch geprügelt wird, wenn das Opfer schon am Boden liegt. Große Sorgen bereitet das fehlende Unrechtsbewußtsein und die fehlende Verantwortung für den anderen. Ordnungs- und Erziehungsmaßnahmen werden häufig nur als Schikane empfunden, die Täter-Opfer-Situation wird auf den Kopf gestellt, der Angeklagte macht sich zum Ankläger."[33]

Dieser Text ist ein Beispiel dafür, wie Dramatisierung und Akkumulierung Ängste schüren. Ein erschreckendes Bild sich verselbständigender und als grundlos deklarierter, also offenbar frei flottierender Jugendgewalt wird gezeichnet. Es trägt deutlich Züge eines Abwehrverhaltens Erwachsener zur Regulierung ihrer Ängste und aggressiven Projektionen. Auffällig ist dabei, daß scheinbar beiläufig geäußerte Details schwergewichtige Andeutungen sind, so die Bemerkungen über Jugendgewalt, „daß hier eine genetische Komponente im Spiel ist, zumindest aber ein sehr intensives ‚Lernen am Modell' ..." Vor dem historischen Hintergrund mißbräuchlicher Verwendungen von Erbwert und Erbunwert in der NS-Zeit sind solche Argumente fragwürdig. Sie

33 Ebenda, S. 3.

könnten Anlaß geben, gesellschaftliche Konflikte als erbbiologische zu deklarieren, so als wären dort und nicht in sozialen Gewaltbeziehungen Lösungen zu suchen.

Mit Erklärungen wie „... Aggressionen entstehen immer dann, wenn Menschen nicht mit den sozialen Lebensbedingungen zurechtkommen, die ihnen durch ihre Umwelt aufgezwungen werden", wird schließlich ein gefährlicher Umkehrschluß nahegelegt, nämlich die Illusion, daß es, vorausgesetzt die sozialen Bedingungen wären ideal, Aggressionsfreiheit bei den Menschen geben würde. Psychoanalytische Erfahrungen mit Jungen und Mädchen in äußerlich ideal erscheinenden Lebensbedingungen widersprechen solchen Vorstellungen vom Menschen. Nach ihnen sind unvermeidliche Ambivalenzen menschlichen Wünschens und Handelns und ihrer Abwehr die Wurzeln, die destruktive Aggressivität bereits in der Kindheit zum Problem machen.[34] Mögen solche Vorstellungen für viele Menschen befremdlich und desillusionierend sein, so besteht doch ihr großer Vorzug darin, daß sie nicht Illusionen einer heilen Welt reklamieren, gegenüber der alles weniger Ideale als unzureichend erscheint, sondern daß sie die Aufmerksamkeit auf das alltäglich Machbare richten. Aus psychoanalytischer Sicht gibt es keine grundlosen Aggressionen, aber man kann auch nicht erwarten, daß Täter unmittelbar per Befragung ihre Gründe erklären. Das ist keine Frage des Willens, denn verdrängte Gründe, und um solche handelt es sich häufig, sind per definitionem dem unmittelbaren Zugriff bewußter Überlegung entzogen. Kindliche Aggressionen heute als grundlos zu bezeichnen, zeugt von bewußter Abwehr psychoanalytischen und pädagogischen Wissens und dient mehr der allgemeinen Angsterregung zur Solidarisierung Erwachsener als der Erklärung von Gewaltproblemen.

34 Charles Brenner, Elemente des seelischen Konflikts. Theorie und Praxis der modernen Psychoanalyse, Frankfurt a. M. 1986, S. 87; Anna Freud, Wege und Irrwege in der Kinderentwicklung, Stuttgart 1991; Henri Parens, Zur Epigenese der Aggression in der frühen Kindheit, in: Analytische Kinder- und Jugendlichen-Psychotherapie 27 (1996), H. 1, S. 17–49.

Generationskonflikte als Wurzel der Sorge um Jugendgewalt

Zweifellos gibt es große Sorgen und Ängste von Erwachsenen vor Gewalt und gegenüber der Jugend. Seit Menschengedenken sahen sie recht ähnlich aus: „Diese heutige Jugend ist von Grund auf verdorben, sie ist böse, gottlos und faul. Sie wird nie wieder so sein wie die Jugend vorher, und es wird ihr niemals gelingen, unsere Kultur zu erhalten“[35], so klagten schon vor 2 000 Jahren die Alten über die Jungen. Und vom Ahnherrn klassischer Philosophie erfahren wir: „Unsere Jugend liebt den Luxus, sie hat schlechte Manieren, mißachtet Autorität und hat keinen Respekt vor dem Alter. Die heutigen Kindern sind Tyrannen, sie stehen nicht mehr auf, wenn ein älterer Mensch das Zimmer betritt, sie widersprechen ihren Eltern, schwätzen beim Essen und tyrannisieren ihre Lehrer...“[36] Nach psychoanalytischem Verständnis ist die Sorge keineswegs unbegründet, denn Psychoanalyse deckte, zunächst ganz auf maskuline Konflikte fixiert, die fundamentalen, im Prinzip auch im femininen Bereich virulenten, um vitale (sexuelle) Probleme entstehenden Konkurrenz- und Rivalitätskonflikte zwischen den Generationen und Geschlechtern auf. Sigmund Freud sah sie modellhaft in den griechischen Sagen des Königs Ödipus gespiegelt: Ein Junge erschlug seinen Vater, der seinerseits dem Sohn von Geburt an böse (mörderisch aggressive und sexuelle) Absichten gegen die Eltern unterstellt hatte. Auch heute prägen Ängste der „Alten“ (Männer und Frauen) vor Entmachtung durch „Jugend“, Ängste vor der möglichen Umstoßung der alten Werte die Generationsproblematik und auch den Diskurs über Jugendgewalt sowie um den Einfluß von Gewaltbildern. Aus psychoanalytischer Sicht stehen die manifest vorgetragenen Begründungen der Ängste in Zusammenhang mit unbewußten Neidgefühle auch Sexualneidgefühle „der Alten“ auf die „Potenz“ der Jungen.[37]

35 Babylonischer Kulturkritiker vor 5 000 Jahren.

36 Sokrates.

37 Vgl. Walter Vandereycken, Ron van Deth und Rolf Meermann, Hungerkünstler, Fastenwunder, Magersucht. Eine Kulturgeschichte der Eßstörun-

Geschlechtsspezifische Instrumentalisierungen zeigen sich im Diskurs über Gewalt- und Jugendfragen an prominenter Stelle in der parlamentarischen Ausschußarbeit.[38] Der Bundestagsausschuß für Familie, Senioren, Frauen und Jugend hatte 1993 Sachverständige zu einer öffentlichen Anhörung zum Thema Jugend und Gewalt eingeladen, bei der männliche Abgeordnete fehlten, d. h. eine geschlechtsspezifische Rollenverteilung wurde von den Abgeordneten hergestellt, und konnte nicht diskutiert werden. Auch in der vorangegangen Tagung zur Männergewalt war das so, männliche Abgeordnete überließen es weiblichen, mit Experten und Expertinnen zu diskutieren. Mit solcher Verweigerung der Diskussion zwischen Männern und Frauen über ihre jeweilige Verantwortlichkeit für die Jugend wird die klassische Rollenverteilung praktiziert, wonach Frauen sich um Kinder und damit auch um die Gewalt der Kinder kümmern sollen. Einige weibliche Abgeordnete bedauerten das, anderen war das recht, aber man analysierte es nicht mit der erforderlichen Schärfe, und es ist zu fragen, warum das nicht geschah. Offenbar funktioniert die Kooperation zwischen den Erwachsenen, solange „das gemeinsame Kind", in diesem Fall die Jugendgewalt als Problem, im Mittelpunkt der Aufmerksamkeit steht und weil damit Konflikte von Männern und Frauen untereinander ausgeklammert werden können.

gen, München 1992. Über den historischen Kampf der Gesellschaften gegen Sexualität: „Besonders die Vitalität der Jugend, genauer gesagt der Jungen, hielt man für gefährdet. Priester und Mediziner mobilisierten ein nahezu sadistisches Arsenal von grauenhaften Beschuldigungen" (S. 254). Die Fixierung des Interesses Erwachsener auf die Potenz der Jungen zeigt, daß man sie tatsächlich nicht für gefährdet, sondern für gefährlich hielt.

38 Deutscher Bundestag (Hrsg.), „Männer gegen Männer-Gewalt" und „Jugend und Gewalt". Zwei Anhörungen des Ausschusses für Frauen und Jugend, Bonn 1993.

Das „Montagssyndrom" – Beispiel einer kollektiven Problemverschiebung

Am Beispiel einer populären Ursache-Wirkungs-Erklärung für eskalierende Jugendgewalt, des „Montagssyndroms", verwendet u. a. von der damaligen Bundesministerin für Frauen und Jugend, Angela Merkel, in der Fernsehsendung „Der heiße Stuhl", soll die Abwehrfunktion für Erwachsene vor eigenen Konflikten näher untersucht werden.[39] Als Beweis des verderblichen Einflusses der Gewaltfilme auf Kinder führte sie an, zu hoher Gewaltbildkonsum am Wochenenden sei verantwortlich für stärkere Unruhe der Schüler am Montag in der Schule. Die Gleichung, der Anblick von zu viel Gewalt im Fernsehen bewirke gewalttätigere Kinder, wird aufgestellt. Und in der Folge erscheint die Lösung gegen die Montagsunruhe sehr einfach erreichbar mit der Forderung nach mehr Filmzensur und mehr Elternverantwortung.

Daß Kinder montags besonders schwierig, unruhig und unkonzentriert sind, ist zweifellos eine bedeutsame Beobachtung von Lehrern und Erziehern. Zu bezweifeln jedoch ist die auffällig rasch gefundene Erklärung, speziell Gewaltfilme seien für kindliche Unruhe verantwortlich. Dieses Denken klammert dreierlei aus: erstens die Tatsache, daß der Konsum von Gewaltfilmen nicht auf das Wochenende be-

39 „Der heiße Stuhl," eine RTL-Fernsehsendung im Jahre 1992; Angelika Dittrich, sächsisches Staatsministerium für Kultus, Sachverständige in der Anhörung „Jugendschutz und Medien" am 31. 1. 1996, Deutscher Bundestag, Ausschuß für Familien, Senioren, Frauen und Jugend: „So werden nach einem langen Fernsehwochenende besonders häufig unkonzentriertes und aggressives Verhalten beobachtet. Eine deutliche Zunahme verbaler Gewalt, eine Verflachung und Verrohung der Sprache ... dabei werden oft Redewendungen aus dem Fernsehen aufgegriffen ... Schwierigkeiten der Kinder und Jugendlichen bei der Unterscheidung von Realität und Fiktion, Information und Werbung ... Aus pädagogischer Sicht steht ... nicht das Abschirmen von Kindern und Jugendlichen vor Gefährdungen im Vordergrund, sondern die Entwicklung von Medienkompetenz ..."

schränkt ist, zweitens wird übersehen, daß Gewalt sich nicht nur im Genre „Gewaltfilm „ manifestiert und drittens bleibt die familiäre Dynamik außer acht, die nichts mit Fernsehkonsum zu tun hat, aber nachhaltige Wirkungen für das Verhalten von Kindern und Jugendlichen im montags beginnenden Alltag hat. Die Erklärung, Filme verursachten kindliche Unruhe, lenkt indessen von tiefergehenden Fragen, was eigentlich sonst für Kinder an Wochenenden problematischer als unter der Woche sein könnte, ab.

An Wochenenden treffen die Familienmitglieder vielfach enger als sonst aufeinander, und dies ist keineswegs automatisch für alle Kinder nur positiv. Am Wochenende können in den Familien alle diejenigen Konflikte virulent werden, denen sie im Laufe der Woche, weil Außenkontakte ablenken, ausweichen. Während der Woche hat jeder seine eigenen Arbeiten und Ablenkungen in Beruf, Schule, beim Einkauf. Differenzen der Familienmitglieder treten an Wochenenden und an Feiertagen unausweichlicher zutage; daher ist das Wochenende nicht nur vergnügliche entspannende Freizeit und erholsame Familienwelt, sondern kann erhebliche emotionale Anspannung bedeuten.

Häufig gibt es in Familien an Wochenenden hochgesteckte Wünsche und Erwartungen der Familienmitglieder aneinander, die schon deswegen allzu leicht in die Brüche gehen können, weil es so schwierig ist, es allen in einer gemeinsamen Unternehmung recht zu machen. Oft fühlen sich die Kinder gelangweilt, mitgeschleppt oder festgeschnallt auf viel zu langen Autofahrten und viel mehr als unter der Woche von Erwachsenen gegängelt.[40] Kinder aus Scheidungsfamilien besuchen am Wochenende ihre getrennt lebenden Elternteile, und ihnen stehen dann regelmäßig am Sonntag Abend leidvolle Trennungen bevor, Trennungen, die den Kindern vorgeschrieben werden, die sie selten billigen und emotional schwer verkraften, selbst wenn sie ihre Notwendigkeit verständig einzusehen bereit sind und nach außen erstaunlich vernünftig reagieren.

40 Elisabeth Trube-Becker, Gewalt gegen das Kind, S. 21; stundenlanges Autofahren wird dort unter der Rubrik seelische Mißhandlung aufgeführt.

Zahlreiche Kinder müssen am Wochenende erleben, daß sie überflüssig sind und daß sie, sobald sie sich lebhaft bewegen, als störend empfunden werden in ihrer kindlichen, oft lauten Art, weil die Erwachsenen ihre Ruhe haben wollen. Wieder andere Kinder erleben, daß auch am Wochenende jeder seiner Wege geht. Das engere Familienleben am Wochenende jedenfalls bedeutet oft eine höhere emotionale Spannung und kann allein dadurch sehr strapaziös für Kinder sein. Diese emotionalen Strapazen klingen selbstverständlich am Montag noch im unruhigen Verhalten der Kinder nach und sie legen sich im Laufe des geregelten Wochenlebens, weil sie einfach an den Rand der kindlichen Aufmerksamkeit geraten, so daß die Kinder sich wieder mehr auf das Schulgeschehen einlassen können.

Vor dem Hintergrund solcher Überlegungen wird deutlich, daß das verbreitete Argument, die Filme seien für die Montagsunruhe verantwortlich, auch eine Entlastungsfunktion für Erwachsene hat. Deutlich wird auch, daß die zu diesem Argument passende Lösung, mehr staatliche bzw. familiäre Filmzensur, die Probleme nicht löst. Eine sinnvollere Lösung wird Presseberichten zufolge neuerdings an Hamburger Grundschulen entwickelt. Dort führte die Erkenntnis, daß man viel mehr mit Kindern über das, was sie erlebt und gesehen haben, reden muß, und die Einschätzung, daß viele Eltern das nicht in ausreichendem Maße tun können, dazu, ein neues Schulfach Fernsehen an Montagen einzurichten, wo über Filmeindrücke (und dadurch hoffentlich auch über allgemeine Erfahrungen der Kinder) an Wochenenden gesprochen werden kann.[41]

Die Montagsunruhe ist zweifellos ein ernst zu nehmendes Syndrom, das in der Gesellschaft als kollektive Herausforderung zu begreifen ist,

41 „In Hamburg ist vor wenigen Wochen das Projekt ‚Medienerziehung in der Schule' gestartet. Die Hamburgische Anstalt für neue Medien (HAM), die Schulbehörde und die Universität arbeiten gemeinsam an dem Projekt, das 400 Schüler von der 1. bis zur 6. Klasse einbezieht." TV-Beilage zum Stern Nr. 44, 26. 10. 1995.

ähnlich wie einst die Lösung der Besuchszeitenfrage für kranke Kinder in Kliniken. Um auf die Dringlichkeit einer neuen Problemeinschätzung kindlicher Belastungen in der Gesellschaft aufmerksam zu machen, sei hier an ein vergleichbares, in seiner psychischen Tragweite lange Zeit fehleingeschätztes Problem kindlicher Trennungsängste durch Krankenhausaufenthalte erinnert. Glaubte man einst, kranken Kindern Trennungsschmerzen durch seltene und nur kurze Besuchszeiten der Angehörigen ersparen zu können und den Schwestern ein ruhigeres Arbeiten zu ermöglichen, so hat man allmählich psychoanalytische Erkenntnisse akzeptiert, wonach frühe Trennungen von den primären Bezugspersonen nicht förderlich für die kindliche Entwicklung sind. Nach dem alten, restriktiven Besuchskonzept waren kranke Kinder zwar pflegeleichter und herzzerreißende, tränenreiche Abschiede seltener, aber man hat verstanden, daß das kein echter Vorteil für die Kinder war, sondern daß die Trennung im Gegenteil traumatische, oft erst später in Erscheinung tretende Wirkungen haben konnte. Was zunächst nur störend erschien, die Tränen, der Protest und die vorübergehende Unruhe der Kinder, lernte man als gesunde und positive Signale für intakte Beziehungen sehen. Man hatte verstanden, daß es gesünder ist, zahlreiche Kontakte zu fördern, auch wenn die Trennung dann jedesmal neu schmerzlich ist und obwohl diejenigen, die sich anschließend mit den Kindern abgeben müssen, dann eine Zeitlang keine ruhigen und pflegeleichten, sondern „schwierige" Kinder haben.[42] Die Montagsunruhe der Kinder ist ein vergleichbares Syndrom, das

42 Vgl. u. a. René A. Spitz, Vom Säugling zum Kleinkind, Stuttgart 1974; vgl. auch Anna Freud, Berichte über Kriegskinderheime, in: Die Schriften der Anna Freud, Bd. II und III, Frankfurt a. M. 1987. Dort sind kindliche Belastungen durch Trennungen und der Umgang von Betreuerinnen damit anhand zahlreicher Einzelschicksale beschrieben; Vgl. Hans Keilson, Sequentielle Traumatisierung bei Kindern, Stuttgart 1979. Die follow-up Untersuchungen zum Schicksal der jüdischen Kriegswaisen in den Niederlanden liefern ein eindrucksvolles Bild über die Auswirkungen traumatischer Trennungserlebnisse.

darauf aufmerksam macht, daß die Vorstellung einer heilen Familienwelt am Wochenende trügerisch ist und daß daher besonders jüngere Kinder montags besondere Hilfestellungen benötigen. Ist Lehrerinnen und Lehrern diese Problematik stärker bewußt, so könnten sie Mittel und Wege entwickeln, um Kindern die Verarbeitung konflikthafter Erlebnisse zu erleichtern. Sie könnten statt Zensur, die im pluralistischen Interessengeflecht kaum stärker durchsetzbar sein wird, zusammen mit Eltern für diese neue psychologische Aufgabe mehr staatliche Unterstützung fordern.

2. Abwehrprozesse und Instrumentalisierungen am Beispiel staatlicher Indizierungspraxis

Im Streit Erwachsener darüber, was junge Menschen sehen bzw. spielen oder aber nicht sehen und spielen sollen, scheinen sich unvereinbare Fronten gegenüberzustehen, die beide beanspruchen, die Interessen der Jugend – vor sozialethischer Desorientierung und Verrohung die einen bzw. vor staatlicher Bevormundung die anderen – zu schützen. Die Analyse der Argumente veranlaßt jedoch zur Feststellung, daß Jugendschützer und Vertreter des freien Marktes nicht nur gegeneinander arbeiten, sondern daß sie auch, ohne daß es ihnen bewußt ist, polarisierend zusammenarbeiten. Die Interessen der Kinder und Jugendlichen sind folglich nur vordergründig Thema. Zu fragen ist also, inwiefern es hinter der manifesten strittigen Ebene eine latente Ebene übereinstimmender Interessen Erwachsener an der Gewaltthematik gibt, von der beide Seiten, wenn auch auf unterschiedliche Weise, profitieren.

Anhand eines aktuellen Beispieles behördlichen Eingriffs in die Medienfreiheit läßt sich u. a. erkennen, welcher Aufwand an Zeit und Arbeit eine Indizierung bedeutet.[43] Sie darf bekanntlich nicht pauschal

43 Vgl. Jugend-Medien-Schutz-Report 17 (1994), H. 4, S. 6–9.

erfolgen, sondern muß stets detailliert an einzelnen „sozialethisch desorientierenden“[44] Bildern begründet werden. Das Beispiel zeigt aber vor allem, wie schwer es Männer und Frauen im Bereich Jugendschutz fällt, begrifflich klar und justitiabel genau über Gewaltbilder- und Spiele und ihre Folgen in dem schwierigen Grenzbereich von Phantasie und Realität zu argumentieren.

Das Geschäft mit Gewaltbildern in Film und Spielen beruht u. a. darauf, daß raffiniert im Grenzbereich gesellschaftlicher Tabus operiert wird und daß die Grenzen permanent in Frage gestellt bzw. umgangen werden. Die gesetzliche Regelung, daß Indizierungen im einzelnen und nicht nur pauschal nachzuweisen sind, bewirkt, daß die Herstellerfirmen den Gewaltpegel insgesamt bis an die Grenzen des Erlaubten anheben und mit Tricks überschreiten. Wenn Jugendschützer dann Einwände gegen einzelne gewaltverherrlichende oder grausame Bilder vorbringen, werden diese einfach herausgeschnitten, ohne daß die Retuschen den Gewaltcharakter der Filme wesentlich ändern. Da Gewaltakte, die an Monstern stattfinden, nicht in die Kategorie der Verbote fallen, geben die Hersteller Menschenfiguren monsterähnliche Züge, um an ihnen Gewaltakte darzustellen.

Die Praxis der Zensur zeigt auch, wie sich im Streit Erwachsener um Schutz versus Freiheit beide Parteien derjenigen Argumente aus dem wissenschaftlichen Gewaltdiskurs bedienen, die ihre jeweiligen Interessen am besten unterstützen: Die Qualifikation „wissenschaftlich“ ist eines der Instrumente im Streit um Wirkungs- und Indizierungsfragen. Und es spricht einiges dafür, daß die Forderung nach immer neuen, überzeugenden wissenschaftlichen Untersuchungen zur Medienwirkung bei Jugendlichen dazu benutzt wird, ernsthafte Lösungen

44 Vgl. Rudolf Stefen, Jugendmedienschutz – Prävention gegen die Verrohung der Gesellschaft, in: JMS-Report 17 (1994), H. 6, S. 3–9; ders., „Schnelle Indizierung von Computerspielen stärkt den Jugendschutz“, in: JMS-Report 17 (1994), H. 5, S. 47–49.

auf den Tag X in ferner Zukunft zu verschieben.[45] Der mediale Unterschied zum Video oder Film spielt im folgenden Beispiel ebensowenig eine Rolle wie die Frage, welche Institution im Dienste des Jugendschutzes aktiv ist.[46] Hier geht es um das Problem der sprachlichen Erfassung von Gewalt im Bild auf Realitäts- und Phantasieebene, dabei treten bemerkenswerte Vermischungen auf.

Am 31. März 1994 wurde das Computer-Videospiel mit dem Titel „Mortal Kombat“ (Hersteller Sega Enterprises Japan), ursprünglich ein Automatenspiel, von der Bundesprüfstelle rechtswirksam als jugendgefährdend indiziert.[47] Zwei Jugendämter, das Stadtjugendamt Köln und das Kreisjugendamt Limburg/Weilburg hatten das Verfahren zur Indizierung für das Computerspiel „Mortal Kombat“, Sega Version, E.-Nr. 4605 bei der Bundesprüfstelle für jugendgefährdende Schriften beantragt. Zusammen mit ihrem Antrag hatten sie eine Begründung, warum sie das Spiel für „Jugendgefährdend im Sinne des § 1 I GjS“ halten, eingereicht mit zwei verschiedenen Spielversionen, wie es das Antragsverfahren vorschreibt. Frist- und formgerecht wurde daraufhin die vertreibende Firma Acclaim Entertainment GmbH in München informiert, die ihren Rechtsanwalt bevollmächtigte, dem Antrag zu widersprechen.

45 Mathilde Bauer, Herbert Selg, Gewaltdarstellungen in Film und Fernsehen. Auswirkungen auf Kinder und Jugendliche, in: Jugend-Medien-Schutz-Report 17 (1994), H. 1, S. 5–7. Nicht ins eigene Bild passende Forschungsergebnisse werden nicht rezipiert, so etwa die Stellungnahme zu parlamentarischen Anträgen des Landes Nordrhein-Westfalen vom 10. 9. 1993.

46 Kontrollinstanzen sind die Bundesprüfstelle für jugendgefährdende Schriften, die dem Bundesministerium für Frauen und Jugend untersteht, und die Freiwillige Selbstkontrolle der Filmwirtschaft in Wiesbaden (FSK) sowie seit 1995 die Freiwillige Selbstkontrolle Fernsehen (FSF). Filmprädikate vergibt die Filmbewertungsstelle Wiesbaden (FBW), eine Verwaltungsbehörde beim Hessischen Kultusministerium.

47 Vgl. Jugend-Medien-Schutz-Report 17 (1994), H. 4, S. 6–9.

Drei Gutachter der Bundesprüfstelle sahen sich in der Folge beide Spielversionen an und fällten am 16. März 1994 einstimmig die Entscheidung Nr. 4605 (V), die am 31. März 1994 im Bundesanzeiger Nr. 63 veröffentlicht und damit rechtswirksam und d. h. strafbewehrt wurde. Mit einer solchen Indizierung verschwinden diese Spiele aber keineswegs vom Markt Erwachsener, damit ist nur der Zugang der Produkte zum Markt so reguliert, daß Jugendliche mit der Ware nicht beliefert und beworben werden dürfen. In der Begründung schildern die Gutachter die Grundzüge des Spiels, kritisieren die gesamte Spielabsicht und äußern sich zu Spielidee, Fragen der Phantasie und des Realitätsgrads sowie der Zielgruppe und ihrer Gefährdung.

Zur Untermauerung ihres Urteils erläutern die Prüfer, es sei wissenschaftlich erwiesen, daß es keine aggressionsvermindernde, kathartische Wirkungen von Gewaltdarstellungen gebe, daß vielmehr die These anzunehmen sei, daß Gewalt auch in „sauberer Form“ negative Wirkung erzeuge.[48] Der Spieler, so die Jugendämter, werde „einzig und ausschließlich im Sinne der Ausführung brutaler Kampfhandlungen an Personen gefordert, die, trotz teilweiser Einkleidung in fiktive Gestalten, eindeutig als menschliche Wesen erkennbar sind. Die Gefahr einer Verrohung bzw. Abstumpfung gegenüber gewalttätigen Handlungen berge nicht zuletzt die Schlußsequenz jeder einzelnen Kampfhandlung, die die endgültige Liquidation des bereits wehrlosen torkelnden Gegners fordere und dadurch explizit positiv verstärke“.[49]

Im Detail wird die Indizierung u. a. so begründet: „Dem ... Spieler stehen ... diverse wuchtige Kopf-, Knie-, Ellbogenstoßvarianten, Tritte, und Hiebe zur Verfügung, deren Einwirkung auf den gegnerischen Körper sowohl akustisch als auch visuell anschaulich simuliert wird“. Als besonders negativ wird hervorgehoben: „Erfolgserlebnisse garan-

48 Helga Theunert, u. a., Zwischen Vergnügen und Angst: Fernsehen im Alltag von Kindern. Hamburg 1992.

49 JMS-Report 17 (1994), H. 4, S. 8.

tieren jedoch besonders wuchtige Attacken der eigenen Spielfigur, die der Computer stets mit einem gesprochenen Worte ‚excellent' honoriert und weiterhin den Gegner in hohem Bogen zu Boden gehen läßt. Der Ausgang der einzelnen Kampfrunden gestaltet sich stets gleich, der Verlierer sieht sich bereits wehrlos taumelnd einer finalen Attacke des Gegners ausgesetzt. Die auf dem Bildschirm erscheinenden Worte ‚finish him', unterstützt durch die Möglichkeit, das ohnmächtig ausgelieferte Gegenüber in der ‚Brückenversion' mittels Finalschlages in einen mit Metallspitzen bewehrten Abgrund zu befördern, lassen an der Art des programmimmanent geforderten Sieges keinerlei Zweifel."[50]

„Mortal Kombat" variiert, wie viele Spiele seiner Art, zwanghaft Einzelkämpfersituationen von Männern (und einer Frau), es zelebriert typische Angriffs- und Verteidigungssituationen im Bild und verlangt vom Spieler nur schnelle Knopfdruckreaktionen im richtigen Augenblick. So verständlich der Ärger und das Entsetzen der für Indizierung plädierenden Erwachsenen über solche Kampfsimulationsspiele ist, so bewirkt die Emotion im folgenden doch eine eigentümliche Verwischung der Ebenen von Realität und Symbol, die sich in sprachlichen Gleichsetzungen von Handlung und Phantasie äußert. In der Begründung der Indizierungsentscheidung führt das Dreiergremium aus: „Die Mortal Kombat Version der Spielkonsole Sega-Mega-Drive fordert den Nutzer einzig im Sinne der Perfektionierung brutaler, jeglicher sportlicher Fairneß zuwiderlaufenden Kampfsporthandlungen ... Die sozialethische Desorientierung rührt hier aus der gezielten Einübung brutaler kämpferischer Attacken, die das Erreichen eines größtmöglichen Verletzungsgrades des menschlichen Gegenübers zum Ziel haben ... ein erfolgreiches Durchspielen des Programmes ist zwingend an das pausenlose Zufügen schwerster Körperverletzungen gebunden. Dieses wird gleichzeitig auf mannigfache Art und Weise positiv gratifiziert ... Die Jugendgefährdung ist ... in der Tatsache des vom Pro-

50 Ebenda, S. 7.

grammablauf ausschließlich geforderten reflexartig, instinktiven Zufügens schwerster Körperverletzungen zu sehen. Das Training von Verhaltensweisen, die die körperliche Integrität des Gegenübers – des eigenen Profits wegen – negieren, birgt die Gefahr eines Herabsinkens des Respektes vor Leben und der körperlichen Unversehrtheit und damit Herabsetzung der Hemmschwellen, die jeder Tötungs- und Verletzungshandlung entgegenstehen, in sich."[51]

Mit dieser Begründung passiert Jugendschützern eben das, was sie auf seiten der Jugend beklagen: Sie verwechseln selbst die Ebenen der Realität und der Phantasie, Knopfdruck wird für sie unversehens zum Fußtritt. In der Konsequenz werden für sie Bildersehen (die Grafik auf dem Bildschirm) und das reale Handeln der Spieler (Knopfdruckaktivitäten, welche die Simulierungen von aggressivem Treten im Bild auslösen), in eins zusammengedacht. Wichtig wäre aber für glaubwürdiges schützendes Tun, sich zu bemühen, auf dem schwierigen Terrain Gewalt im Bild sprachlich und denkend Phantasie und Realität sorgsam zu trennen, gerade weil in diesem Grenzbereich heftige Emotionen der Empörung, Abscheu und Angst berührt werden. Die Unterschiede zwischen Phantasie und Realität, zwischen Vermutung und Unterstellung dürfen nicht verwischt werden, denn sonst werden Kinder zu Tätern gemacht, wo diese nur spielen und böse Taten lediglich simulieren.

Daß die Simulation der Gewalt, weil sie den Gedanken einer potentiellen Rebellion der Kinder gegen Tabus der Gesellschaft enthält, alarmierend für Erwachsene sein kann, ist verständlich. Dennoch sind die aggressiven Handschläge und Tritte nur symbolisiert, sind tatsächlich grafische Akte en miniature und nur per Knopfdruck zu erzeugen, während die Spieler in der Realität bis auf minimale Knopfdruck- und Augenbewegungen bewegungslos sind. Daß allerdings die Phantasie der Spieler sich auf aggressive und mörderische Handlungen richtet, ist eindeutig. Wenn also besorgte Erwachsene den Verdacht haben, daß

51 Ebenda, S. 8.

Kinder nach dem Spiel „in echt", so wie die Figuren im Bild, aggressiv treten und schlagen, während der unmittelbare Augenschein doch zeigt, wie Kinder körperlich wie Gelähmte vor dem Bildschirm sitzen und ihre Aktivität auf Knopfdrücken reduziert haben, ist auch zu fragen, inwiefern dabei eigene, aggressive Zuschreibungen auf Kinder projiziert werden.

Die Argumente der Gegenseite, der Firma, die „Mortal Kombat" vertreibt, vertrat ein Rechtsanwalt. Er erklärt die Phantasiewelt generell als harmlos und hält alle Jugendschutzmaßnahmen für überflüssig. Einsprüche gegen das Indizierungsverfahren werden auch hier theoretisch-wissenschaftlich, mit Thesen des Sozialpädagogen Jürgen Fritz, untermauert, der eine moralische Desorientierung Heranwachsender durch Computerspiele grundsätzlich verneint und eine kathartische Wirkung annimmt. Dem Plädoyer des Anwaltes zufolge sei erwiesen, daß Kinder Realität und Wirklichkeit immer zuverlässig unterscheiden könnten. Die Möglichkeit sozialethischer Desorientierung durch Computerspiele verneine er grundsätzlich. Der Anwalt argumentiert, im Spiel handle es sich um eine reine Phantasiewelt, um Fabelwesen, die als Phantasiewesen keine Ängste induzieren könnten; es seien weder unfaire Mittel wie finale Todesschläge aus den Bewegungsabläufen noch Körperverletzungen oder Qualen in Bild und Ton erkennbar; keiner der zahlreichen, dem Anwalt bekannten jugendlichen Nutzer könne das Spiel als brutal bezeichnen; auch spreche die Tatsache der weltweiten Verbreitung sowie ein Vergleich mit der medial vermittelten realen Gewalt für die Harmlosigkeit des Spiels. Der Anwalt argumentiert auf der Grenzlinie zwischen Realität und Phantasie, als ginge es nur um subjektive Phantasien und nicht eigentlich um das Problem der kommerziell und suggestiv aufgearbeiteten Phantasien erwachsener Produzenten.[52]

Bemerkenswert ist noch eine weitere Argumentation, die auf den ersten Blick lediglich ungeschickt wirken mag. Der Vertreter der freien

52 Ebenda, S. 8.

Wirtschaftsinteressen Erwachsener arbeitet nämlich in einem wesentlichen Punkt seinen Gegnern, den Vertretern staatlicher Zensur, förmlich zu, wenn er die Harmlosigkeit des Videospieles ausgerechnet mit dem Argument begründet, das Medienschützer bekanntlich am stärksten zur Indizierungsarbeit motiviert, das Argument, jugendliche Benutzer könnten Gewaltspiele überhaupt nicht als brutal identifizieren, sie fänden es harmlos.

Der Anwalt berührt damit die Frage der Abstumpfung durch Gewaltsehen, ausgerechnet das Argument der Desensibilisierung gegenüber Gewalt, das allenthalben als Ursache für ansteigende Jugendgewalt beklagt wird. Warum? Was auf den ersten Blick lediglich als argumentative Ungeschicklichkeit erscheint – oder nur routiniert – muß raffiniert wirken, wenn es als Indiz dafür gewertet wird, daß die wirtschaftlichen Interesse der Firma nicht im Gewinn des Indizierungsstreites liegen. Den Vermarktern ist vermutlich relativ gleichgültig, wie gegenüber Jugendschützern argumentiert wird. Das Geschäft der Spielvertreiber ist meist schon gelaufen, wenn die Schützer auf den Plan treten, und ein Indizierungsverfahren hat zudem einen erheblichen Reklamewert bei Jugendlichen.

Diese Kontroverse Erwachsener im Grenzbereich von Phantasie und Realität, um Schutz versus Freier Markt, trägt Züge einer (unbewußten) Kooperation der streitenden Parteien. Die Kontroverse ist Ausdruck eines heimlichen Paktes zwischen nur scheinbar diametral entgegengesetzten Interessen der Zensoren und des Medienmarkts am Gewaltbild und Gewaltfilm. Überlegungen dieser Art mögen gängige Vorstellungen von der Unvereinbarkeit der Standpunkte durchkreuzen und sie würden vermutlich auch von beiden Parteien heftig bestritten, solange sie an ihrem eindeutigen Freund-Feind-Muster, das ihrer Profilierung dient, festhalten.

Von welcher Art aber sind gemeinsame Interessen der Kontrahenten im Streit über Fragen des Jugendschutzes? Ein gemeinsames Interesse am Gewaltfilm im Lager der „Schützer“ und dem der Interessenten am „Freien Filmmarkt“ ist es, eindeutige Sündenböcke per Gewaltfilm zu gewinnen. Die Marktseite profitiert davon und versteckt ihre Verantwortung hinter dem Publikumsgeschmack.[53] Für Jugendschützer sind Gewaltfilme aus zwei Gründen ein ideales Sündenbockobjekt: Gewaltfilme und -spiele lassen sich populärerweise für Gewaltentwicklungen der Jugend verantwortlich machen und sie befreien damit die Allgemeinheit von unangenehmeren Fragen nach sozialen, pädagogischen und politischen Mißständen. Für Vertreter dieser Seite eignet sich Gewalt, die öffentlich im Bild dingfest gemacht werden kann, dazu, eine vermeintliche Patentlösung, nämlich Zensur, in den Vordergrund zu schieben.[54] So läßt sich in der Gesellschaft über das Bild der Gewalt anstatt über gesellschaftliche Gewaltkonflikte selbst streiten. Die Diskussion kann auf die Bildschirme und die Leinwände konzentriert werden statt auf die Realität. Damit kann die Anstrengung, in die dreidimensionale Realität gewalttätiger Beziehungen zu blicken und dort kritisch Augen und Ohren für die realen, politischen, sozialen, ökonomischen Mißstände vor und hinter der Leinwand zu öffnen, vermieden werden.

Der heimliche Pakt, der die Kontrahenten über Gewaltfilme und Gewaltspiele verbindet, heißt: Beiden Parteien nützen Gewaltfilme, Schützern wie Anbietern. Die Anbieter wollen Geld damit machen, sie stimulieren die Nachfrage, während die Schützer böse Bilder suchen, um sie zu bekämpfen und als markanten Ort der Beschwörung kollektiver Ängste und Aggressionen Erwachsener gegenüber der Jugend zu benützen. Der Nachfragedruck nach Gewaltfilmen kommt insofern

53 Vgl. dazu Äußerungen des Geschäftsführers von RTL-plus Deutschland Helmut Thoma, Ein Neues Medienzeitalter, in: Academia 87 (1994), H. 6, S. 5–7: „Ein Sender, der tagtäglich auf ein Millionenpublikum angewiesen ist, wird sich immer am gesellschaftlichen Grundkonsens und den damit verbundenen Werten orientieren. Mit Sex und Gewalt läßt sich auf Dauer nicht das große Geld verdienen.“ Vom Inhalt der Werte spricht Thoma nicht.

54 Vgl. die Bestrebungen und Ziele der Arbeitsgemeinschaft familienfreundliches Fernsehen (AfF), Anm. 4.

aus der Mitte der Gesellschaft, die Medienindustrie reagiert darauf, bedient sich seiner und steigert ihn nach Kräften.

3. Filmzensur – Kollisionen von Idee und Wirklichkeit

Die Seite der Jugend: Ein 14jähriger Spieler von „Mortal Kombat"

Michael ist 15 Jahre alt, er soll als typischer, Videospiele konsumierender Jugendlicher zu Wort kommen, der Erwachsenen einen, wenn auch karg bemessenen Einblick in Interessen seiner Generation gibt. Technisch verfügt er über Video- und PC-Geräte. Obwohl seine Eltern seinen Bildkonsum kritisch sehen, halten sie nichts von Zensur, sondern suchen die kritische Auseinandersetzung im Gespräch.

Auf meine Frage, ob er Jugendschutz vor Filmen für sinnvoll halte, zeigt Michael die gleiche Ambivalenz wie viele seiner Altersgenossen: Einerseits plädiert er für Schutz, aber andererseits gibt er zu, daß er diesen Schutz für sich selbst niemals respektieren würde. Das Computerspiel „Mortal Kombat" etwa war Michael längst bekannt, als es Ende März 1994 indiziert wurde, denn bis dahin war es legal zu kaufen. Indizierungen bewirken Michaels Meinung daher nichts, im Gegenteil; Interessierte Jungen beschaffen sich mühelos über Freunde die Filme und Spiele, die sie interessieren. Auch hohe Preise für neue Action- und Gewaltspiele sind kein Hindernis; wenn ein neues Spiel, von dem sie sich Spannung versprechen, auf den Markt kommt, legen mehrere Jugendliche zusammen, um es gemeinsam zu erwerben. Im folgenden werden kurz einige Antworten des Jungen auf Fragen zitiert und anschließend macht der Bericht des Vaters über seine Versuche verantwortungsbewußter Medienerziehung zweier Söhne klar, wie schwer das ist. Während Michaels Antworten in ihrer Wortkargheit und in ihrer Einstellung zu Fragen der Zensur typisch für Jugendliche sind, sind die Methoden des Vaters eher ungewöhnlich im Versuch, ohne Zensur und Resignation ein Vater-Sohn-Geschäft mit persönlichem Engagement beider durchzusetzen.

Michael ist gut informiert, er weiß, daß Mortal Kombat indiziert ist. Auf die Frage, ob er die Entscheidung der Bundesprüfstelle richtig findet, bejaht er zu meinem Erstaunen und gibt als vagen Grund an: „Naja. Es ist halt auch so ein Kampfspiel". Als ich ihn nach dem speziellen Blutmodus frage, der bei diesem Spiel benutzt werden kann und wissen möchte, was daran schlimm ist, sagt Michael: „Naja – da wird dann in den Leib gegriffen, Wirbelsäule, Eingeweide rausgerissen, das ist schon scharf." Auf meine Frage, für welches Benutzeralter er die Indizierung empfehlen würde, sagt Michael: „Ja so bis 14". Und er bleibt bei seiner Empfehlung, obwohl er sagt, ein Verbot hätte ihn in diesem Alter nicht abhalten können, es zu spielen. So gewinnt man den Eindruck einer sehr ambivalenten, von Neugier und jugendlicher Konkurrenz bestimmten Einstellung zu solchen aggressiven Spielen und Bildern.

Die Seite der Eltern: Bericht eines Vaters, der nicht auf die Wirkung von Zensur vertraut

Als Eltern zweier unterschiedlich belastbarer und auf Filme reagierender Söhne und entschlossen, eine vernünftige Medienerziehung durch Gespräch und Vorbild zu sichern, wollten sie auch nicht vor den besonderen, in der Pubertät auftretenden Widerständen des Sohnes gegen Gespräche einfach kapitulieren. Daher schlug der Vater seinem Sohn ein Geschäft auf Gegenseitigkeit vor, auf das der Junge einging.[55]

„Die Körperhaltung unseres Sohnes hätte seinen militaristisch begeisterten, längst verstorbenen Großvater entzückt. Kerzengerade, voll konzentriert und durch nichts abzulenken, wurden die Worte, Bewegungen, Farben und Gefühle aufgesogen. Daß zwischenzeitlich einer von uns Eltern mit zusah, wurde nicht zur Kenntnis genommen. Sobald die letzten Töne der Schlußmusik ertönten, sprang unser Sohn auf und betätigte, resignierend, die Austaste. Meist bestand bei uns das

55 Falk L., Erfahrungen mit der Medienerziehung unserer Kinder. Unveröffentlichter Text (Ausarbeitung im Auftrag der Verfasserin).

Bedürfnis, das gerade Erlebte zu besprechen, was wir durch Fragen oder Bemerkungen provozierten.

In der Medienerziehung unserer Kinder haben wir uns bemüht, unsere Vorbildfunktion zu beachten. So lief nie der Fernseher nebenbei, oder gar, wenn wir Freunde bei uns hatten. Wir hoffen, daß sie dadurch gelernt haben, bewußt und mit Verstand fernzusehen. Es kam natürlich die Zeit, als das gemeinsame Sehen von Fernsehfilmen problematisch wurde. Zu Beginn der Pubertät wollte unser Ältester plötzlich nicht mehr mit uns reden. Er verschwand nach problematischen Filmen, die wir Eltern diskutieren wollten, einfach in seinem Zimmer. Selbst wenn wir ihm nachliefen und versuchten, ihn in ein Gespräch zu verwickeln, entzog er sich, indem er einfach nicht reagierte.

Anders verhält es sich bei unserem jüngeren, heute 14jährigen Sohn. Er versucht stets, heimlich fernzusehen, ist aber jederzeit dankbar für Gespräche und Erläuterungen. Er ist jedoch insofern eine Ausnahme, da er, bedingt durch eine schwere Krankheit in früher Kindheit, einen um ca. 1/3 geringeren IQ als sein älterer Bruder hat. Allzu problematische, brutale oder menschenverachtende Filme stoßen ihn ab, er geht dann lieber schlafen. Hält er aus Gleichbehandlungsansprüchen aber doch einmal einen Film durch, dann erklären wir ihm während des Films den Inhalt, wobei wir uns nicht scheuen, eine klare Wertung der Handlung und Personen vorzunehmen. Oft fragen wir bei undurchsichtigen Situationen einfach z. B., was glaubst du, warum tut er gerade das?

Mit dem 15jährigen ist es für uns Eltern viel anstrengender. Eines Tages mußten wir feststellen, daß offenbar einer seiner Schulfreunde Zugang zu Erwachsenenfilmen aus der Videothek hatte und daß sie sich nachmittags bei diesem Freund trafen, um stundenlang Videos zu gucken. Sollte so unsere Erziehung enden? Wir überlegten, was eine angemessene Reaktion auf diese Unterwanderungstaktik sein könnte. Wir waren uns sicher, daß ein Verbot sinnlos wäre und nur dazu führen würde, daß der Medienkonsum in nicht kontrollierbare Bereiche verschoben würde. Auf der anderen Seite wollten wir nicht brav dem Herrn Sohn alle gewünschten Filme nach Hause tragen. Die Lösung unseres Problems ergab sich zufällig. Mirko brachte eine miserable Aufsatznote in Deutsch, so kam ich auf die Idee, das Angenehme mit dem Unangenehmen zu verknüpfen. Ich machte meinem Sohn das Angebot, daß ich als Vater Videos für ihn ausleihe, wenn er bereit ist, anschließend über den Film einen Aufsatz zu schreiben. Das Angebot schien ihm so verlockend, daß er gleich eine lange Liste mit seinen Wunschtitel erstellte. Ich war völlig überrascht, wie genau er das aktuelle Filmangebot kannte. Anfänglich versuchte ich, ihm den einen oder anderen Film auszureden, was den Film jedoch nur noch interessanter machte. So gab ich als einsichtiger Vater diesen Versuch auf und holte tatsächlich die bestellten Filme. Da ich, wie es zur Vereinbarung gehörte, seine Aufsätze korrigieren sollte, war klar, daß wir die Filme beide ansehen mußten. Wohlweislich hüten wir Eltern uns aber davor, irgendwelche Bemerkungen dabei fallen zu lassen. Dies erhöhte offensichtlich die Sensibilität unseres Sohnes für unsere Regungen, um herauszufinden, was wir wohl über diese oder jene Szene dachten.

Anfangs beschränkten sich die Wunschfilme unseres Sohnes auf dümmliche Klamaukfilme. Meist war er schon dadurch gestraft, daß er eine Inhaltsangabe über einen inhaltslosen Film schreiben mußte, so daß diese Filmart schnell uninteressant wurde. Als er dann einmal zufällig einen anspruchsvollen Film erwischte, behauptete er jedoch, über diesen könne man absolut nichts schreiben. Als ich ihm widersprach, forderte er mich wütend auf, dies doch einmal selbst zu versuchen. Ich nahm mir also an einem Sonntagvormittag dafür eine Stunde Zeit und schrieb zwei DIN A 4 Seiten im Aufsatzstil. Mein Sohn war ehrlich erstaunt und rief anerkennend, ‚was du alles gesehen hast!' Seither hat er den Ehrgeiz, mindestens das gleiche in den Filmen zu sehen, auf Details und Kamerapositionen zu achten, zu analysieren, auf wessen Kosten Späße gemacht werden, wie Minderheiten oder Gruppen behandelt werden usw.

Besonders interessant wird es, wenn er einen vordergründig tollen Film gesehen hat, der jedoch verdeckte Botschaften enthält, die sich einer oberflächlichen Analyse entziehen. Erkenne ich ein solches Machwerk, so versuche ich – durch besonders gemeine Fragen, wie mein Sohn meint – Licht in das Dunkel zu bringen, z. B. die Frage, ‚Inwieweit sind in dem Film XY rassistische Tendenzen erkennbar?' oder ‚Welche Rolle spielt das Militär in dem Actionfilm XY?'.

Leider sind unseren Bemühungen aber auch Grenzen gesetzt. So kam Mirko neulich triumphierend nach Hause, er sei zum ersten Mal in einen Kinofilm ab 18 hereingelassen worden. Eigentlich hatte er von sich aus den Film gar nicht unbedingt sehen wollen, aber einer seiner Schulkollegen hatte ihn überredet. In diesem Fall fand ich es besonders ärgerlich, da der Film in mehreren Ländern verboten wurde und somit zumindest umstritten war. Wenn Kinopersonal so dumm oder geldgierig ist, daß es selbst in derartig eindeutigen Fällen, bei denen eine strikte Einhaltung der Altersgrenze notwendig ist, versagt, fragt man sich, was die FSK-Altersgrenze überhaupt soll. Uns Eltern bleibt also nichts anderes übrig, als uns den Film ebenfalls anzusehen, damit wir darüber reden können. Hätte er den Film auf seiner Wunschliste aufgeführt, hätte ich ihn sicher auch besorgt, denn auch wenn ich fürchte, daß mir der Film sehr unangenehm gewesen wäre und einen Abend verdorben hätte – die Sache ist es mir wert.

Wir haben mit dieser Art des Umgangs mit Videokonsum gute Erfahrungen gemacht. Durch das Aufsatzschreiben und die Fragestellung zu Filmen zwinge ich meine Sohn, sich selbst Einsichten zu erarbeiten. Unser Deal – er darf sehen, was er will um den Preis von Aufsätzen – funktioniert seit gut einem Jahr. Wir haben kaum noch Sorge vor unkontrolliertem Videokonsum. Selbstverständlich darf er mit seinen Freunden gemeinsam ins Kino oder Videos ansehen. Aber letzteres ist nicht mehr sonderlich interessant, da sein Freund auf Videos angewiesen ist, die er bei seinen Eltern vorfindet oder unkritisch selbst gewählt hat. Neulich bekam ich zufällig mit, wie er einem Freund sagte, in so einen schwachsinnigen amerikanischen Klamaukfilm werde er nicht mitgehen, dafür sei ihm sein Geld viel zu schade. Mehr als Kritikfähigkeit erhoffen wir nicht."

Diese Schilderung läßt zum einen erkennen, wie schwierig es für Eltern ist, das, was als pädagogische Maxime gilt, das Sprechen über Filme in der Familie, zu realisieren. Man geht kaum fehl in der Annahme, daß dies nur wenige Eltern so engagiert und geschäftsmäßig mit Gegenleistung und Eigenleistung tun können.[56] Um so deutlicher wird daher, wie nötig es im Bildungsbereich ist, Raum und Formen zur Etablierung kritischer Filmbetrachtung auch für die vielen Jungen und Mädchen zu schaffen, deren Eltern längst resignierend den Medien das Feld überlassen haben.

„Power Rangers" – ein Beispiel aus der Praxis

Modellfall für die Probleme der Durchsetzung von Jugendschutz im privaten Fernsehen waren 1995 die Auseinandersetzungen um die Zeichentrickserie „Power Rangers" in RTL, die dem Sender lautstarke, öffentliche Kritik eingebracht hatte. „Gegen das tägliche Hauen und Stechen"[57], titelte die Süddeutsche Zeitung einen Bericht darüber. Immerhin war der Protest erfolgreich: der RTL-Jugendschutzbeauftragte Dieter Czaja und der Geschäftsführer der Freiwilligen Selbstkontrolle der Fernsehanstalten (FSF) Joachim von Gottberg kündeten gemeinsames Vorgehen im Falle der Kinderzeichentrickserie Power Rangers an.

Der Geschäftsführer des Senders RTL, Helmut Thoma, kann darauf verweisen, daß die FSF die Serie ordnungsgemäß geprüft und ohne Beanstandungen und Schnittauflagen als Kinderprogramm freigegeben hat. Doch der Teufel bzw. die Raffinesse steckt auch hier im Detail. War es Zufall, Routine oder Absicht, daß RTL nur drei Filme der gesamten Serie dem Gremium der Freiwilligen Selbstkontrolle Fernse-

56 Deutscher Bundestag, Drucksache 12/6836 beruft sich auf das sozialökologische Forschungsprojekt von Dieter Baacke, Uwe Sander, Ralf Vollbrecht zum Thema „Medienwelten Jugendlicher", 1990: „daß die erzieherische Haltung von Eltern zum Medienkonsum ihrer Kinder sehr deutliche Defizite aufzeigt".

57 Klaus Ott, Gegen das tägliche Hauen und Stechen, in: Süddeutsche Zeitung, 2. 1. 1995.

hen zur Begutachtung vorlegte, die Zustimmung dann aber selbstverständlich für alle Teile der Serie interpretierte?[58] Als der öffentliche Protest gegen die Serie massiv kam, zeigte man sich einsichtig und bezog Rückzugslinien, ohne ganz auf die Ausstrahlung der Serie zu verzichten: nur Samstags sollte weiterhin gesendet werden, was an Wochentagen als bedenklich galt. Nach Auffassung von Gottbergs ist es Aufgabe der Eltern, die durch Filme im Fernsehen induzierten Probleme der Kinder zu lösen: „Da aber die Vermehrung von Programmen nicht eingeschränkt werden kann, wird es immer wichtiger, auf die Verantwortung der Rezipienten selbst bzw. ihres erzieherischen Umfeldes zu setzen. Die Familie muß lernen, vernünftig mit dem Fernsehen umzugehen und reale soziale Erfahrungen nicht durch das Fernsehen zu ersetzen.“[59]

58 Joachim von Gottberg, Das erste halbe Jahr. Freiwillige Selbstkontrolle Fernsehen in: JMS-Report 17 (1994), H. 5, S. 1–4; die Freiwillige Selbstkontrolle Fernsehen (FSF) begann im April 1995 mit der Arbeit. Ein unabhängiges 15köpfiges Kuratorium arbeitete die Prüfgrundsätze aus, die als Orientierungshilfe für Gutachter dienen. Anlehnung an die Spruchpraxis der Bundesprüfstelle für jugendgefährdende Schriften (BPjS) im Bereich der Sendeverbote wird durch personelle Verflechtung gesucht, wenn es darum geht, einen Film im Sinne des Rundfunkstaatsvertrages als „schwer jugendgefährdend“ einzustufen. Die Vorsitzende der Bundesprüfstelle benennt fünf Prüfer, die in ihrem Auftrag arbeiten. Der Ständige Vertreter der Obersten Landesjugendbehörden bei der FSK arbeitet in der FSF mit. Zwei Drittel der Prüfer sind gleichzeitig auch Prüfer bei der Bundesprüfstelle oder bei der FSK. Im Bereich der Altersfreigaben orientiert man sich an der Freiwilligen Selbstkontrolle der Filmwirtschaft (FSK). Die übrigen Prüfer verfügen über ein abgeschlossenes sozialwissenschaftliches Studium und Erfahrungen in medienpädagogischen Einrichtungen. Die FSF verfügt zur Zeit über 60 Prüfer.

59 V. Gottberg in: Anhörung „Jugendschutz und Medien“ des Bundestagsausschusses für Familien, Senioren, Frauen und Jugend am 31. 1. 1996.“

Von Gottberg äußert sich nach der öffentlichen Kritik selbst kritisch zu der Power-Ranger-Serie: Bei Kindern unter acht Jahren könnten durch die in der Serie gezeigten Hau- und Stech-Handlungen „aggressive Gelüste“ ausgelöst werden, weil Kinder unter acht Jahren Fiktion und Realität nicht unterscheiden können; aber ab acht Jahren sei die Serie in Ordnung. Der FSF-Prüfungsausschuß hatte ursprünglich in seinem positiven Urteil hervorgehoben, daß entscheidende Schlußkämpfe schließlich nur gewonnen werden können, wenn alle fünf Freunde gemeinsam kämpften.[60]

Das Argument der positiven Wirkung durch Szenen, in denen Freunde aggressiv zusammenarbeiten müssen, macht die Hilflosigkeit der Begründungen pro oder contra Zensur noch einmal grundsätzlich deutlich. Der Gewaltkontext wird durch eine Wertkategorie wie „Gemeinsamkeit“ gerechtfertigt, mit der sich auch verbrecherisches Tun in Cliquen rechtfertigen ließe. Gerade aber die Gewöhnung an die Beliebigkeit der Rechtfertigung von Gewalt in Form von Selbstjustiz, nach den Gesetzen des Stärkeren und außerhalb gesetzlicher Strafregelungen, wird von Fachleuten mehr als direkte Nachahmungen einzelner filmischer Gewaltakte als Gefahr der Nachahmung durch kindliche und jugendliche Zuschauer gesehen.

Der Geschäftsführer hatte die Serie „Power Rangers“ mit anderen Phantasiefilmen wie „Alice im Wunderland“, mit Jules Vernes „Reise zum Mittelpunkt der Erde“ und mit Enid Blytons „Fünf Freunde und das Geheimnis der verlorenen Insel“ verglichen und war daher der Meinung, man könne schwerlich etwas gegen „Power Rangers“ einwenden. Das Kuratorium der FSF reagierte auf die öffentlichen Proteste mit der Ankündigung, sämtliche Folgen von „Power Rangers“ zu prüfen.

Indizierungen, dies zeigen die Beispiele, sind institutionalisierte Versuche, Kinder und Jugendliche vor als bedrohlich für ihre Entwicklung eingeschätzten Gedanken Erwachsener in Wort und Bild zu schützen,

60 Vgl. Klaus Ott, SZ, 2. 1. 1995.

aber sie beinhalten die Gefahr, daß damit die schwarzen Peter der Verantwortung für Gewaltprobleme durch Verschiebung kollektiv verdrängt werden. So nötig einerseits Zensurierungen sind, damit eine Gesellschaft ihre Grenzen des Erträglichen markiert, so wenig kann sie sich mit Zensurschutz, also mit Schutz des Individuums von außen, zufrieden geben. Ohne Schutz von innen, Schutz durch visuelle Bildung von Kindern und Jugendlichen, mit dem Ergebnis kritischer Bild-, Wort- und Tonwahrnehmungsfähigkeit, diente solcher Schutz hauptsächlich der Beruhigung Erwachsener. Institutionalisierter Jugendmedienschutz in Deutschland, zu dessen Verbesserung neuerdings jeder Sender einen eigenen Jugendschutzbeauftragten ernannte, kann der Gesellschaft nicht die permanente Auseinandersetzung mit Kindern und Jugendlichen über Gewaltfragen in Beziehungen ersparen. Jugendmedienschutz, mit seiner unvermeidlich begrenzten Wirksamkeit im nationalen Raum, innerhalb des international operierenden Medienmarktes, kann der Gesellschaft nicht die politische Aufgabe abnehmen, bildungs-, aber auch sozialpolitische Wege zu schaffen, um den inneren Schutz durch Bildung, Aufklärung und ausreichend soziale Einrichtungen für Kinder und Jugendliche zu stärken.

Aggressionen im Fernsehen – die Abwehrfunktionen eines Themas

Da allgemein häufig von Aggressionen im Fernsehen sowie von der Sorge, daß Fernsehen Kinder und Jugendliche aggressiv machen könnte, gesprochen wird, erscheint es mir sinnvoll, zu klären, ob mit der altruistisch wirkenden Sorge um Fernsehen und Wirkung auch weniger altruistische Motive im Dienste der Konfliktabwehr sozialer Spannungen verknüpft sein könnten. Die Frage ist, inwiefern die Thematik Aggression im und durch Fernsehen neben sachlichen Gründen auch instrumentelle Funktionen in der Gesellschaft erfüllt, mit anderen Worte, daß sie auch gebraucht wird zur Abwehr von Beziehungskonflikten. So läßt sich etwa fragen: Wen macht eigentlich Fernsehen aggressiv? Damit sollen nicht kontroverse Theorien (Katharsistheorie, Verführungstheorie, Risikotheorie) der Wirkungsforschung zur Diskussion

gestellt werden, sondern einfache Alltagsfragen.[61] Wird die Frage nicht rhetorisch gestellt, weil die Antwort schon als bekannt vorausgesetzt wird, dann genügt es nicht, sie nur in bezug auf Kinder oder Jugendliche zu stellen. Dann müssen sich auch Erwachsene selbst die Frage stellen, die dann genauer heißen würde: Wen macht Fernsehen aggressiv? Die Antworten könnten dann etwa so lauten:
Fernsehen macht aggressiv:

61 Mathilde Bauer, Herbert Selg, Gewaltdarstellungen in Film und Fernsehen. Auswirkungen auf Kinder und Jugendliche, in: Jugend-Medien-Schutz-Report 17 (1994) H. 1, S. 5–7. In dieser Arbeit werden die Aussagen der Fachliteratur zu Wirkungsfragen zwischen den Polen Ohnmachtsthese und Allmachtsthese eingeordnet, wobei die Verfasser selbst eine mittlere Position beanspruchen, die sie Risikothese nennen: „Das Risiko besteht darin, daß durch die Beobachtung von Gewaltdarstellungen sehr wahrscheinlich die Gewaltbereitschaft der Beobachter ansteigt." Die Risikothese sei gestützt von der sozialkognitiven Lerntheorie Banduras (1977). Danach wird das Lernen am Modell als wesentliches Movens gesehen. Dabei wird besonders der Legitimation der Gewalt in Filmen als „gerechter Gewalt „ eine enthemmende Wirkung zugeschrieben: „Massive Veränderungen der normativen Wahrnehmung" ergebe eine mit 1565 männlichen Jugendlichen durchgeführte Längsschnittstudie. „In der Gruppe der ‚Vielseher' zeigte sich (im Gegensatz zu den ‚Wenigsehern') eine starke Tendenz, Gewaltakte gar nicht als gewalttätig wahrzunehmen, wenn sie gerechtfertigt erschienen." (Belson 1978). Die Autoren interpretieren dies als eine kognitive Umstrukturierung und Umdeutung: Der Zuschauer ordne brutale Handlungen kaum noch unter das Etikett „Gewalt" ein. So sinke, folgern die Autoren, die Hemmschwelle für Ausführungen dieser Art von Handlungen. In Folge dieser Prognosen wenden sich die Autoren auch gegen „ultraliberale" Tendenzen, die das von ihnen definierte Risiko nicht wahrnehmen wollen. Es bestehe das Risiko weniger darin, daß es nach Gewaltdarstellungen zu direkten Nachahmungstaten kommt, als vielmehr darin, daß aggressive Modelle ganz allmählich Werte, Normen und Einstellungen gegen Gewalt verändern, daß sie gegen Gewalt desensibilisieren und Gewalt als Problemlösungsmittel anbieten.

- Frauen, die müde Männer ungern vor der Glotze sehen,
- Männer, wenn Frauen ihnen ankreiden, was sie gerne sehen,
- Eltern, die gerne hätten, daß ihre Kinder lernen oder schön spielen,
- Kinder, wenn sie nicht so viel sehen dürfen, wie sie wollen,
- Kinder, wenn ihre Basteleien nicht so einfach gelingen und nicht so schön wirken wie im Fernsehen,
- Kinder, denen zur Strafe Fernsehverbot auferlegt wird,
- Familien, wenn der Kampf um die Schalthoheit entbrennt,
- Lehrer und Lehrerinnen, die vergeblich um die Aufmerksamkeit ihrer Schüler kämpfen,
- Menschen, die nur Schönes sehen wollen,
- Politiker und Politikerinnen, die sehen, wie unrealistisch ihr Alltag dargestellt wird,
- Polizisten und Polizistinnen, die sich zugleich idealisiert und verteufelt sehen
- Soldaten, die sich lächerlich gemacht fühlen
- Gäste an Fernsehaktivitäten, wenn sie „rausgeschnitten" werden,
- Psychotherapeuten und Psychotherapeutinnen, die sehen, wie raffiniert psychoanalytisches Fachwissen kommerziell mißbräuchlich verwendet wird oder wie sie selbst in Filmen als die eigentlichen Bösewichter interpretiert werden,
- Eltern, die von ihren durch Werbung stimulierten Kindern zum Kauf bestimmter Produkte erpreßt werden,
- Eltern, die es als Zumutung empfinden, daß sie privat ausbügeln sollen, was Politiker ihnen öffentlich durch die Privatisierung der Sendefrequenzen eingerührt haben.
- Ausländer, die sich „vorgeführt" fühlen
- usw., usf.

Von diesen beliebig ergänzbaren Formen der Aggressivität um das Fernsehen aber wird im öffentlichen Diskurs nicht gesprochen, obwohl sie tagtäglich vielfältig entstehen und familiäres Leben im Fernsehzeitalter mindestens so sehr beeinflussen wie der Bildkonsum der Kinder. Insofern erscheint der Diskurs über Aggressionen und Gewalt im Fernsehen eine Ventilfunktion zu haben. Gewalt im Bild wird so zum kleinsten gemeinsamen Vielfachen, über das man sich legitimerweise entrüsten kann. Offensichtlich funktioniert so etwas wie eine stillschweigende Allianz ökonomischer, politischer und privater Interessen in dieser Konzentration auf Gewalt im Bild, die andere fällige Auseinandersetzungen erspart.[62]

Es ist überlebensnotwendig, physische Gewalt vorrangig zu beachten, weil sie unmittelbar lebensgefährlich sein kann, daher hat sie Priorität in der menschlichen Aufmerksamkeit. Es ist keineswegs so, wie Moralisten vorwurfsvoll meinen, daß nur simple Lust an der Gewalt die Menschen treibt, auf Gewalt zu achten. Psychoanalytische Beobachtungen an Jungen und Mädchen, die mit hohem Interesse Gewaltfilme studieren, veranlassen zu einer anderen Einschätzung der Motive für das große Interesse an Gewalt bzw. an Gewaltthemen. Ein zentrales Motiv, Gewalt im Bild sehr aufmerksam zu studieren, ist abgewehrte Angst vor gewaltförmigen Beziehungen in den unterschiedlichsten Ausprägungen, abhängig von Alter, Geschlecht und sozialem Stand der jungen Menschen. Sie treibt junge Menschen zur sorgfältigen Beobachtung aggressiver Aktionen. Viele Jugendliche würden das nicht offen zugeben, weil es bedauerlicherweise zu den traditionellen männlichen Abwehrformen gehört, Angst zu verdrängen, um stark zu erscheinen. Das Angstmotiv ist in direkten Befragungen nicht zu eruieren, weil Kinder und Jugendliche dabei sehr sensibel, anpassend und zugleich verweigernd, auf die Erwartungen der Erwachsenen reagieren.

Aus psychoanalytischer Sicht fällt auf, daß häufig gerade dann, wenn Erwachsene besonders bemüht sind, die Interessen der Jugendlichen an Gewaltbildern zu respektieren, sie selbst besonders die Spaßseite, die Lust an der Angst, betonen und Angst eher herablassend behan-

62 Vgl. Waldemar Vogelgesang, Medien und Gewalt: Fakten und Vermutungen im Widerstreit, in: psychosozial 18 (1995) H. 59, S. 99–110.

deln.[63] Das ist zwar sympathischer als die rein moralisierende Haltung, trägt aber Züge betonter Solidarisierung und damit einer Art von Kumpanei, in mutwilliger Opposition zu den Jugendschützern. Hier zeichnen sich Spaltungsprozesse ab, wie sie im Diskurs über Gewalt im Bild charakteristisch sind.

63 Rita Müller-Hilmer, Helga Theunert, Nie hat es so viel Spaß gemacht. Brutales in den Medien, München 1987, enthält eine Fülle von Anregungen und spaßbetontem Material für Filmanalysen in der Unterrichtspraxis; Horst Scarbath, Videokonsum und pädagogische Verantwortung, Köln 1987, S. 29 ff.

II. Visueller Analphabetismus. Befunde aus der Beobachtung von Kindern und Jugendlichen

Um Wege zur Veränderung der Situation von Kindern und Jugendlichen vor Video und Fernsehen zu finden, untersuche ich die Psychodynamik, die in der Situation wirksam ist. Dabei geht es um Fragen der Naivität des Sehens, Fragen individueller und kollektiver Faktoren des Zwangs zum Sehen aus inneren und äußeren, marktverursachten Gründen, um Fragen infantiler Abwehrversuche gegen den Sehzwang sowie darum, wie vorhandene individuelle Abwehrkräfte von seiten der Gesellschaft u. a. durch visuelle Bildung unterstützt werden können. Es geht dabei um den Versuch kritischen szenischen Verstehens anstelle der Fixierung der Aufmerksamkeit auf die manifeste Problematik „Gewaltbild.[1]

1. Naives Sehen und der visuelle Analphabetismus als Mangel an Fähigkeit zum bewußten Sehen bewegter Bilder: Erscheinungsformen, Auswirkungen, Konsequenzen

Weithin bekannt ist das äußere Erscheinungsbild, das Kinder und Jugendliche vor dem Fernseher aufmerksamen Beobachtern bieten. Daß viele der Beobachtungen nicht Kinder- und weder alters- noch geschlechtsspezifisch sind, sondern ebenso für filmesehende Erwachsenen zutreffen, wird kaum jemand bezweifeln. Es ist ein Bild der Unersättlichkeit, der zwanghaften Gier nach immer neuen Bildern. Kinder

1 Jürgen Belgrad, Bernhard Görlich, Hans-Dieter König, Gunzelin Schmid Noerr (Hrsg.), Zur Idee einer psychoanalytischen Sozialforschung. Dimensionen szenischen Verstehens, Frankfurt a. M. 1987.

erscheinen geradezu süchtig nach Bildern und Filmen, sie sitzen wie gelähmt „ganz Auge“, sie harren stundenlang vor dem Bildschirm aus, konzentriert, aufnahmebereit. Und wenn ein Film zu Ende ist – und dies ist aus psychoanalytischer Sicht besonders auffällig – wirken sie nie zufrieden mit dem, was sie gesehen haben. Vielmehr erscheinen sie unzufrieden und wollen am liebsten gleich weitersehen, irgendwas, nur nicht abschalten. Ein unbewußter Sehzwang treibt sie, obwohl sie eigentlich längst erschöpft sind von vielen visuellen Eindrücken, immer noch mehr zu sehen, solange wie sich eben Bilder vor ihren Augen bewegen.

Hinzu kommt die zweite Auffälligkeit im äußeren Erscheinungsbild von Kindern und Jugendlichen vor dem Fernseher, ihr Mangel an Motorik. Damit bieten sie, die normalerweise keine fünf Minuten stillsitzen können, einen höchst unkindlichen Anblick. Sie verharren stundenlang reglos, um zuzusehen, wie andere Menschen sich bewegen und ihnen mehr oder weniger spannend Leben vorleben. Darauf beruht die Wirkung des Fernsehens als eines technischen Babysitters. Vor dem Fernseher wirken Kinder nicht jung und nicht, wie es zur Jugend gehört, motorisch beweglich, sondern sie verhalten sich eher wie gebrechliche alte Menschen, die sich nicht mehr vom Fleck rühren können. Offensichtlich ist es so, daß Kinder aus eigener Kraft kaum aufhören können, fernzusehen, und insofern wirken sie wie abhängige Bildersüchtige, die ihr tägliches Quantum Bild brauchen.

Aufschlußreich für ein tieferes Verständnis der Problematik ist die dritte, Eltern nur zu gut bekannte Reaktion von Kindern, wenn nämlich Erwachsene sie zwingen, den Fernseher abzuschalten: Sie protestieren ärgerlich und wirken, wenn sie zum Spielen geschickt werden, auffällig einfallslos, lustlos und verdrossen. Sie sind merklich frustriert, scheinbar nur darüber, daß man sie gegen ihren Willen am Weitersehen hindert. Aus psychoanalytischer Sicht ist dies jedoch nicht die eigentliche Ursache ihrer Frustration. Der tiefere Grund ist, daß sie plötzlich mit der Frage nach ihrer eigenen Lebendigkeit konfrontiert sind, denn mit dem Abschalten wird jählings ihre eigene Unlebendigkeit spürbar.

Bewegte Bilder suggerieren den Kindern lediglich, in der Fülle des Lebens zu stehen; bewegte Bilder lassen wohl teilnehmen an fremdem, spannungsreichen Leben, an vielerlei interessant vermittelten Lebensarten, Einfällen, Fähigkeiten, Gedanken und Aktivitäten anderer Menschen, aber die Teilnahme erfolgt aus unüberbrückbar großer Distanz, sie ist nicht wirklich, sondern nur scheinbar, nur hinter Glas und – dies ist das wesentlichste – nur zu haben um den Preis des Verzichtes der Kinder auf Eigenleben. Im Filmsehen sind Kinder nur scheinbar überall mit dabei, während sie tatsächlich hermetisch abgeschottet sind vom wirklichen, fremden wie eigenem Leben. Aus der Distanz, selbst wie unsichtbare Geister für die Handelnden im Film, sehen sie andere Menschen leben, reden, lachen und weinen, können selbst aber weder mitreden noch mithandeln, und wenn sie es tun, so sind sie damit isoliert.

Abschalten ist insofern ein tatsächlich bedrohlicher Moment für filmesehende Kinder, ein Moment der harten Landung aus der irrealen, reichen Filmwelt auf die vergleichsweise graue Erdenwelt, die im Kontrast zum bunten, aufgrund der zeitlichen Raffung allein schon geballten Leben auf dem Bildschirm armselig, langweilig und mühselig erscheint. Nach dem Abschalten des Fernsehers werden Kinder übergangslos mit der jähen Dunkelheit in ihrem Zimmer konfrontiert, d. h. sie werden auch konfrontiert mit ihren eigenen, unlebendigen Seiten. Weil sie ihr eigenes Leben vernachlässigen, um fremdes Leben, stellvertretend für das eigene, an sich vorüberziehen zu lassen, ist das Abschalten ein Schock, der Kinder so zu deprimieren vermag, daß sie spontan durch Flucht in den nächsten Film Rettung suchen, um sich zu trösten.

Aus den bisherigen Überlegungen ist verständlich, warum es wenig hilfreich ist, als Erwachsener die Unersättlichkeit der Kinder nach Bildern moralisierend zu kritisieren. Es handelt sich ja nicht lediglich um eine individuelle und mit pädagogischen oder moralischen Mitteln lösbare Unart. Vielmehr sollte die Unersättlichkeit nach Bildern als Ausdruck eines zeitspezifischen, individuellen und kollektiven Zwangssyndroms unserer Gesellschaft verstanden werden. Tatsächlich leiden Kinder wie Erwachsene unter einem Sehzwang, der kollektive und individuelle Ursachen hat, einem Zwang, der Kinder in ganz besonderem Maße abhängig und ausbeutbar, d. h. eben auch unterstützungsbedürftig macht in ihren Versuchen, diese Zwänge zu lösen.

Sehzwang, wie andere Zwangshandlungen auch, ist aus psychoanalytischer Sicht jedenfalls nicht mit Befehlen oder nur durch gutes Zureden, Ablenkung oder anderen Zwang wie Verboten einfach zu beseitigen. Es gilt, den Zwang in seiner Psychodynamik zu erforschen und zu fragen, welche intrapsychischen und sozialpolitischen Funktionen der Sehzwang hat, wie er zustandekommt, welche inneren und äußeren Faktoren ihn aufrechterhalten und was er bewirkt; erst dann kann abgeschätzt werden, welche Faktoren sinnvollerweise verändert werden können.

Bevor Fragen der Veränderbarkeit erörtert werden, ist es daher erforderlich, weitere Eigentümlichkeiten kindlichen Sehens zu betrachten, z. B. Fähigkeiten und Schwächen von Kindern, die sie nicht nur zu potentiell Sehabhängigen prädestinieren, sondern auch zu begabten Sehenden, die dem Sehzwang kreative Kräfte entgegensetzen können. Bemerkenswert ist zunächst die natürlichen Offenheit von Kindern für visuelle Reize allein schon aufgrund der Funktionsweise ihrer Augen.[2] Kinder sind, solange sie ihre Augen offen haben, grundsätzlich offen für Licht- und für Bewegungsreize; das bedeutet, sie können gar nicht anders, als von Natur aus spontan auf bewegte Bilder, auf Filme zu reagieren, ob sie wollen oder nicht, ihre Augen sind schutzlos offen für visuelle Eindrücke.

2 M. D. Vernon, Wahrnehmung und Erfahrung, München 1977. Das Werk enthält eine Fülle bedeutsamer Fragestellungen zu Grundproblemen von Wirkungen visueller Wahrnehmung bzw. von Verdrängungsmotiven derselben, die auch in den Bereich visueller Bildung gehören. Was Vernon über Experimente zu emotionalen Effekten aus Vor- und Nachbildern berichtet (S. 121), sind Interdependenzen, die auch in bezug auf bewegte Bilder zu untersuchen wären.

Um sich die politische und ökonomische Bedeutung dieses Phänomens schutzlos offener Augen für Menschen in der bilddominierten Zeit szenisch vorzustellen, sei an die Geschichte der Belagerung von Troja erinnert. Die modernen Einfallstore für die moderne Form trojanischer Pferde (der Unterhaltungsindustrie) in die vermeintlich geschützten Bereiche der Menschen, in die häuslichen vier Wände, sind die Augen der Menschen. Moderne Invasoren in den privaten Bereich der Menschen verfügen über raffiniertes Spezialgerät und raffinierte Spezialtechniken sowie über psychoanalytisches Fachwissen, das zu erwerben die übrige Gesellschaft sich erspart.

Um so erfolgreicher kann daher die Ausbeutung psychoanalytischer Erkenntnisse in Werbe- und Spielfilmen funktionieren. Zuschauer, die nicht über einschlägiges Spezialwissen der Medienhersteller verfügen, sind über ihnen nicht bewußte, im Film agierte, libidinöse und aggressive Wünsche und Ängste zu vereinnahmen. Ausgerechnet da, wo Menschen sich in den eigenen vier Wänden vermeintlich sicher und entspannt fühlen, öffnen sie Tag und Nacht die Einfallstore für heimliche Invasoren.[3]

Während Menschen also einerseits durch die Empfänglichkeit ihrer Augen für Lichtreize von Natur aus offen sind und daher zur Sprunghaftigkeit in der visuellen Aufmerksamkeit tendieren, ist andererseits eine entgegengesetzt wirkende Eigenart bei Kindern zu beobachten, die Erwachsenen mitunter geradezu peinlich ist. Kinder vermögen bekanntlich auch sehr lange und intensiv auf das, was sie interessiert, hinzusehen, sie können mit ihren Augen förmlich alles, was sie interessiert, in sich aufsaugen, ganz unabhängig davon, ob sie ihre visuellen Eindrücke sofort oder erst später, wenn sie entwicklungspsychologisch dazu in der Lage sind, nach Sinnzusammenhängen ord-

3 Ebenda, S. 138 ff. Im Kapitel „Sensorische und perzeptuelle Deprivation „ wird die Bedeutung der visuellen Abwechslung für Kinder vorstellbar im Kontrast zu den Belastungen, die experimentell reduzierte Reize bedeuten können.

nen und reflektierend in Worte fassen können.[4] Beide Fähigkeiten der Kinder, (positiv ausgedrückt) beweglich zu sein und (negativ ausgedrückt) sprunghaft in der visuellen Aufmerksamkeit zu sein, sowie die Fähigkeit, intensiv hinzusehen, sind für die Frage nach Chancen der Befreiung vom Sehzwang, wie später darzulegen sein wird, von großer Bedeutung.

Es mag verwundern, daß bisher einer Frage wenig Aufmerksamkeit gewidmet wurde, die Erwachsene häufig im Zusammenhang mit Film und Jugend beschäftigt, wenn sie über Fragen der Angst in Filmen für Kinder nachdenken, nämlich der Frage nach der Fähigkeit von Kindern und Jugendlichen, zwischen Realität und Phantasie zu unterscheiden. Ich halte das insofern für ein sekundäres Problem, als für Kinder die scharfe Unterscheidung von Bildern in realitätsgemäße oder solche der Phantasie entsprungene nicht so wichtig ist. Durch die Macht infantilen, magischen Denkens mischen Kinder beide Welten, die der Realität und die der Phantasie, nach Bedarf.[5] Wohl vermögen

4 Ebenda, S. 112: „Anscheinend erregt das Neue und Unerwartete tatsächlich Aufmerksamkeit und veranlaßt zur Untersuchung der Ursache der Reizung. Diese Reize können aber nicht identifiziert werden, bevor die Untersuchung abgeschlossen ist. Daher kann die Identifikation verzögert werden oder sogar eine nicht-wirklichkeitsgemäße Wahrnehmung entstehen, wenn die Untersuchung nicht richtig durchgeführt werden kann. Durch Erwartungen dagegen wird eine solche Verzögerung vermieden. Wiederholt sich jedoch eine vertraute Situation extrem oft, dann kommt es zur Gewöhnung und folglich zur Abnahme der Aktivation und der fokalen Aufmerksamkeit, bis sich die Situation verändert." Für ein vertieftes Verständnis des „Sehzwangs" sind solche Beobachtungen nützlicher als moralische Überlegungen.

5 Vgl. dazu auch Bruno Bettelheim, Kinder brauchen Märchen, Stuttgart 1977, S. 9–16. Unter der Überschrift „Das Ringen um den Sinn des Lebens" begründet Bettelheim, wie nötig gerade Phantasiegeschichten der Märchen als Lektüre für Kinder sind, weil sie in ihnen zentrale Konflikte, Ängste und Sehnsüchte und Hoffnungen wiederfinden, die sie selbst pha-

sie auf Befragen zwischen echt und unecht zu unterscheiden, schon weil Erwachsene darauf drängen, aber das bedeutet nicht, daß sie über ausreichende innere Distanz zu den Dingen verfügen, um z. B. Wunsch und Wirklichkeit genau voneinander trennen zu können. Die Trennung fällt auch Schulkindern, Jugendlichen und häufig Erwachsenen aus Gründen unbewußter Abwehrvorgänge schwer und mißlingt vielfach, ohne daß es den Menschen bewußt ist. Die Betonung der Fähigkeit von Kindern und Jugendlichen, zwischen echt und unecht, Phantasie und Realität zu unterscheiden, erscheint im Diskurs mehr ein Problem Erwachsener zu sein. Sie hoffen, damit Fragen der Gefährlichkeit oder Harmlosigkeit von Bildern für Kinder in der freilich irrigen Einschätzung beantworten zu können, daß das, was eindeutig als Phantasie erkennbar ist, auch harmlos wäre – das ist es nach psychoanalytischer Erkenntnis aus vielen Gründen jedoch nicht.[6]

Das sind insofern problematische Unterscheidungen, als es ein Kind nicht beruhigt, zu hören, daß etwas, was es im Bild erschreckt oder traurig gemacht hat, in Wahrheit gar nicht existiere. Solche Gefühle, weil sie inneren Realitäten des Kindes entsprechen, sind mit dem Hinweis auf äußere Realitäten nicht zum Verschwinden zu bringen. Äußere Wahrheiten heben innere Wahrheiten nicht auf. Einsichten in Realität und Phantasie vermag wohl der Verstand als Entzauberer der Welt zu vollziehen, aber damit verschwinden nicht automatisch die Gefühle der Menschen, die in beiden Bereichen von Konflikten, von Wünschen und Ängsten ausgelöst werden können.

Die Fähigkeit der Menschen zur Identifizierung mit Bildobjekten trägt dazu bei, permanent Grenzen zwischen Phantasie und Wirklich-

senweise haben. Im Vergleich zu den darin angesprochenen Sinnfragen erscheinen ihm viele Kinderbücher größtenteils schal.

6 Vgl. JMS-Report 17 (1994), H. 4, S. 8; im Streit um die Indizierung des PC-Spiels „Mortal Kombat“ wird mit der Frage der Unterscheidungsfähigkeit der Kinder von Realität und Phantasie zum Beweis von Harmlosigkeit oder aber sittlicher Gefahr operiert.

keit zu verwischen. Viel bedeutsamer als Probleme der mangelnden Unterscheidungsfähigkeit der Kinder zwischen Realität oder Phantasie in bewegten Bildern ist das grundlegende Problem junger Menschen gegenüber Bildern, nämlich daß sie visuelle Analphabeten sind.[7] Kinder sind visuelle Analphabeten, weil sie Bilder naiv und in spezifischer Weise unkritisch sehen – das gilt auch für solche Kinder, die durch häufiges Fernsehen bereits große Sehroutine erworben haben. Auch sie sind nicht darin geübt, Filme auf ihre Intentionen hin kritisch zu prüfen. Wenn Kinder Bilder und Filme sehen, so konzentrieren sie sich vollkommen auf die manifeste Bildebene, auf Inhalt, Filmhandlung, Aussehen, Mimik und Agieren der Schauspieler und auf die Objekte im Bild. Sie sind so vollauf damit beschäftigt, mitzukriegen, was auf der manifesten Ebene abläuft, daß sie nicht auf die Idee kommen zu fragen, wer die Szenen so und nicht anders inszeniert hat.

Menschen, die es für selbstverständlich halten, daß man mit zwei gesunden Augen alles deutlich sehen kann, was vor Augen kommt, und daß man bei einiger Seherfahrung hinlänglich Fähigkeiten besitzt, Bilder kritisch zu sehen, werden das Problem der Naivität des Sehens nicht für ein allgemeines halten, und ihnen mag schwerfallen, es bei Kindern wahr- und ernstzunehmen. Die meisten Menschen interessie-

7 Christian Metz, Der fiktionale Film und sein Zuschauer, in: Psyche 48 (1994), S. 1004–1046; vgl. Mechthild Zeul, Bilder des Unbewußten, Zur Geschichte der psychoanalytischen Filmtheorie, in: ebenda, S. 975–1003. Darin wird ein Überblick über Publikationen aus dem Zeitraum 1919–1990 gegeben, aus dem erkennbar ist, daß im Zentrum psychoanalytischen Interesses am Film die Annahme einer strukturellen Ähnlichkeit von Traum und Film sowie das identifikatorische Interesse der Zuschauer steht. Freud selbst stand dem Medium ablehnend gegenüber. Die triadische Sicht, die in dieser Arbeit vorgeschlagen wird, nach der die Interdependenzen der drei Ebenen Film, Zuschauer und Hersteller stärker zu beachten sind, wurde bisher kaum berücksichtigt. Geschlechtsspezifischen Fragestellungen rückt Renate Lippert, Männlicher Blick und feministische Filmtheorie, in: Psyche 46 (1992), S. 1088–1099, in den Mittelpunkt.

ren sich nur für die manifesten Bildinhalte und nicht für die Intentionen fotografischer Bilder, nicht für die Frage, wie ihre Augen absichtsvoll gelenkt werden, damit sie so sehen und so wahrnehmen, wie andere Menschen es aus künstlerischen, kommerziellen oder politischen, oft manipulativen Interessen wollen.[8] Fragen nach den latenten Inhalten und Intentionen wehren viele Menschen ab, sie möchten die Naivität des Sehens nicht verändern, sondern diese bewahren, sei es, weil sie fürchten, das Vergnügen am Film könnte getrübt werden, wenn anders als naiv gesehen würde, oder aber, weil sie es für zu schwierig und für zu intellektuell halten, analytisch und nicht nur naiv mit Bildern umzugehen.[9]

8 Die forschende Aufmerksamkeit ist meist auf problematische Inhalte von Bildern, Filmen und konflikthaftes Erleben der Zuschauer konzentriert, wenn sie Reizthemen wie Gewalt, Sex enthalten. Monika Reimitz, Rambo-Zambo und was Jugendliche dazu meinen, in: psychosozial 10 (1987), H. 31, S. 49–59; Hans-Jürgen Wirth, Die Sehnsucht nach der Vollkommenheit. Zur Psychoanalyse der Heldenverehrung, in: ebenda, S. 96–113; Wolfgang Schmidbauer, Helden und Superhelden, in: ebenda, S. 85–95; er bezieht sozialgeschichtliche Aspekte der Heldenfragen mit ein.

9 Umgekehrt jedoch gab es von Anfang an ein vehementes Interesse seitens der Filmproduzenten an der Psychoanalyse. Sie begriffen früh die Attraktivität der Psychoanalyse für den Film und bemühten sich, sie filmisch zu verwerten. 1922 beutete Fritz Lang im Film „Dr. Mabuse, der Spieler" die Thematik Psychotherapie als kriminelles Spektakel aus. Der Widerstand Freuds gegen das Medium war auch durch lukrative Filmangebote – 100 000 Dollar für seine Mitarbeit als Berater bei einem Filmprojekt – durch Samuel Goldwyn nicht zu ändern. Vgl. Barbara Eppensteiner, Karl Fallend, Johannes Reichmayer, Psychoanalyse im Film (1925–26), in: Psyche 41 (1987), S. 129–139. Die Autoren schildern den zeitgeschichtlichen Kontext zur Entstehung des Filmes von G. W. Pabst, „Geheimnisse einer Seele", mit dem Karl Abraham, Präsident der Internationalen Psychoanalytischen Vereinigung, und Hans Sachs gegen Freuds Wunsch den Versuch unternahmen, Psychoanalyse einem größeren Publikum näherzubringen.

2. Unfähigkeit zur Verbalisierung visueller Eindrücke

Kinder sind visuelle Analphabeten nicht nur, weil sie naiv sehen, sondern weil sie die Sprache vor den Bildern verlieren. Am auffälligsten bei Erzählungen von Kindern über Gesehenes ist, daß ihre Sprache an das Gesehene überhaupt nicht heranreicht. Die meisten Kinder und Jugendlichen haben wenig Übung darin, visuelle Eindrücke in Worte zu fassen und sie so der Reflexion überhaupt zugänglich zu machen.[10] Viele Kinder können überhaupt nicht verbal verständlich machen, was sie beim Fernsehen, bei hochkomplexen und schnell aufeinanderfolgenden Bildereindrücken, erlebt haben, so daß sie nur stammelnd und stotternd Worte, verknüpft mit vielen „und dann und dann" finden. Kinder äußern sich bei der Wiedergabe spannender Fernseheindrücke vielfach nonverbal, versuchen mit seltsamen Geräuschen, also akustisch, nicht aber sprachlich, auszudrücken, was sie beeindruckte, seien es Explosionen, unerträgliche Spannung, rasante Fahrten, Sirenen, Gesten, Blicke, aggressive Bewegungen. Schilderungen von Kindern über Filme gleichen einem hilflosen Stakkato, verwirrend für den Zuhörer und schwerlich attraktiv für genaues Zuhören.[11] Erwachsene finden das nur bedingt amüsant, wie in der populären Quizsendung „Dingsda", sie lachen über die kindliche Ungeschicklichkeit, aus der unfreiwillige Kinderkomik entsteht, die man vorführen kann wie

10 Zahlreiche Klagen von Lehrern auf Lehrerfortbildungen in Potsdam 1995 und 1996 bestätigen, was auch in der Presse berichtet wird, vgl. Heike Schmoll, Gemeinsinn, Soziale Verantwortung und Sprachkultur, in: Frankfurter Allgemeine Zeitung, 31. 1. 1995.

11 In Videoarbeitsgruppen im Zeitraum 1991–1995 erwies sich die mangelnde Fähigkeit der Teilnehmerinnen und Teilnehmer zur Verbalisierung visueller Eindrücke als Hauptschwierigkeit detaillierter Filmanalyse. Weil das Reden über Bilder so schwer fällt, sind die Jugendlichen – aber auch viele Erwachsene – so schnell fertig mit einem Film und beschränken sich auf kurze Statements.

Kindersprüche zur Belustigung der Verwandtschaft, „weil sie so niedlich sind“. Für Kinder ist dergleichen eher beschämend, sie begreifen ja nicht, warum die Großen lachen, wenn sie mit aller Kraft versuchen, schwierige sprachliche Aufgaben zu lösen. Die alltägliche Erfahrung von Kindern ist, daß Erwachsene abschalten, wenn Kinder sich unbeholfen ausdrücken, und das merken Kinder genau und fühlen sich abgeschoben und gedemütigt. So scheitert der Kommunikationsversuch von Kindern mit Erwachsenen oft mangels geeigneter Sprache, mangels kindlicher Verbalisierungsfähigkeit.[12]

Die Verbalisierung visueller Eindrücke ist tatsächlich eine Kunst, ist Schwerarbeit. Sprache neben Bildern wirkt störend und karg, sie reicht ja nicht hin an die unmittelbare Direktheit der Bildeindrücke; Bilder in Sprache zu übersetzen, erfordert Sortierungsarbeit, denn die Gleichzeitigkeit der Bildeindrücke muß in eine zeitliche Abfolge gebracht werden. Verständlich ist aus diesem Grund das weit verbreitete Unbehagen am Reden über Bilder, verständlich auch, daß viele Kinder es gleich gar nicht versuchen, daß auch Erwachsene vor einer derart schwierigen Aufgabe ausweichen, indem sie Gespräche über Bilder auf statements abkürzen und im übrigen lieber einfach neue Bilder ansehen, um wortlos „im Bild“ zu sein.

Wenn jedoch bereits die Sprache vor dem Bild ins Abseits gerät, dann verlieren Erwachsene und Kinder ausgerechnet das einzige Vehikel, mit dem sie sich aufeinander zu bewegen könnten, wenn sie unterschiedliche Sichtweisen und Auffassungen über Filme haben. Ein Gespräch zwischen den Generationen kommt nicht zustande. Was statt dessen häufig folgt, ist, daß Erwachsene Erklärungen und fertige Urteile abgeben – die ein Kind, wenn es nicht danach gefragt hat, gar nicht hö-

12 Dies zentrale Problem wird bei pädagogisch-politischen Ratschlägen übersehen, aber de facto scheitern daran auch wohlgemeinte Versuche von Eltern und Lehrern, miteinander über Filme zu sprechen. Sie treten dann vielfach die Flucht in moralische Kritik an, die vollends die Motivation zum Gespräch bei jungen Menschen zerstört.

ren will. Kein Wunder, daß beide Seiten, Kinder und Erwachsene, das Reden über Filme als unergiebig und unerquicklich empfinden und es in stiller Übereinkunft meiden. Beide verstummen vor Bildern. Während eines Filmes schweigen sie weitgehend, um mitzukriegen, was im Film gesprochen wird, und nach dem Film schweigen sie, abgesehen von kurzen Kommentaren, einfach weiter.

3. Der Untergang der Sprache und des Denkens vor dem Bild

Überall, wo Bilder überwertige Aufmerksamkeit gewinnen, besteht die Tendenz, daß Worte zurückgedrängt werden, daß Sprache an Bedeutung verliert und damit die Kommunikation zwischen Kindern und zwischen Kindern und Erwachsenen erschwert wird. Denn zugleich mit der Sprache entgleiten Kindern ausgerechnet die einzigen Hilfsmittel, die sie zu kritischem Bildersehen dringend benötigten, denn nur Sprache liefert die Instrumente kritischen Denkens. Ohne Sprache, ohne Begriffe und logische Verknüpfungen kann nicht kritisch gedacht werden, können visuelle Eindrücke nicht reflektiert werden.

Die Kommunikation zwischen Kindern wird bereits durch die Priorität gestört, die viele Kinder Filmen gegenüber Kontakten zu Spielkameraden häufig einräumen. Viele Jungen und Mädchen verhalten sich wie programmiert auf bestimmte Sendezeiten, sie versetzen Freunde deswegen, schlagen Einladungen aus oder machen von vornherein Fernsehen zur Bedingung, wenn sie Gast sind.[13] Oft unterbrechen sie, auch dies ist bemerkenswert, für Fernsehsendungen ihre eigenen kreativen Spiele oder, was noch schlimmer ist, sie fangen gleich gar nicht an, richtig zu spielen in Erwartung „ihrer" Sendungen.[14]

13 Thea Bauriedl, Wege aus der Gewalt, Analyse von Beziehungen, Freiburg 1992.

14 Berichte von Eltern mit Klein- und Schulkindern beklagen dies besonders in Fällen, wo Kinder nur wenige und nur bestimmte Sendungen sehen

Natürlich bieten Bilder viele gemeinsame Erlebnisse, die starke Anreize zur Kommunikation zwischen jungen Menschen schaffen, aber das heißt nicht, daß sie Sprache und kritisches Denken über Bilder fördern. Es besteht offenbar eine Wechselwirkung zwischen dem Zuwachs am Konsum von Filmbildern und der Zunahme kindlicher Sprachfähigkeit.[15] Sie könnte zweierlei erklären: Erstens die von vielen Pädagogen beklagte wachsende Sprachunfähigkeit und Sprachunwilligkeit vieler Kinder und Jugendlicher, die zweitens dazu führt, daß viele ihre Konflikte nur brachial, nicht aber verbal austragen können.[16] Wer selbst nicht reden, d. h. sich nicht gut ausdrücken kann, mißtraut nicht nur den Worten, sondern wird auch allzu schnell mißverstanden, so daß der Zweifel am Wert verbaler Verständigung oder gar verbaler Konfliktaustragung zunimmt. Wie Texte von Kindern zum Problem „Gewalt" zeigen, sind es nicht so sehr reale Gewalterfahrungen, die Kindern angst machen, sondern es sind erwartete Gewaltakte.[17] Das bedeutet, daß es bei Gewaltfragen in hohem Maß um eine psychische Dimension geht, daß die bewußten und weniger bewußten Phantasien

dürfen. Allerdings ist mit der Aufzeichnungsmöglichkeit durch Video dieser Druck reduzierbar geworden.

15 Vgl. Tagesspiegel, 19. 6. 1996, Nachricht über Untersuchungen der Mainzer Universitätsklinik für Kommunikationsstörungen: „Sprachstörungen bei Kindern nehmen zu. Störungen der Sprachentwicklung von Kindern haben alarmierend zugenommen. Jedes 4. Kind im Vorschulalter ist betroffen ... Verantwortlich dafür seien unter anderem Eltern, die zu wenig mit den Kindern sprächen, und der hohe Fernsehkonsum der Kleinkinder."

16 Helmut Willems, Stefanie Würtz, Roland Eckert, Fremdenfeindliche Gewalt: Eine Analyse von Täterstrukturen und Eskalationsprozessen, in: Forschungsbericht, vorgelegt dem Bundesministerium für Frauen und Jugend und der Deutschen Forschungsgemeinschaft Juni 1993.

17 Britta Müller, Karl-Otto Richter, Bernhard Schmidbauer, Gewalt. Texte von Kindern und Jugendlichen, Rostock 1993. Viele Aussagen von Kindern zeigen dies sehr deutlich: daß bei Gewaltfragen die Erwartungsangst von größerer Bedeutung ist als real erfahrene Gewalt.

der Menschen über Gewalt zu erforschen sind, denn aus ihnen, aus der inneren Realität der Menschen und nicht allein aus der äußeren Realität kommen die Ängste vor Gewalt, die sich als Erwartungen, Unterstellungen und Interpretationen niederschlagen.

Der Verlust der Worte, angesichts immer zahlreicher sich in den Vordergrund der kindlichen Aufmerksamkeit drängenden Bilder, sowie die Naivität des Bildersehens sind zentrale Probleme des visuellen Analphabetismus. Er stellt eine sozial-politische Gefahr insofern dar, als er die Kommunikations-, die Diskurs- und insofern die Demokratiefähigkeit von Menschen an der Basis gefährdet.[18]

4. Eßzwang als Ausdruck des Hungers nach Leben

Bekannt ist die Tatsache, daß vor dem Fernseher viele Kinder – wie viele Erwachsene auch – das zwingende Bedürfnis nach Essen spüren, ohne eigentlich hungrig zu sein. Im folgenden wird der Begriff Eßzwang nicht im engeren Sinn psychosomatischer Erkrankungen verwendet, wie er in auffälligen Krankheitsbildern mit Eßstörungen (der Bulimie und der Magersucht) etwa bekannt und beschrieben ist. Als Eßzwang im Zusammenhang mit Film- bzw. Fernsehen bezeichne ich die allgemeine Auffälligkeit, daß Kinder und Jugendliche (wie viele Erwachsene auch) dabei häufig Nahrung eher automatisch als bewußt genießend verzehren und Essen auf geradezu zwanghaft anmutende

18 Alfred Lorenzer, Sprachzerstörung und Rekonstruktion, Frankfurt a.M. 1970. Ein Motiv für die erkenntnistheoretischen und psychoanalysenkritischen Ansätze Lorenzers wurzelt in der Konfrontation der Psychoanalyse mit dem Phänomen der „Konzentrationslagerschäden“ (S. 9). Der Zusammenhang sprachlicher Kommunikationsprobleme mit Beziehungsproblemen, der in Analysen der rechtsradikal motivierten Gewaltprozesse in Deutschland nach der Wende festgestellt wurde, weist auf den Ansatzpunkt für sozialpolitische Veränderungen durch Förderung der Sprachkultur.

Weise in sich hineinstopfen. Welche Gründe hat dies reflexhaft erscheinende Bedürfnis nach Essen beim Bildersehen, eine Art moderner Eßzwang in Verbindung mit dem modernen Sehzwang? Aus psychoanalytischer Sicht handelt es sich nicht um individuelle Unarten, sondern um den Ausdruck von Problemverschiebungen, d. h. um Abwehrvorgänge.[19]

Menschen, die Hunger spüren, registrieren ein vitales Körperbedürfnis. Aber offenbar mißdeuten sie, wenn sie von Bildern gefesselt sind, als Hunger auf Nahrung, was im Grunde etwas ganz anderes, nämlich Hunger auf Leben ist. Anstatt persönlich die faszinierende Welt zu betreten und ein eigenes Leben darin zu entwickeln, traktieren Zuschauer im Eßzwang ihren stillgelegten Körper wie den eines Säuglings: Sie transformieren psychosoziale Bedürfnisse in leibliche, so als wären sie auch mit Nahrung zu befriedigen. Begreiflich ist bei diesem Mißverständnis von Körperbedürfnissen, daß sich durch Essen kein Sättigungsgefühl für Lebenshunger einstellen läßt.

In diesen Zusammenhang mißverstandener Körperbedürfnisse gehört die Tatsache, daß Eßstörungen in unserer Gesellschaft deutlich zunehmen.[20] Das legt die Vermutung nahe, daß zwischen Sehzwang und Eßzwang eine dynamische Wechselwirkung besteht. Und es ist zu erwarten, daß, je mehr Bilder eigenes kreatives Leben junger Menschen verhindern, desto mehr Eßstörungen als eine symptomatische Erkrankung in einer bildermächtigen Zeit auftreten, unter der besonders Mädchen, aber auch in wachsender Zahl Jungen leiden. Eßzwang in Verbindung mit Sehzwang ist eine verzweifelte Kompromißbildung zwischen dem Wunsch nach Teilhabe an der Welt (der schönen, spannenden Erscheinungen) und der Frustration darüber, daß man davon

19 Vgl. u. a. Karin Schneider-Henn, Die hungrigen Töchter. Eßstörungen bei jungen Mädchen, München 1988; Hubert Feiereis u. a., Diagnostik und Therapie der Magersucht und Bulimie, München 1989.

20 Eberhard Wilke, Tiefenpsychologisch fundierte (analytisch orientierte) Therapie und katathymes Bilderleben, ebenda, S. 205–226.

weitgehend (aus Angst bzw. fehlender Gelegenheit) vom Leben ausgeschlossen ist, zum Zaungast fremden Lebens wird, wo subjektives Wohlbefinden gegenüber dem äußeren Erscheinungsbild überhaupt nicht zählt. Der übergeordneten Wertigkeit des (gewichtslosen) Bildes, der körperlosen Erscheinung, des „wie sehe ich aus?“ wird der Leib geopfert, denn er wird scheinbar nur fürsorglich, tatsächlich aber autoaggressiv behandelt, der eigene Körper wird vollgestopft, d. h. mißhandelt. Insofern wird am eigenen Körper rächende Feindseligkeit agiert, er wird, wie im Falle der Erkrankungen Bulimie oder Adipositas zu sehen ist, zum Feind deshalb, weil aus dem Bild und hinter den Bildern niemand greifbar ist, mit dem eine direkte Auseinandersetzung möglich wäre.[21]

Welche psychische Gefahr für Kinder regressives Verhalten mit übergroßen Erwartungen an passives Bedientwerden mit nachfolgender Frustration bedeutet, ist szenisch mit drastischer Deutlichkeit in der Bildersprache von Märchen wie etwa bei Hänsel und Gretel genau erfaßt: Jungen wie Mädchen erfahren dort den Preis, den es kostet, wenn sie sich von Angeboten erwachsener Vorbilder-Hersteller verführen lassen, die, wie die Märchenhexe, über alle Realität hinweg zaubern und sinngemäß wie im Märchen anbieten: „Kommt nur herein, ihr lieben

21 Vgl. Bettelheim, Kinder brauchen Märchen, S. 151–157. Bettelheim analysiert Märchen unter dem Aspekt intrapsychischer, z.B. oraler und ödipaler Entwicklungskonflikte der Kinder. Im Unterschied zu auf Entwicklungsprobleme von Kindern konzentrierten psychoanalytischen Erklärungen ermöglicht eine beziehungsanalytische Sicht auch das Erfassen der interpsychischen Dimensionen der Märchenszene und bezieht die Dynamik der Eltern- bzw. Erwachsenenseite mit in Betracht. Die Fixierung an die Oralität ist dann kein Problem des Kindes, sondern zugleich ein Problem der ebenfalls hochambivalenten, libidinös und aggressiv besetzten oralen Fixierung der „Eltern“. Aus beziehungsanalytischer Sicht geht es auch darum, die Interaktionsdynamik zu verstehen, hier spielen Fragen nach den ambivalenten Motiven Erwachsener eine gleichgewichtige Rolle neben den aufs Individuum bezogenen.

Kinder, wir geben euch alles, was euer Herz begehrt, so daß ihr meint, ihr wäret im Paradies". Wohlweislich verschweigen die großzügigen Anbieter, die erlauben, was in der Realität nicht erlaubt ist, nämlich nach Belieben in rein passivem Genießen zu schwelgen, was sie dafür verlangen. Sie verschweigen auch, daß sie Kinder nur „zum Fressen gern" haben: Sie verbergen ihre Absichten, daß sie Kinder keineswegs aus Kinderfreundlichkeit so üppig bedienen, sondern vor allem ihres Gewinnes wegen. Erst als Hänsel und Gretel aus ihrem Traum unverpflichteter Versorgung endlich aufwachen und beginnen, selbständig und kritisch zu denken und zu handeln, erringen sie das Ende der verführerischen und mißbräuchlichen Macht Erwachsener über Kinder. Die Moral aus der Geschichte ist auch für moderne Kinder vor dem Fernseher gültig: die Warnung vor den Gefahren der regressiven Haltung des „Sich-Bedienen-Lassens" einerseits und die Lösung aus oraler Abhängigkeit durch kritisches Sehen und Wahrnehmen der Intention der Spender und der eigenen Bedürfnisse andererseits. Die Befreiung, so lehrt das Märchen nicht nur Kinder, sondern auch Erwachsene, muß durch kritische Einschätzung der Kinder kommen, denn tatsächlich reicht von Erwachsenen propagierter und vollzogener Jugendschutz nicht zur Abwehr der regressiven Verlockungen. Die erwachsenen Leser wird an der Märchengeschichte von kindlicher Versuchung und Befreiung ganz erheblich ärgern, daß Eltern als so egoistisch und gemein dargestellt werden, daß sie ihre Kinder im Wald aussetzen.[22]

Aus der Sicht von Jugendschützern handelt es sich um schlechte, um versagende Eltern, denen das Sorgerecht für ihre Kinder entzogen gehörte.[23] Erwachsene übersehen dabei, daß die vermeintlich nur versa-

22 Ute Benz, Allerleirauh. Der riskante Weg des jungen Mädchens durch Phantasie und Wirklichkeit oder: Der ganz normale Inzest, in: Merkur 45 (1991), S. 1125–1134.

23 Es scheint quer durch alle Parteien Übereinstimmung darüber zu geben, daß Eltern es sind, die das Problem Kind und Fernsehen, das die Gesell-

genden Eltern etwas sehr Positives bewirkt haben damit, daß sie, für Kinder vernehmlich, harte Wahrheiten über ihre egoistischen Erwachsenen-Interessen deutlich ausgesprochen haben, Interessen, die freilich nicht identisch mit den regressiven Interessen der Kinder waren. Das von Vater und Mutter zu hören, war für die Kinder Hänsel und Gretel sehr schmerzlich, die sich plötzlich nicht mehr einfach auf altruistische, schützende Erwachsene verlassen konnten. Auf sich gestellt und in Gefahr geraten, mußten Hänsel und Gretel lernen, selbst genau und kritisch hinzusehen, um Gefahren zu erkennen und zu überwinden. Auch in der modernen Zeit ist zu fragen, ob und wie Kinder sich von viel raffinierter als die altmodische Hexe arbeitenden Bilder- und Filmemachern mit Bildern füttern und vereinnahmen lassen und ob und wie sie sich aus der Gefahr doch mit Gewinn befreien können. Die Befreiung ist um so schwerer, als die modernen Anbieter aus der Konsum- und Unterhaltungsindustrie als Dienstleister ganz im Gegensatz zur personifizierten Märchenfigur überhaupt nicht persönlich als vereinnahmend und fesselnd in Erscheinung treten, sondern hinter blendend schönen Bildern unsichtbar verborgen bleiben, so daß heutige Kinder kein persönliches Gegenüber mehr haben, dessen Handlungen sie verfolgen und mit dem sie sich auseinandersetzen könnten.

schaft ihnen produziert hat, lösen sollen. Vgl. Joachim von Gottberg: „Die Familie muß lernen, vernünftig mit dem Fernsehen umzugehen und reale soziale Erfahrungen nicht durch das Fernsehen zu ersetzen." Andrea Urban: „Da der Fernsehkonsum der Kinder in erster Linie in der Verantwortung der Eltern liegt, sind diese insbesondere am Abend in der Pflicht, ihren Kindern nicht nur die programmlichen, sondern auch die werblichen Botschaften zu erklären. Damit sind die Erziehenden aber in der Regel überfordert. Von staatlicher Seite kann hier nur mit Aufklärung und Fortbildung reagiert werden und zwar in allen Bereichen der schulischen wie außerschulischen Bildung, einschließlich der Erwachsenenbildung", in: Anhörung „Jugendschutz und Medien" des Ausschusses des Deutschen Bundestages für Familien, Senioren, Frauen und Jugend am 31. 1. 1996.

Wie können Kinder heute Bildern gegenüber erkennen, daß sie, wo sie naiv annehmen, nur mit Bildern und Ideen beschenkt zu werden, zugleich auch ausgebeutet werden? Wie sollen sie merken, daß ihre Lethargie, ihre Unlust, selbst etwas zu probieren, daher kommt, daß Kinder, ohne sich dessen bewußt zu sein, durch Vielsehen die Normen der Perfektion in sich aufgenommen haben? Wie können sie merken, daß sie an ihrer (von Bildern abgelesenen) viel zu hohen Ansprüchlichkeit scheitern müssen, wenn ihnen Übung, Werkzeug und professionelle Technik fehlen? Wie sollen sie ihre Ungeduld mit sich selbst in Geduld verwandeln, wie dem Zwang widerstehen, sehr schnell aufgeben zu wollen? Wie könnten sie erkennen, daß sie sich an irreale Perfektionsansprüche (alles soll gleich „toll" und „super" sein) klammern und dabei den Spaß am Unvollkommenen und die Experimentierfreude verlieren? „Keine Lust", „Das sieht nicht gut aus" – sagen gelangweilte Kinder, die unter dem Sehzwang, ohne daß es ihnen bewußt ist, leiden.

„Das kann ich nicht, das wird nicht so wie ...", solche Antworten geben Kinder selbst auf die Frage nach dem Grund für die vorwegnehmende Resignation. Offenbar tragen sie ein Anspruchsraster im Kopf, hinter dem sie nicht zurückbleiben wollen.[24] Erdrückt von perfekten Vorbildern im Film und im Fernsehen haben sie längst resigniert. Im Fernsehen ist alles schöner, es wird besser und lustiger gebastelt, netter gesungen, witziger gemalt, besser diskutiert, dort werden die lustigeren Witze erzählt, die tolleren Kostüme gemacht, die smarteren Leute vorgeführt. Das eigene Leben dagegen wirkt fade, unvollkommen, reizlos und armselig, die eigenen Kräfte erscheinen viel zu gering, um die hochgesteckten – durch permanenten Vergleich antrainierten – Ansprüche erfüllen zu können.

24 Elternberichte über die Lustlosigkeit ihrer Kinder, etwas zu „machen", bestätigen die Beobachtung, daß die Diskrepanz zwischen unbeholfenen kreativen Eigentätigkeiten und von außen durch Vor-Bilder induzierter hoher Ansprüchlichkeit Kinder lähmt bzw. in die Imitation zwingt, deren Lächerlichkeit ihnen dann nicht mehr auffällt.

5. Langeweile und Sehzwang

Langeweile und Sehzwang gehören auf eine paradox wirkende Weise zusammen: Durch Fernsehen produzieren Kinder das Phänomen Langeweile, ausgerechnet die Langeweile, vor der sie ins Fernsehen flüchten.[25] Bei Jungen und Mädchen, die viel Filme sehen, ist eine latente Unzufriedenheit und Lethargie zu beobachten, sobald sie nicht, wie gewohnt, von außen her spannend unterhalten werden. Sie wirken nach dem Filmsehen wie Gestrandete, die sich auf dem Boden ihrer äußeren Realität schwer zurechtzufinden. Die Frage, was es ihnen so schwer macht, nach einem Film auf eigene Aktivität „umzuschalten" und selbst etwas zu spielen oder zu tun, ist auch im Blick auf die Wünsche nach Spannung zu untersuchen. Spannung im Film beruht für viele Menschen hauptsächlich auf dem Reiz des Neuen und nicht, wie Künstler es gerne hätten, in erster Linie auf der Qualität schöner Bilder. Spannung ist allerdings ein flüchtiger Reiz mit um so höherem Abnutzungseffekt, je mehr Sehroutine vorhanden ist. Bei rascher Wiederholung neuer Reize stellt sich bei Zuschauern immer schneller das Gefühl der Langeweile ein, verbunden mit deutlicher Verärgerung über enttäuschte Erwartungen.[26]

Langeweile ist das in der Mediengesellschaft am meisten geächtete Gefühl, das offenbar als eines der schlimmsten gilt, so daß es sofort mit neuen spannenden Bildern verdrängt werden muß, als dürfe Lange-

25 In den Videogruppen unserer Projekte erwies sich als der kritische Punkt regelmäßig das Abschalten, dem sofort die Frage nach dem nächsten Film folgte.

26 Vgl. Vernon, Wahrnehmung und Erfahrung, S. 106 f., zu Überlegungen, welche Rolle die Erwartung bei der Wahrnehmung im Experiment mit doppeldeutigen Zeichnungen (man kann eine Ratte oder ein menschliches Profil erkennen) spielt. Man kann das als Begründung dafür sehen, warum es sinnvoll ist, Vorstrukturierung durch Fragestellungen vor einem zu analysierende Film zu leisten, um Anreize zu bewußtem Sehen zu schaffen, etwa nach dem Motto: man sieht nur, was man weiß.

weile unter keinen Umständen ins Bewußtsein der Menschen vordringen. Tatsächlich wäre das Gefühl der Langeweile aber Bildern gegenüber, sofern sie das eigene Leben schmälern, ein positives Gefühl, das daran erinnern könnte, daß Bilder bloß Surrogate des Lebens sind und vom echten Leben abhalten. Könnte Langeweile als wichtiges Alarmsignal dafür akzeptiert werden, daß Menschen sich mehr ihrem eigenen Leben anstatt der Scheinwelt in Bildern zuwenden sollten, müßte Langeweile für ein wertvolles Gefühl und nicht für eine sofort zu beseitigende Katastrophe gehalten werden. Ein horror vacui treibt in den Sehzwang; um ihm zu entrinnen, werden immer neue Bilder gesucht, die auch nur Lebenssurrogate sein können, sich immer schneller abnutzen und immer schneller ersetzt werden müssen, solange keine andere Lösung gefunden wird. Indem sich Menschen durch die Bildkanäle schalten („zappen"), suchen sie mehr Spannung, um aus dem abgenutzten Medium Bild irgendwo und irgendwie doch noch Spannung zu ziehen. Die Konkurrenz der Fernsehsender und der Medien treibt den Teufelskreis immer schneller an, durch sie eskaliert die Quantität verfügbarer Bilder mit schnelleren, härteren, kürzeren, fragmentarischeren und dramatischeren Bildschnitten.

Für junge Menschen ist es besonders folgenreich, wenn sich die Interessen von Menschen, die Angst haben, im Leben etwas zu versäumen, mit den Interessen der Sendeanstalten und der Filmindustrie im vermeintlich gemeinsamen Kampf gegen Langeweile verschränken. Sie sind leicht ausbeutbare Objekte der Fernsehgesellschaft. Die Kinder vor dem Fernseher sind aufgeräumt, ruhiggestellt, und die Wirtschaft profitiert von ihnen. In voller Berechnung auf die kindliche Neugierde und in Kenntnis der kindlichen Bedürfnisse nach Leben bei relativ großer Isolation werden Kindern rund um die Uhr visuelle Leckerbissen vorgesetzt, als handle es sich um einen ewigen Kindergeburtstag, bei dem Erwachsene beständig alle Anstrengungen unternehmen, um einander darin zu übertreffen, zu unterhalten, witzig, kreativ, spannend, lehrreich usw. zu sein. Niemand sagt den Kindern, daß dabei auf ihre Kosten Kasse gemacht wird, daß sie zwar unterhalten, aber auch der eigenen Phantasie beraubt werden, daß man ihnen etwas schenkt und sie damit zugleich bestiehlt, daß ihre kindliche Phantasie durch die überschäumende allgegenwärtige Phantasie Erwachsener förmlich erschlagen wird, die Kinder so zur Tatenlosigkeit bringen. Das Kalkül geht auf, der Markt des Lebens wird den Kindern scheinbar zur Verfügung gestellt.

Kinder und Jugendliche haben als naiv Sehende keine Möglichkeit, sich dem Sog der Faszination bewegter Bilder zu entziehen. Ihre Wahrnehmung ist vom Inhalt so absorbiert, daß sie kaum auf die Form und die Absicht hinter den Bildern achten. Da sie vielfach auch nicht imstande sind, den Sinn turbulenter Szenen oder durch Schnitte etwa verwirrende Sequenzen ganz zu erfassen, und weil sie oft zu unerfahren sind, um den Sinn einer Aktion zu begreifen, grübeln Kinder oft nach den Filmen über die unklaren Zusammenhänge.[27] Allein aufgrund ihrer jeweiligen Entwicklungsstufe müssen Jungen und Mädchen viele Zusammenhänge mißverstehen; hinzu kommt, daß Filmemacher absichtsvoll mit dem Prinzip der Verwirrung arbeiten, um Spannung zu erzielen. Bedeutsam ist in diesem Zusammenhang die Beobachtung, daß Kinder sich in der Regel nicht über den unverständlichen Inhalt eines Filmes, sondern viel eher über sich selbst verwirrt zeigen, verwirrt in erster Linie darüber, daß es ihnen persönlich nicht gelungen ist, den Sinn einer Geschichte zu erfassen, weil sie meinen, nur sie persönlich wären zu dumm dazu. Leider unterstellen die Kinder in der Regel den Bildern höheren Sinngehalt selbst da noch, wo offenkundiger Unsinn herrscht, und sie neigen in der Folge – dieser Umstand ist besonders wichtig – dazu, eher sich selbst für zu dumm zu halten und anzunehmen, daß andere es „natürlich“ verstanden ha-

27 In psychotherapeutischer Praxis fällt das Motiv der Angst vor dem „Nichtmitgekommen-sein“ bei Kindern verstärkt auf, wenn sie über Filmerlebnisse zu berichten versuchen, was sie aber resigniert abbrechen, weil sie selbst merken, wie unklar vieles ist. Sie füllen dann die Lücken mit hilflosem Auflachen, als wollten sie sich entschuldigen für ihre vermeintliche „Dummheit“.

ben. Subjektiv empfinden viele jungen Menschen ihr vermeintliches Versagen als beschämend, und dies ist der Grund dafür, daß sie es zu verbergen trachten.[28] Sie sind nicht ohne weiteres in der Lage, selbstbewußt Kritik am Film und am Erzeuger der Filmgeschichte zu üben. Die Bildermacher nebst ihren Intentionen bleiben regelmäßig völlig außer Betracht.[29] Anstatt rückblickend auf einen Film kritisch zu klären, was sie nicht verstanden haben, reagieren Kinder vorwärtsgewandt. In der Hoffnung, beim nächsten Film mitzukommen und Aufklärung über alte Fragen zu erhalten, sehen sie den nächsten Film – so entsteht ein weiterer Zwang zum Bildersehen. Was dann von außen als Sucht der Kinder nach Bildern erscheint, ist vom Kind her verstanden auch eine Flucht vor unverarbeiteten Bildern, in der Hoffnung auf Beherrschung der Verwirrung und auf Komplettierung fragmentarischen Verstehens. Das ist ein naiver Versuch der Bewältigung unverarbeiteter, visueller Eindrücke.[30]

Die Unterhaltungsindustrie vermarktet inzwischen auch dieses Bedürfnis der Kinder nach Dauer des flüchtigen Bildes erfolgreich. Sie produziert passend zu Filmen Plastikfiguren, mit denen Kinder spielen können, was sie sahen. Die Filmwirtschaft vermarktet also den

28 Es scheint eine Hierarchie in der Wahrnehmung von bewegten Bildern zu geben, bei der spektakuläre, körperbedrohliche Szenen sowie inhaltliche Fragen die Aufmerksamkeit vorrangig absorbieren, so daß für andere Fragen zunächst kein Raum bleibt. Vgl. auch Jo Groebel, Medien und Gewalt, Anhörung des Deutschen Bundestags 31. 1. 1996. Groebel differenziert zusätzlich aggressives Verhalten bei männlichen Personen und ängstlicheres Verhalten bei weiblichen Personen als Folge von Gewaltbildern. Er hebt ein spezielles Problem vieler Filme hervor, nämlich die Kombination aus extremer Gewalt und Humor, vermutlich meint er jedoch Zynismus. Wie Baake sieht auch er nur Kinder aus instabilen Verhältnissen gefährdet.

29 Vgl. in historischer Parallele Peter Reichel, Der Schöne Schein des Dritten Reiches. Faszination und Gewalt des Faschismus, München 1991, S. 180 f.

30 Klaus Ott, Gegen das tägliche Hauen und Stechen, in: Süddeutsche Zeitung, 2. 1. 1995.

pädagogischen Rat und erzeugt durch den Sehzwang gleich noch den Kaufzwang. In welchen finanziellen Dimensionen sich Geschäfte mit kindlicher Sehlust bewegen, das beleuchten die über das umstrittene RTL-Programm „Power Rangers" bekannt gewordenen Zahlen: „In Kombination mit dem Riesengeschäft an Begleitprodukten zu Power Rangers (Plastikspielzeug z. B.) erzielte RTL bereits in den ersten Sendemonaten einen Umsatz von 60 Millionen DM und bei den Werbesendungen vor, nach und zwischen den Sendungen rennen Industrie und Handel den Privatsendern ohnehin die Bude ein; die Begehrlichkeit der kleinen Zuschauer für die feilgebotenen Waren ließe sich leicht wecken, schwärmt Fischer, Berater der RTL-Muttergesellschaft CLT aus Luxemburg.[31]

Die kommerzielle Ausbeutung der Kinder und Jugendlichen hat viele Gesichter und sie erfaßt Kinder, sobald sie fernsehen können. Viele Kinder sind längst angepaßt, einfallslos und warten nur darauf, mit fremden Phantasien und fremden Lustigkeiten bedient zu werden. Nach außen fallen stille Kinder nicht mehr auf, sie sind pflegeleicht, dankbare Zuschauer, machen keinen Dreck, sind nicht laut und sie stören die Gesellschaft nicht. Daß sie krank und gekränkt in ihrer Kreativität sind, wird in der Schule zuerst bemerkt, von der Gesellschaft aber bestenfalls, wenn (starke) Kinder zu rebellieren beginnen und Anlaß geben, nach Gründen für fehllaufende Entwicklungen in der Gesellschaft zu forschen.

31 Für mehr als 60 Millionen DM wurden allein in Deutschland Begleitprodukte zur Zeichentrickserie Power Rangers verkauft. Der FSF-Prüfungsausschuß begrüßt den Werbeeffekt für die Begleitprodukte: „Ängstigende Situationen können so nachgespielt und bewältigt werden", ebenda. Die Frage ist allerdings, inwiefern es sich hier um die pädagogische Rechtfertigung eines zynischen Kreislaufs handelt, denn nicht alle Kinder besitzen unmittelbar nach dem Film die Figuren, um dann damit „bewältigen" zu spielen. Sie werden vielmehr erneut überwältigt von dem Druck, die teuren Spielzeuge kaufen zu müssen.

Langeweile ist regelmäßig bei solchen Kindern zu beobachten, die sich nicht frei bewegen dürfen. Viele sind in doppeltem Sinn eingeengt, zum einen durch enge Wohnverhältnisse und zum anderen durch die Struktur der Städte, in denen mehr öffentliche Aufmerksamkeit und mehr Geld in die Gestaltung von Autostraßen und Autoparkplätzen fließt als in die Gestaltung von Schulhöfen oder frei verfügbaren Sportplätzen. Lähmend für viele wirkt auch die häufige Intoleranz Erwachsener gegen raumgreifende, experimentierfreudige und geräuschvolle Kinder. Wenn Kinder aber zu Hause und in der Öffentlichkeit permanent Kritik dafür ernten, daß sie sich raumgreifend und spontan bewegen wollen, wenn sie nicht „schön" spielen, nicht sauber und still an einem Platz und nicht mit dem, was Erwachsene mögen, dann verlieren sie oft die Lust, den Mut und das Zutrauen zu sich selbst. Dann resignieren sie und räumen sich fernsehenderweise gleich selbst auf; dann flüchten sie lieber per Film aus der konkreten Welt in die vorgespielte.

Nach psychotherapeutischer Erfahrung ist quälende Langeweile oft auch ein Signal für mühsam unter Kontrolle gehaltene, höchst spannende, nämlich beunruhigende Konflikte, die auszutragen weit mehr gefürchtet wird als Langeweile. Übertragen auf Kinder, die aus Langeweile fernsehen, führt das zur Frage, warum sie nicht riskieren, eigene Lebensschritte zu tun, sondern sich lieber die anderer Leute ansehen. Außer den individuellen Gründen für die Bereitschaft, sich von Bildern vereinnahmen zu lassen, gibt es eine Reihe entwicklungsbedingter und kulturspezifischer Gründe.

6. Kollektive Abwehrversuche gegen Sehzwang

Sehzwang ist in gewisser Weise auch ein Ausdruck archaischer Allmachtswünsche – alles sehen, alles wissen wollen, das Gute wie das Böse. Insofern entspringt er u. a. rebellischen Wünschen der Menschen gegen die Normen und Kulturzwänge ihrer Gesellschaft. Die Frage, warum Kinder und Jugendliche sich von Filmen, auch von

Gewaltfilmen, so bereitwillig faszinieren lassen, weit mehr als von Büchern, berührt deshalb die Frage nach den bewußten und unbewußten Motiven der Menschen zum Filmesehen. Filme vermitteln Inhalte szenisch, nicht verbal, Filme funktionieren wie Träume, zeitlos, eigengesetzlich und suggestiv durch die Bildersprache.[32] Raum-, Zeit-, Objektgrenzen, Gegenwart und Vergangenheit werden darin nach Belieben des Regisseurs bis an die Grenzen der Logik, der Moral und der Kultur und darüber hinaus verschoben und vermischt. Filme bedeuten für Menschen ein Angebot, die Realität zu verlassen, ein Angebot, göttergleich über den Welten zu sein und von außen alles zu sehen, was es auf Erden gibt. Insofern sind Filme u. a. Angebote für Allmachtsphantasien und Grenzüberschreitungen. Filme führen vor Augen, was der Psyche des Menschen vollkommen vertraut ist, denn beide arbeiten nach ähnlichen Prinzipien, sie fluktuieren über Zeit-, Raum-, Kultur- und Identitätsgrenzen hinweg, sie handeln von Emotionen, Begierden, Scham- und Schuldgefühlen, libidinösen und aggressiven Wünschen, von Ängsten und Phantasien selbst dann noch, wenn sie nicht Menschen, sondern Tiere zum Thema haben.

Bilder sind die Sprache des Unbewußten; sie sind die Ebene, auf denen sich Bewußtes und Unbewußtes direkt oder verschlüsselt unter Umgehung der Wortsprache, d. h. der rationalen Kontrolle, darstellen läßt. Was im Alltag, unter dem Druck der sozialen Realität und der kulturellen Anpassung keinen Platz hat, konstelliert sich in Träumen und kann in Filmen vor Augen geführt werden. Die am meisten faszinierenden und zugleich am heftigsten umstrittenen Filme sind dabei die, die in Horror-, Action-, Gewalt- und Pornofilmen moralische Grenzen der Gesellschaft im libidinösen und aggressiven Bereich in Frage stellen. Man kann diese Filme als Vehikel begreifen, mit denen

32 Mechthild Zeul, Bilder des Unbewußten. Zur Geschichte der psychoanalytischen Filmtheorie, in: Psyche 48 (1994), S. 975–1003; Christian Metz, Der fiktionale Film und sein Zuschauer. Eine metapsychologische Untersuchung, ebenda, S. 1005–1046.

fundamentale Menschheitskonflikte – literarisch sind sie bekannt etwa aus der griechischen Mythologie – an die Oberfläche des Bewußtseins transportiert werden, wo sie Neugier, Angst, Aggression und Lust sowie Abscheu provozieren. In solchen Filmen sind die von Tabus der Gesellschaft mühsam gebändigten Kräfte wachgerüttelt und erscheinen freigesetzt, Kräfte, die eine Bedrohung der Zivilisation sind, die sich gegen die Domestizierung der Menschen durch Sitte, Recht und staatliche Ordnung stemmen.[33]

Gewaltfilme beschwören die zerstörerischen Kräfte der Menschheit, die die Herrschaft der Vernunft gefährden, und sie provozieren aus diesem Grund entsprechend heftige Gegenwehr in der Gesellschaft. Filmemacher vermögen also, und nur deshalb findet ihr Tun so hohe kontroverse Aufmerksamkeit, die Entwicklungen der Menschheit scheinbar aufzuheben, sie können im Bild Tote zum Leben erwecken, archaische Kräfte beschwören, alte, längst überwunden geglaubte Entwicklungen zurückholen und damit heftige Emotionen wecken. Mit solchen Filmen im Grenzbereich von Anarchie und gesellschaftlicher Ordnung erfahren junge Menschen etwas von den Kräften in der Geschichte, die nicht im Geschichtsbuch stehen. Filme, die von Kindern und Jugendlichen als spannend empfunden und geschätzt werden, handeln stets von inneren und äußeren Kämpfen, Kämpfen des Bösen gegen das Gute, von Machtkämpfen in Familien, von Freundschaften, Feindschaften, von Generationenkonflikten, Familienfehden, von mörderischen Rivalitäten unter Geschwistern und unter Freunden, von Neid, Eifersucht, Vernichtung, Haß, Verrat, Betrug, Enttäuschung, Lie-

33 „Die Gefährten des Odysseus werden nicht wie frühere Gäste zu heiligen Geschöpfen der Wildnis, sondern zu unreinen Haustieren, zu Schweinen ... Jedenfalls hat späterhin alle Zivilisation mit Vorliebe diejenigen Schweine genannt, deren Triebe auf andere Lust sich besinnt, als die von der Gesellschaft für ihre Zwecke sanktionierten." Max Horkheimer, Theodor W. Adorno, Dialektik der Aufklärung. Philosophische Fragmente. Frankfurt a. M. 1969, S. 78.

be, Kumpanei, von Erpressungen und Bündnissen – alles Themen, die Individuen und Gesellschaft existentiell betreffen. Es sind Liebes- und Haßgeschichten, Geschlechtergeschichten, Männergeschichten, Frauengeschichten, Eltern-Kind-Geschichten, Konkurrenz-, Rivalitäts- und Neidgeschichten, Unterwerfungsgeschichten, Rebellionsgeschichten nach dem Schema: einsam in die Welt hinaus müssen, durch eine Hölle von Bosheit und Verrat gehen, um am Ende den Sieg zu erringen oder aber grausam unterzugehen. Gewaltfilme erinnern in der Unversöhnlichkeit ihrer Gut-Böse-Struktur an Märchenstoffe und Mythen.[34]

Gewaltfilme führen der Gesellschaft provozierend vor Augen, was mit der Zivilisierung gewonnen und was verloren wurde, damit alle widerstreitenden Kräfte der Menschen per Gesetz unter allgemeine Kontrolle gezwungen wurden.[35] Sie zeigen, was das archaische Recht des Stärkeren bedeutet hat und bedeuten kann. Sie zeigen nicht nur, wie Emotionen von Haß, Eifersucht, Rachsucht, Rivalität und Perversität sich zerstörerisch auswirken – sie inszenieren sie auf eine Weise, die nicht in erster Linie an bürgerlicher Moral orientiert ist, sondern an der Lust, in menschliche Abgründe zu sehen, wo Unmoral und Mixturen verdrängter Lüste und Ängste dominieren. Sigmund Freud hat die komplizierten Mechanismen der Verdrängung im individuellen und kollektiven Bereich erforscht, die Menschen zur Abwehr asozialer Impulse entwickeln, die Spaltung, die Verschiebung, die Verleugnung, die Verkehrung ins Gegenteil.[36] Im Bilde des Ödipus markierte

34 Carlos Sopena, Amadeus – Einige Überlegungen zum Neid, in: Psyche 42 (1988), H. 2, S. 159–173. Der psychoanalytische Blick konzentriert sich ganz auf die Ebene Film und die darin angebotenen Konflikte zweier Musiker ohne Berücksichtigung der Zuschauerebene und Herstellerebene.

35 Norbert Elias, Über den Prozeß der Zivilisation. Soziogenetische und psychoanalytische Untersuchungen, Basel 1939.

36 Sigmund Freud, Das Unbehagen in der Kultur (1930), in: Werkausgabe Band 2, Frankfurt a.M. 1978, S. 367–424; ders., Märchenstoffe in Träumen (1913), ebenda, S. 496–501; ders., Totem und Tabu, in: Studienausgabe Band 9, Frankfurt a. M. 1974, S. 311.

er, wie ernst und mörderisch bedrohlich diese asozialen Kräfte in jedem Menschen grundsätzlich vorhanden sind, d. h. er ging davon aus, daß es keine von Natur aus harmlosen und aggressionsfreien Kinder gibt, die es nur vor bösen, äußeren Einflüssen zu bewahren gelte. Diese Aussage hat von ihrer Erklärungskraft nichts eingebüßt, ungeachtet der inzwischen aus feministischer Sicht erforderlichen Notwendigkeit, die weibliche Konfliktlage anders, als Freud sie sah, zu definieren.[37] Aus der kinderpsychoanalytischen Praxis gibt es reichlich Belegmaterial für die Wirksamkeit intergenerationaler, im Prinzip mörderisch aggressiver Konflikte in der Abwehr libidinöser Konflikte.[38]

Vor dem Hintergrund kulturphilosophischer Überlegungen wird verständlicher, daß die Sorge Erwachsener angesichts einer Jugend, die zuviel Gewalt sieht, einem kollektiven Bewußtsein potentieller Brüchigkeit der Ordnungen entspringt, einer berechtigten Angst vor den Durchbrüchen chaotischer Kräfte. Theodor W. Adorno und Max Horkheimer fanden in ihren Reflexionen zum Übergang von Mythos zur Kultur am Beispiel von Odysseus, um welchen beständig zu entrichtenden Preis der Verdrängung bürgerliche Ordnung – Seßhaftigkeit, Besitz und Ehe, die Etablierung allgemeiner Menschenrechte – nur zu haben ist.[39] Der Anblick chaotischer, vernunftgefährdender, sinnlicher Kräfte übt im Film eine hohe, emotional sehr ambivalente Faszination aus, die die Angst nach sich zieht, daß aus der phantasierten Rebellion im Bild ein realer Umsturz der Werte entstehen könne. Von besonderem Gewicht für den Umgang mit Gewaltfilmen in der Gesellschaft ist, daß man die mögliche Rebellion gegen die bürgerlich-demokratische Ordnung vor allem jungen Männern zutraut.

Freud hat in der Beschreibung der Ödipusproblematik u. a. die Aktualität der negativen, speziell gegen Jungen gerichteten aggressiven Phantasien von Männern (Vätern) und Frauen (Müttern) aufgezeigt.

37 Christa Rohde-Dachser, Expedition in den dunklen Kontinent. Weiblichkeit im Diskurs der Psychoanalyse, Berlin, Heidelberg 1991.

38 Bruno Bettelheim, Kinder brauchen Märchen, Stuttgart 1977, S. 148.

39 Vgl. Dialektik der Aufklärung, S. 50 f.

Solange die Aufmerksamkeit vor allem auf die Inzestthematik (die libidinöse heterosexuelle oder homosexuelle Beziehung) fixiert ist, wird diese Aggressionsseite der ödipalen Dramatik oft übersehen. Väter (bzw. allgemein gesellschaftlich ausgedrückt Männer), so kann man den Befund über ödipale Beziehungskonflikte auch auffassen, verdächtigen Söhne (junge Männer) des Vatermords und des Frauenraubes. Väter (Männer) rechtfertigen mit diesem Verdacht ihre Politik des Schutzes, um vorbeugend und mit Billigung der Mütter (Frauen) ihrerseits mörderische Pläne zu hegen, als deren gemilderte Form die Vertreibung der Söhne aus dem väterlichen Machtbereich erscheint. Eltern (Erwachsene) praktizieren so eine Konfliktverschiebung, eine Projektion ihrer aggressiven Phantasien auf Kinder, und sie ist auch im Gewalt-Film-Diskurs zu erkennen. Im Gewaltdiskurs schlägt sich die Angst Erwachsener vor dem drohenden Chaos in der Welt nieder, wenn Vernunft, Moral und Recht – von der Jugend oder von ihnen selbst – aufgekündigt würden. Daß es im Inneren der Menschen rebellische Kräfte gibt, die mit den an Ordnung interessierten, inneren und äußeren Kräften stets im Kampf liegen, diese existentielle Bedrohung muß nicht mehr wahrgenommen werden, wenn sie nach außen – auf die Jungen – projiziert werden kann.[40]

Zum Gedanken der aggressiven Unterstellung gehört auch, daß die Gesellschaft für Jungen kriegerisches Spielzeug bereithält und damit genau das nährt, was sie fürchtet: das Bild der Lust der Jungen auf martialisches Spielgerät, auf Werkzeug, mit dem Rebellion und mörderische Zerstörung simuliert werden kann. Spielbeobachtungen an Kindern zeigen eine deutlich größere Affinität von Jungen zu Spielen mit körperlichen Auseinandersetzungen, zu Waffenspielzeug, Kriegs- und Gewaltspielen.

Direkte Befragungen von Kindern und Jugendlichen, warum sie denn ausgerechnet Gewaltfilme gerne sehen, unterstützen regelmäßig

40 Sigmund Freud, Die Traumdeutung (Auszug über Ödipus und Hamlet) (1900), in: Werkausgabe Bd. 2, Frankfurt a. M. 1978, S. 63–68.

eine vorgefaßte Meinung Erwachsener, daß Spaß an der Gewalt das eigentliche und bedrohliche Motiv der Kinder und Jugendlichen sei. Aber Spaß an Gewalt ist auch für Kinder und Jugendliche der am leichtesten herzeigbare Grund. Er gibt indessen Anlaß zu Zweifeln, denn er verdeckt die Ambivalenz und Vielschichtigkeit diverser, weniger bewußter Motive. Wie kompliziert die Beziehungen der Jungen zu physischer Gewalt tatsächlich sind und welche Rolle feindselige Anwendungen physischer Gewalt in den Beziehungen befreundeter – nicht nur verfeindeter – Jungen haben, ist noch genauer zu untersuchen.[41]

Viele Kinder, besonders Jungen in Phasen, in denen sexuelle und aggressive Probleme sie in ihren Freundesbeziehungen bedrängen, prahlen gerne mit ihrer Fähigkeit, „alles sehen" zu können und „alles gesehen" zu haben. Das dient nicht nur dem persönlichen Stolz auf eigene Selbstbehauptungsfähigkeiten, sondern auch der Beruhigung: kein noch so schlimmes Bild, gemacht und geliefert von Erwachsenen, kann die Jungen noch erschrecken. Kinder wollen wissen, was die Welt für sie im Guten wie im Bösen bereithält. Sie interessieren sich für die häßliche Rückseite des schönen Scheins, der unechten Welt geschönter Bilder, sie studieren die Gegenkräfte, die der schöne Schein verleugnet, die Welt des Verbrechens, der Gewalt, der krassen Gegensätze, sie spüren das Verdrängte auf. Kinder und Jugendliche, die sich für Gewaltfilme interessieren, wollen u. a. auch wissen, von welcher Beschaffenheit die Welt der Erwachsenen, in die sie hineinwachsen sollen, sein kann und was sie darin möglicherweise alles zu erwarten haben.

Gewaltbilder liefern Welt- und Menschenkunde über das Böse, die so nicht im Schulbuch steht, weil sie den Menschen angst macht, so

41 Ute Benz, Verführung und Verführbarkeit. NS-Ideologie und kindliche Disposition zur Radikalität, in: Ute und Wolfgang Benz (Hrsg.), Sozialisation und Traumatisierung. Kinder in der Zeit des Nationalsozialismus, Frankfurt a. M. 1992; dies., Rechtsradikalismus – Merkmal einer neuen Jugendkultur? in: Gewalt, Faszination und Furcht, Jahrbuch für Literatur und Politik in Deutschland I, Leipzig 1994, S. 120–139.

daß sie sie verdrängen. Damit verschwinden jedoch die zerstörerischen Kräfte nicht, und deshalb ist es sinnvoll, daß sich Erwachsene und Kinder mit diesen Kräften, wo sie erkennbar werden, auseinandersetzen. Dazu bedarf es zuallererst der Bereitschaft Erwachsener, genau auf die aggressiven Konflikte z. B. in Bildern und Filmen hinzusehen, um das Gespräch zwischen den Generationen über Gewalt zu beginnen. „Wie und womit werde ich von wem beeindruckt?" – eine gemeinsame Erforschung dieser Fragen berührt freilich auch die Beziehungen zwischen Erwachsenen und Jugendlichen im Film und in der Realität.

7. Widerstände gegen die Auflösung von Sehzwängen

Angesichts der mit Bildern verknüpften Abwehrfunktionen in der Gesellschaft ist mit erheblichen Widerständen gegen die Etablierung einer allgemeinen, visuellen Bildung zu rechnen, nicht nur von seiten der Medienindustrie.[42] Und für Kinder gilt, daß sie, solange sie nicht bewußt unter ihren Sehzwängen leiden, Aversionen dagegen haben, wenn sie befürchten müssen, moralisch traktiert zu werden, und wenn die Gefahr droht, die vermeintlich risikolose Ersatzbefriedigung des naiven Bildersehens zu verlieren. Befreiung vom Sehzwang könnte ihnen als Störung ihres Bildgenusses erscheinen. Seitens der Medienwirtschaft geht es um Millionengeschäfte mit kindlicher Sehlust, sie

42 Bis heute konnte sich die föderal strukturierte Bildungspolitik auf kein ernsthaftes Konzept zur allgemeinen Medienbildung in der Schule verständigen. Medienbildung in den Schulen ist häufig nur eine Farce, es gibt sie bestenfalls isoliert, lokal abhängig vom Interesse einzelner engagierter Lehrer. Es gibt kein spezielles Fach, keine spezielle Lehrerkompetenz und keine universitäre Ausbildung für Lehrer dafür. Die Situation ist in höchstem Grade unbefriedigend, auch Gymnasiasten haben in 13 Schuljahren zwar jede Menge Videos in allen möglichen Schulfächern vorgeführt bekommen, sie aber nicht medienkritisch analysieren gelernt.

hat vitale Geschäftsinteressen an der Erhaltung von kindlichen Sehzwängen.

Wie erfolgreich das Geschäft mit Bildern bisher war, mag die Öffentlichkeit an der quantitativen Zunahme kindlichen Fernsehens erkennen. Ein durchschnittliches Kind in der 10. Klasse hat umgerechnet zwei Jahre seines Lebens, Tag und Nacht, vor dem Bildschirm zugebracht, und zwar mit einer Aufmerksamkeit, von der Lehrer nur träumen können.[43] So vergleichsweise niedrige Werte wird es aber in Zukunft nicht mehr geben. Konkurrenten kämpfen um die visuelle Aufmerksamkeit der Kinder. Mit 127 Millionen DM im Jahr wollen demnächst die öffentlich-rechtlichen Sender ein attraktiveres Kinderprogramm von morgens acht bis abends 20 Uhr produzieren, um die Kinder von der Konkurrenz der privaten Sender abzufangen.[44] Die kleinen Zuschauer widmen nämlich nach Erkenntnissen der Marktforscher rund drei Viertel ihres TV-Konsums Privatsendern – ein attraktives Millionengeschäft.

Vom visuellen Analphabetismus der Kinder profitieren kontinuierlich und äußerst zielstrebig arbeitende Fachleute, ideenreiche Männer und Frauen, in allen Künsten der Bilderwirkung versierte Spezialisten. Im Gegensatz zu den naiv Sehenden sind sie mit allem verfügbaren technischen, künstlerischen und psychologischen Wissen über die Wirkung von bewegten Bildern ausgestattet. Sie organisieren, unter Anwendung didaktischer Kenntnisse die visuelle Szenerie unserer Zeit.

43 Das wurde in der ARD-Sendung „Bißkids“ im März 1993 der Öffentlichkeit vorgerechnet.

44 Mit der Einrichtung mehr kindgerechter Sendungen in dem von ARD und ZDF geplanten TV-Kinderkanal ab 1997 wird ungeachtet der Qualität noch mehr Quantität an Filmen angeboten, gegen die es Eltern doppelt schwer haben werden, auf „Abschalten“ zu dringen. Das Prinzip „Liebe Kinder, dies ist eure Sendung“ werden Kinder als eine Art Rechtsanspruch begreifen und, versorgt mit guten öffentlichen Argumenten, die die Qualität betreffen, um so besser durchsetzen.

Indem sie untereinander aus ökonomischen Gründen um die öffentliche Aufmerksamkeit konkurrieren, führen sie einen eskalierenden Kampf um kindliche Aufmerksamkeiten mit ständig neuen Bilderfluten.[45]

Auf seiten der Bildermacher ist überwältigende Macht gebündelt: Geld, Wissen und Technik. Fernsehgewaltige wie RTL-Chef Helmut Thoma spielen ihre Medienmacht bewußt herunter, wenn von ihrer Verantwortung für die Gewaltbilder, die öffentliche Kritik erregen, gesprochen wird. Thoma schiebt die Verantwortung dafür der Allgemeinheit zu: „... ein Sender, der tagtäglich auf ein Millionenpublikum angewiesen ist, wird sich immer am gesellschaftlichen Grundkonsens und den damit verbundenen Werten orientieren. Mit Sex und Gewalt läßt sich auf Dauer nicht das große Geld verdienen."[46] Inhaltlich bezieht der Inhaber großer Medienmacht nicht Stellung und erinnert in-

45 Thomas Reinhardt, Parodie mit Folgen, in: Saarbrücker Zeitung, 10. 4. 1995. Von ARD wurde am 8. 4. 1995 von 22.45 bis 0.05 Uhr die „Private Life Show" des Saarbrücker Rundfunks in der Absicht gesendet, die Zuschauer über Realität und Fiktion anhand einer erfunden Studiogeschichte zu täuschen, in der der Sprecher tätlich angegriffen wird. Was als Satire gemeint und in Konkurrenz mit attraktiven Abendunterhaltungen anderer Sender plaziert war, schockierte viele Zuschauer und veranlaßte sie zu heftigen (negativen und positiven) Reaktionen, Anrufen bei Polizei und im Studio.

46 Weniger die Inhalte von Filmen als die finanziellen Gewinne interessieren den Geschäftsführer von RTL-plus Deutschland. Helmut Thoma, Ein Neues Medienzeitalter, in: Academia 87 (1994), H. 6, S. 5–7. Vgl. Süddeutsche Zeitung, 6. 4. 1995: Zuviel Macht am Fernsehmarkt. Kartellamtspräsident: verantwortlich sind Mediengesetze: „Die Landesmedienanstalten hätten nicht die notwendigen Instrumente erhalten, um ihre Aufgabe zu bewältigen. ‚Sie müssen glauben, was ihnen erzählt wird', die Mediengesetze sähen nicht die Möglichkeit von Ermittlungen vor, wie sie das Bundeskartellamt genießt: z. B. Durchsuchungen nach richterlichen Anordnungen, Beschlagnahme von Geschäftsunterlagen und Verhängen von Bußgeldern.

sofern daran, daß mit gesellschaftlichem Grundkonsens, je nach politischer Lage, auch andere als demokratische Werte gemeint sein können, die das Fernsehen ebenfalls bedienen würde. Um so wichtiger sind die Diskussionen um einen demokratischen und humanen Grundkonsens der Gesellschaft.

8. Die Notwendigkeit der visuellen Bildung und der Förderung der Verbalisierungsfähigkeit

Visuellen Analphabeten ermangelt es an dreien, für mündige Bürger im bilderdominierten Zeitalter unverzichtbaren Fähigkeiten: erstens an der Fähigkeit zur raschen Erfassung der inneren Wirkung von Bildern durch Introspektion, zweitens an der Fähigkeit, die hinter der manifesten Bildoberfläche verborgenen Intentionen der Produzenten zu erkennen sowie drittens an der Fähigkeit, visuelle Eindrücke in Sprache zu übersetzen, um darüber kritisch zu reflektieren und zu kommunizieren. Visueller Analphabetismus konstelliert ein machtpolitisches Problem, nämlich die Ohnmacht einer Mehrheit von Kindern und Erwachsenen, die in Unwissenheit, Unmündigkeit und wachsende Bildabhängigkeit gegenüber einer Minderheit zu geraten droht, die im Besitz von Bildermacht (als Herstellungs- und Verteilungsmacht) ist. Kinder als visuelle Analphabeten mit grenzenloser Neugierde auf alles, was sich bewegt, sind gegenwärtig vom Bildungssystem miserabel ausgerüstete Verbraucher auf dem modernen Medienmarkt, der gezielt ihre unbewußten, libidinösen und aggressiven Bedürfnisse mit immer neuen Verlockungen zum Sehen auszubeuten weiß.[47] Berücksichtigt man die zusammenhängenden Probleme des Sehzwanges, des visuellen Analphabetismus, der Naivität des Sehens sowie der mangelnden Verbalisierungsfähigkeit visueller Eindrücke, dann wird für die Suche

47 Klaus Vater, Die kleinen Seelen voll im Griff, Marktstrategen machen sich an die Kinder heran, in: Vorwärts, 19. 12. 1987, S. 7–12.

nach Wegen zu Lösungen deutlich, daß weder eine Politik der Zensur noch eine Politik moralischer Appelle und guter Ratschläge an Eltern ausreicht, sondern daß auch eine Politik der visuellen Bildung und Aufklärung erforderlich ist.[48]

Im folgenden wird ein Beispiel dafür vorgestellt, wie unzureichend aus gesellschaftspolitischer Sorge verfaßte Lösungsversuche sind, wenn sie eine allgemeine Problematik, die durch moderne Technik und politischen Entschluß zur Freigabe der Sendefrequenzen induziert wurde, als individuelles Problem von Familien mißdeuten. Indem diese Lösungsversuche das Problem als Familienproblem deklarieren, minimalisieren sie es, sowohl im Hinblick auf das Grundverständnis als auch auf die Kosten; Elternratschläge sind schneller und billiger zu produzieren als bildungspolitische Veränderungen, ihre Wirkung muß jedoch bezweifelt werden.

Vom Bundesministerium für Frauen und Jugend wurde 1994 ein broschierter Ratgeber zu Fragen von Gewalt im Fernsehen herausgegeben, „Fernsehen und Gewalt".[49] Auf den ersten Blick wirkt die Broschüre unpolitisch, sachlich korrekt, aus Sorge um die Jugend gut gemeint, leicht faßbar, mit Zeichnungen illustriert und optimistisch geschrieben für alle besorgten Eltern. Medienprobleme mit Kindern, die zuviel Gewalt sehen, erscheinen demnach – ein bißchen guten Willen vorausgesetzt – als ganz einfach und leicht lösbar. Die Aufmerksamkeit wird auf Bilder physischer Gewalt im Fernsehen fokussiert, auf Fragen „wie oft", „wie lange", „wie schlimm" und „was sie anrichten". Daß die kommerzielle Seite der Problematik weitgehend ausgeblendet wird, fällt besonders auf; man scheut sich, den Konflikt deutlich zu machen; an die Adresse der Fernsehsender wird nur lakonisch appel-

48 Horst Dichanz, Medienkompetenz: Neue Aufgabe politischer Bildung, in: Aus Politik und Zeitgeschichte, Beilage zur Wochenzeitung Das Parlament, 17. 11. 1995, S. 27–39.

49 Bundesministerium für Frauen und Jugend (Hrsg.), Gewalt im Fernsehen, Bonn 1994.

liert: „Fernsehsender müssen sich der Verantwortung bewußt sein" und: „Ihnen muß immer wieder deutlich gemacht werden, daß sie das Bild der Welt, das Kinder bekommen, mitprägen."[50] Man kann es als indirekte Aufforderung zum Elternprotest lesen, wenn schließlich die Postanschriften der Sendeanstalten mitgeteilt werden. Damit erfolgt auch hier eine Delegation politischer Verantwortung an die ohnehin überforderten und alleingelassenen Eltern.

Die Broschüre ist ein Dokument staatlicher Hilflosigkeit, das nicht Aufklärung über Wirtschaftsinteressen und Kontroversen der Medienpolitik riskiert, sondern vorbildliche Lösungen vorstellt, die vorbildliche Eltern mit mehreren vorbildlichen Kindern im Sinne christlich-konservativer Familienideologie leisten sollen. Eltern, deren Lebenssituation nicht den idealisierten Familienmodellen entspricht, könnten es allerdings als Zynismus empfinden, daß ihr Streß mit Kindern vor dem Fernseher unberücksichtigt bleibt, ebenso wie die Raffinesse der Verführung der Sender zu weiterem und vermehrten Bildkonsum, z. B. durch werbende Vorankündigungen, „Trailer", die spannende Anreize für folgende Sendungen bieten. Was Eltern noch erfahren, sind Hinweise darauf, daß es eine beamtete Lobby für Kinder gibt, wo man sich Anregungen holen kann: Jugendämter sowie die „Bundesarbeitsgemeinschaft Kinder- und Jugendschutz". Die konkreten Ratschläge lauten z. B., daß man sinnvolle und persönlich bereichernde Alternativen suchen solle, wobei man ja die Anregungen des Fernsehens aufgreifen könne, z. B. wenn dort gezeigt wird, wie man selbst einen Film drehen könne.

Wenige Kinder haben Zugang zur dazu nötigen und teuren technischen Ausrüstung und sind in der Lage, die frustrierenden Hindernisse – Zeitaufwand, Laienhaftigkeit, erneute Abhängigkeit von Erwachsenenhilfe – zu überwinden. Als Lösung geboten wird im amtlichen Ratgeber ein Sammelsurium all dessen, was motivierte Menschen in ihrer Freizeit theoretisch tun könnten: Basteln, Radfahren,

50 Ebenda, S. 24.

Musik hören, Jonglieren, Handarbeiten, Faulenzen, Sport treiben, Sammeln, Malen, Tanzen, Wandern, Reisen, Singen, Fotografieren, Musizieren, Kino, Zaubern, Blödeln, Theaterspielen, Träumen, Reimen, Lesen, Schreiben, Beobachten, Spielen, Erzählen, Schwimmen. Aber wo sollen denn Kinder nach Herzenslust musizieren: in kleinen Wohnungen? Wo sollen sie blödeln, wenn genervte Erwachsenen Ruhe wünschen? Und der Ratschlag, ins Kino zu gehen statt fernzusehen, ist ein Rat, der vom Regen (zu vielen Bildern) in die Traufe (noch mehr Bilder) führt. Im ministeriellen Auftrag produziert, ist die Broschüre politisch linientreu: Sie pflegt das Bild der heilen Familie, die vollständig (Vater, Mutter, mehrere Kinder), außerdem vernünftig, einsichtsfähig und verständnisvoll ist. Die Realität vieler Familien sieht anders aus.

Dieser wohlmeinende Ratgeber zeigt einen Lösungsversuch staatlicher Politik, die ein kollektives Problem abschiebt, es individualisiert und mit moralischem Anspruch auf den Schultern der Eltern ablädt. Den Ärger über diese eigene Überforderung richten Eltern aber weniger auf die Politik, sondern auf ihre Kinder: Äußerungen wie „Sie ziehen sich einen Film nach dem anderen rein", „Sie kriegen nie genug" – zeigen den hilflosen Ärger der Eltern über eine in hohem Maße als unbefriedigend empfundene Situation. Eltern und Erzieher, besorgt, ärgerlich und hilflos, spüren, daß hier Mächte am Werk sind, denen gegenüber sie als einzelne kaum aufkommen können und sie fühlen sich von der Gesellschaft – zu Recht – allein gelassen.[51]

51 Barry Sanders, Der Verlust der Sprachkultur, Frankfurt am Main 1995. Zentrale Begriffe, mit denen Sanders kulturkritisch operiert, sind „Oralität" und „Literalität". Sie erweisen sich als verschwommene Begriffe und letztlich als Instrumente eines restaurativen idealisierenden Denkens, das nicht allein dem Verdruß über beklagenswerte akute Defizite im Bildungswesen entspringt, sondern vor allem der – allerdings unausgesprochenen, bei Erwachsenen sehr populären – Angst des Autors vor einer Jugend, die gleichgesetzt wird mit Schreckbildern krimineller Jugendlicher,

Medienpolitik, die auf den Schutzgedanken fixiert ist und sich in pädagogischen Elternratgebern erschöpft, überläßt gleichsam die Jugend als visuelle Analphabeten der Medienindustrie zur Ausbeutung. So wenig aber Eltern zugemutet wird, ihren Kindern Lesen, Schreiben und Mathematik beizubringen, weil sie damit mehrheitlich überfordert wären, so wenig kann die Überwindung des visuellen Analphabetismus nur Elternaufgabe sein.[52]

Von entscheidender Bedeutung ist, daß visuelle Bildung auch in die Kategorie grundlegender Bildungsfächer aufgenommen und kontinuierlich als Fach, so wichtig wie Lesen, Schreiben und Rechnen gelehrt wird. Visuelle Bildung sollte die Basis der Medienkunde sein.[53] Dazu

die ihre Normen aus Gangs beziehen. Problematisch ist Sanders Verknüpfung von Oralität und Literalität aber vor allem deshalb, weil er sie unter Abspaltung aller negativen und ambivalenten Erscheinungen zum Ideal stilisiert. Am Begriff Oralität, einem der Psychoanalyse entlehnten und ursprünglich entwicklungspsychologisch gemeinten Begriff, ist Sanders' idealisierende Verwendung deutlich zu verfolgen, mündet sie doch letztlich darin, die idealisierte duale Beziehung, die traditionelle Mutter-Kind-Beziehung bzw. die Familienbeziehung positiv zu proklamieren bzw. ihre Veränderung in der modernen Welt als Ursache aller Übel negativ zu stilisieren. Hier ist die ideologische Beziehung zu christlich-konservativen Einstellungen deutlich. Psychoanalytische Erkenntnisse von Winicott werden instrumentalisiert für politische, letztlich restaurative Ideen. Klagen über bedrohliche Entwicklungen und Fehler der Pädagogen dienen dann der Idealisierungen früherer, vorgeblich besserer Zustände.

52 Experten der öffentlichen Anhörung im Ausschuß für Familie, Senioren , Frauen und Jugend des Deutschen Bundestages zum Thema Jugendschutz und Medien am 31. 1. 1996 betonten die Bedeutung der Medienpädagogik zur Erlangung von Medienkompetenz .

53 Die Notwendigkeit der visuellen Bildung wird zwar allgemein gefordert, aber noch fehlt es am politischen Willen, sie im föderalen Bildungssystem auch an den Universitäten fest und interdisziplinär zu etablieren. Vgl. Andrea Urban: „Da der Fernsehkonsum der Kinder in erster Linie in der Ver-

ist ein Zusammenwirken verschiedener Disziplinen erforderlich, kommunikations- und wahrnehmungstheoretische, künstlerische, didaktische und psychosoziale Erkenntnisse und Methoden werden benötigt. Entsprechend ausgebildete Fachkräfte werden gebraucht, nicht um in erster Linie Wissen zu dozieren, sondern um mit Kindern und Jugendlichen anhand von Filmen forschend zu lernen. Dabei können sie an der wunderbaren Fähigkeit von Kindern anknüpfen, neugierig zu sein und etwas so lange betrachten zu wollen, bis es verstanden („beherrscht") wird. Die moderne Videotechnik liefert dafür das geeignete Werkzeug, mit dem Kinder sich einen Teil ihrer Autonomie gegenüber dem Diktat des Tempos der Filme zurückerobern können, befreit von der Sorge, daß ihnen, während sie Details prüfen, etwas Wesentliches unwiederbringlich entschwinden könnte. Durch Wiederholungsmöglichkeiten und die Möglichkeiten von Einzelbildschaltungen

antwortung der Eltern liegt, sind diese – insbesondere am Abend – in der Pflicht, ihren Kindern nicht nur die programmlichen, sondern auch die werblichen Botschaften zu erklären. Damit sind die Erziehenden aber in der Regel überfordert. Von staatlicher Seite kann hier nur mit Aufklärung und Fortbildung reagiert werden und zwar in allen Bereichen der schulischen wie außerschulischen Bildung einschließlich der Erwachsenenbildung.", in: Anhörung „Jugendschutz und Medien" des Ausschusses für Familien, Senioren, Frauen und Jugend am 31. 1. 1996. Bemühungen um Medienkompetenz erfordern, wie die amerikanische Entwicklung zeigt, mehr gesellschaftliche Anstrengung auch im Universitätsbereich. Vgl. Gero von Randow, Die neue Macht des Auges, in: Die Zeit, 31. 3. 1995. Dort wird über die Etablierung der neuen Wissenschaft Imaging Science berichtet, eine kreative Antwort auf die Herausforderungen des neuen Medienzeitalters, die der modernen Bildmanipulationsmöglichkeit Rechnung trägt. Vgl. Martin Knapp, Bernhard Borgeest und Pedro Meyer (Fotos), Wie die Bilder lügen lernen. Der Computer hat sich der Bilder bemächtigt. Ein bißchen spielen mit der Maus und die Täuschung ist perfekt. Es naht das Ende der klassischen Photographie, in: Zeitmagazin Nr. 38, 16. 9. 1994, S. 14–20.

lassen sich die einzelnen Elemente eines Filmes detailliert studieren. „Es beunruhigt mehr, was man nicht genau sieht", sagte ein Schüler, der herausfinden wollte, wie Einzelheiten in einem Gewaltfilm montiert waren.

Visuelle Bildung in der Schule kann viererlei leisten: erstens lehren, die Sprache bewegter Bilder bewußt wahrzunehmen; zweitens erkennen, wo und wie verschlüsselte Absichten der Autoren wirksam sind; drittens, sich als Zuschauer beim Filmesehen nicht weitgehend zu „übersehen", sondern ebenfalls bewußt wahrzunehmen; viertens, Fähigkeiten entwickeln, visuelle Eindrücke zu verbalisieren. Durch visuelle Bildung können Kinder befähigt werden, auch hinter die Oberflächen bewegter Bilder zu sehen, naives Sehen durch bewußtes Sehen zu überwinden, um gleichsam im Meer der Bilder nicht unterzugehen, sondern selbständig zu schwimmen.[54]

54 Dieter Baake, Stellungnahme im Ausschuß des Bundestages „Jugendschutz und Medien", 31. 1. 1996: „In der medienpädagogischen Forschung unterschiedlicher Richtungen besteht inzwischen Einigkeit darüber, daß Kinder sich aus dem Fernsehmüll brauchbare Stücke heraussuchen und ihnen einen neuen Sinn geben. Aus Fernsehschrott werden Schrottkunstwerke ... Beeinträchtigt können Kinder (weniger Jugendliche) aus sozial instabilen und /oder benachteiligten ... Milieus sein, deren Eltern die Sozialisationsagenturen Fernsehen (und die anderen Medien) ohne stützende Erziehungshilfen einwirken lassen." Aus psychoanalytischer und pädagogischer Sicht ist die Unterscheidung instabil/stabil /benachteiligt schwer nachvollziehbar und wirkt bürgerlich idealistisch. Träfe sie zu, dann wäre daraus im Bildungsbereich zumindest die Konsequenz zu ziehen, Sonderprogramme der visuellen Bildung für die benachteiligten Kinder anzubieten. Die Installierung eines neuen öffentlich-rechtlichen Kinderkanals jedoch mit einem Kostenaufwand von 175 Millionen DM ab 1997 löst das Problem nicht, denn bekanntlich ist die Quantität des Filmesehens ein ebenso großes Problem wie die Qualität.

Didaktische Fragen, wie visuelle Bildung im einzelnen realisiert werden kann, lassen sich lösen, dazu gibt es zahlreiche Ansätze.[55] Schwerer zu überwinden sind motivationale Hindernisse gegen visuelle Bildung in Politik und Gesellschaft, die als Widerstände gegen neue bzw. neu zu organisierende Bildungsaufgaben wirken. Sie kommen etwa in Vorurteilen, Filmanalysen seien viel zu theoretisch und daher für die Mehrzahl der Jungen und Mädchen an Grund-, Haupt- und Realschulen zu schwierig, zum Ausdruck.

Einige Schwierigkeiten der Filmanalysenarbeit in der Schule und die daraus ableitbaren Konsequenzen, daß gelegentliche Filmanalyse kein Ersatz für visuelle Bildung sein kann, sondern nur ein Teil von ihr – werden im vierten Kapitel dieser Arbeit anhand von Projektarbeiten erörtert. Vorwegnehmend sei gesagt, daß kritische Filmanalysenarbeit mit jungen Menschen aller Altersstufen und Schularten durchaus möglich ist, weil junge Menschen aufgrund ihrer Autonomiewünsche auch daran interessiert sind, zu erkennen, wer, was wie mit ihnen durch Bilder macht – moralische Belehrungen von Erwachsenen beim Filmesehen freilich schrecken sie eher ab. Eine Erwartung allerdings sollte nicht automatisch an visuelle Bildung geknüpft werden, nämlich die, daß Jungen und Mädchen dann weniger gerne Bilder sehen werden. Entscheidend ist zunächst, daß sie die Bilder, die sie sehen, auch kritisch wahrnehmen und sich darüber miteinander und auch mit Erwachsenen auseinandersetzen können. Weniger Bilder werden sie erst dann sehen wollen, wenn sie merken, wie schal das Pseudoleben im Bild ist, und wenn sie Mut und Raum zum Eigenleben haben.

55 Angelika Dittrich, Referatsleiterin im Sächsischen Staatsministerium für Kultus, berichtete auf der Anhörung vom 31. 1. 1996 im Ausschuß, daß es seit Oktober 1995 im Freistaat Sachsen einen Modellversuch „Differenzierte Medienerziehung als Element allgemeiner Bildung“ gibt, auf dessen Ergebnisse man gespannt sein darf. Das Land Nordrhein-Westfalen hat das Adolf Grimme-Institut und die Gesellschaft für Medienpädagogik und Kommunikationskultur (GMK) beauftragt, einen „pädagogischen Atlas“ zu erstellen, um die verstreuten Bemühungen zu sammeln.

III. Wurzeln der Gewalt: Die Disposition zur Radikalität

1. Psychische Wurzeln von Gewalt

Historische Ursachen der mangelnden Akzeptanz psychoanalytischer Erklärungen in der deutschen Gesellschaft

Auf Gewaltfragen in der Kindheit und Pubertät haben Psychoanalytikerinnen und Psychoanalytiker einige grundlegende Antworten gegeben, die für das Verständnis der intra- und interpsychischen Gewaltdynamik auch im pädagogischen Bereich und für die Suche nach Lösungswegen nützlich sind.[1] Einige der psychoanalytischen Begriffe wie „Verdrängung“ und „Abwehr“ sowie Erkenntnisse über die Bedeutung frühkindlicher Prägungen haben Eingang in die allgemeine Sprache gefunden, aber dies bedeutet nicht, daß zentrale psychoanalytische Grundvorstellungen über individuelle und familiäre Konflikte und de-

1 Hans Zulliger, Schund – Phantasie und Angstbewältigung, in: Praxis der Kinder- und Jugendpsychologie, Bern 1960, S. 157–169. Das Zusammenspiel innerer und äußerer Faktoren unter psychoanalytischem Konfliktverständnis der Pubertät wird hier anschaulich vermittelt; Anna Freud, Probleme der Pubertät (1958), in: Die Schriften der Anna Freud, Band VI, Frankfurt a. M. 1987, S. 1739–1769; Gerd Biermann, Zur Geschichte der analytischen Kinderpsychotherapie, in: ders. (Hrsg.), Handbuch der Kinderpsychotherapie (Bd. I), München 1969, S. 1–18; Annemarie Dührssen, Psychogene Erkrankungen bei Kindern und Jugendlichen, Göttingen 1974, 10. Aufl. Hier liegt der Akzent auf allgemeinen familiären, sozialen und entwicklungsspezifischen Faktoren unter Weglassung ödipaler Konflikte als potentiell pathogener Faktoren. Ruth S. Kempe und Henry Kempe, Kindesmißhandlung, Stuttgart 1980. Hier kommt vor allem die intergenerationale Konfliktweitergabe aufgrund frühkindlicher Objektbeziehungsstörungen zum Ausdruck (Gewalt erzeugt Gewalt).

ren Ursachen allgemeine Akzeptanz in der Öffentlichkeit, bei der Pädagogenausbildung und sonst an Universitäten und Hochschulen gefunden haben. Im öffentlichen allgemeinen Diskurs über Gewaltentwicklungen in der Gesellschaft fehlen weithin psychoanalytische Perspektiven, die als Ergänzung oder Korrektiv zu einigen instrumentalisiert wirkenden Erklärungen beitragen könnten. Eine entscheidende Frage ist also, warum dies so ist.[2]

Ein Grund kollektiver Aversionen gegen psychoanalytische Erklärungen beruht auf der grundsätzlichen Ablehnung der als anstößig empfundenen theoretischen Annahme psychosexueller Konflikte innerhalb der Familie, wie sie als Ödipuskomplex, meist nur oberflächlich bekannt, als lächerlich oder obsolet abgewehrt werden. Auch bei einigen Richtungen innerhalb der Psychoanalyse stößt die Bedeutung, die Freud den libidinösen und aggressiven Kräften im Zusammenhang mit intergenerationalen Konflikten beigemessen hat, auf Ablehnung, und in beiden Fällen zeigt sich nicht nur ein Theoriestreit, sondern auch eine politisch-historische Problematik.[3] Was in der NS-Zeit und in der Folge auch nach 1945 als „deutsche" Psychoanalyse relativ breite Akzeptanz fand, war die purifizierte, vom „Anstößigen", also vom Sexuellen, speziell von ödipalen, inzestuösen und von mörderisch-aggres-

2 Populäre Denkmuster über Gewaltursachen haben sich, wie das folgende Zitat aus einem vom Württembergischen Fußballverband inspirierten Artikel zeigt, etabliert: „Geprügelt wurde an Schulen schon immer, heute aber wird ohne Grund geprügelt, ohne Grenzen. Das Erleben von Gewalt am Bildschirm führt zu einem Realitätsverlust, der letztlich zur Eskalation von Gewalt – auch an Schulen – führt. Der Sport kann diesen Prozeß bremsen, vielleicht sogar stoppen..." Schwäbische Post, 12. 2. 1995.

3 In Gutachterverfahren, conditiones sine qua non für die Kostenübernahme psychotherapeutischer Behandlungen von Kindern durch Krankenkassen, führen die unterschiedlichen Schulauffassungen zur Ablehnung, wenn die Gutachter und Obergutachter der Überzeugung sind, Sexualität könne bei fünfjährigen Kindern etwa keine neurotischen Folgen haben.

siven Konflikten innerhalb der Triade der Familie „befreite" und solchermaßen leichter instrumentalisierbare Psychoanalyse.

Trotz theoretischer Kontroversen und Korrekturen besteht meiner Ansicht nach kein Anlaß, grundlegende psychoanalytische Erkenntnisse aufzugeben, die sich in der Praxis der Kinder- und Jugendpsychotherapie unmittelbarer als in retrospektiven Analysen Erwachsener, gleichsam in statu nascendi, beobachten lassen.[4] Heftige und ambivalente Emotionen von Liebe, Enttäuschung, Haß, Neid, Eifersucht, Rivalität im Zusammenhang mit Sexualität sowie Bewältigungsversuche durch Bündnisse, Besitzansprüche und damit einhergehende Ängste vor Ausschluß, vor Zurückweisung und Kränkung in dualen und in triangulären Beziehungen – all das vermag alltäglich jene heftigen Konflikte in Beziehungen zu verursachen, die Freud u. a. mit dem dramatischen Mythos des Ödipus anschaulich machte, weil sie, ungeachtet dessen, daß sie in der Phantasie spielen, dramatisch erlebt werden und Zwänge zu kräftezehrenden Abwehranstrengungen auslösen.[5]

Auch im gesellschaftlichen Bereich funktioniert eine der individuellen vergleichbare Form kollektiver Abwehr gegen die Aufklärung verdrängter, historischer und aktueller Konflikte, um unangenehme The-

4 Hans Zulliger, Schund – Phantasie und Angstbewältigung, S. 157–169. Das Zusammenspiel innerer und äußerer Faktoren unter psychoanalytischem Konfliktverständnis der Pubertät wird hier anschaulich vermittelt. Christa Meves, Erziehen lernen aus tiefenpsychologischer Sicht, München 1981; dies., Es geht um unsere Kinder. Erfahrungen und Einsichten aus der Beratungspraxis, Gießen 1988.

5 Sigmund Freud, Der Traum, (1916), in: Studienausgabe, Vorlesungen zur Einführung in die Psychoanalyse Und Neue Folge, Frankfurt a.M. 1969, S. 99–230; ders., Widerstand und Verdrängung, ebenda, S. 285–299; ders., Libidoentwicklung und Sexualorganisation, ebenda, S. 316–332; vgl. Anna Freud, Die infantile Amnesie und der Ödipuskomplex, in: Die Schriften der Anna Freud, Bd. I, Frankfurt a. M. 1987, S. 95–108.

men zu vermeiden. Kollektive Abwehr zeigt sich etwa in der auffälligen Widersprüchlichkeit zwischen populärer Aversion gegen Psychoanalyse einerseits und der mehrheitlich positiven Akzeptanz der kommerziellen Anwendung psychoanalytischer Erkenntnisse über das Unbewußte in Werbung und Film andererseits. Das Fernsehpublikum konsumiert alltäglich durch Vergrößerungen opulent ins Bild gesetzte, dadurch häufig pervers wirkende Inszenierungen libidinöser, oraler, analer, aggressiver und ödipaler Wünsche und Ängste im Zusammenhang mit Rivalität, Neid und Eifersucht. Rivalität und Konkurrenz wird durch suggestive Vergleiche angestachelt, es geht um besser/schlechter, schöner/attraktiver, schneller. Sendungen und Publikationen ohne Werbung gelten als unattraktiv und langweilig. Ob Kinderpopos in Großaufnahme oder an Eis und Konfekt lutschende Lippen, ob narzißtische Verliebtheiten mit autoerotischen Gesten mit Hautpflegecremes, ob zwanghafte Sauberkeitsrituale mit Wasch- oder Spülmitteln oder eifersüchtige Ängste in Beziehungen („was hat die, was ich nicht habe"), ob pokneifende Gesten in Jeansreklamen vorgeführt werden – in all den Bildern der Werbespots werden wie in Spielfilmen auch libidinöse und aggressive Wünsche und Ängste durch Bilder bedient und ausgebeutet, ohne daß sich allgemeiner Widerstand dagegen erhebt. Psychoanalytisches Wissen über unbewußte Motive der Menschen, entwickelt zu Heilzwecken und zum tieferen Verständnis von Erkrankungen, dient heute im großen Stil nicht der Aufklärung und Heilung, auch nicht der Aufklärung im Bildungswesen, sondern es dient kommerzieller Ausbeutung von Menschen und wird damit gleichzeitig instrumentalisiert und verdrängt.

Folgen selektiver Akzeptanz psychoanalytischer Erklärungen

Es gibt zahlreiche Gründe für mangelnde gesellschaftliche Akzeptanz psychoanalytischer Aufklärung auf seiten der Psychoanalyse selbst, etwa in ihren für Außenstehende schwer verständlichen Fachtermini sowie in der verwirrenden Uneinheitlichkeit ihrer diversen Abspaltungen und untereinander national und international konkurrierenden

Richtungen.[6] Aber es gibt auch gewichtige Gründe für die Annahme deutscher politisch-historisch begründeter Ursachen kollektiver Aversionen gegen Psychoanalyse, die unmittelbar verständlich werden, wenn man nach den realen Gründen der Aversion fragt, wie sie in Assoziationen von Eltern, die ihr Kind zur psychotherapeutischen Behandlung bringen, zum Vorschein kommen. Analysieren im psychoanalytischen Sinne wird vielfach mit einem aggressiven Akt assoziiert, mit „Zersetzen".[7] In der psychotherapeutischen Praxis gehört es zu den auffällig regelmäßigen Erfahrungen, daß Eltern, ungeachtet ihrer Bildung und ihres Selbstbewußtseins, ganz erhebliche innere Hemmschwellen überwinden müssen, ehe sie sich dazu entschließen, psychotherapeutische Beratung oder Behandlung für ihre Kinder und für sich in Anspruch zu nehmen. Und oft tun sie es auch nur unter erheblichem Druck seitens der Schule oder aus Angst vor schulischem Leistungsversagen der Kinder, gleichsam gezwungenermaßen. Auch ohne persönliche negative Erfahrungen mit Psychoanalyse erwarten viele Eltern offensichtlich zunächst einen bedrohlichen Akt und nicht etwa Heilung durch „Aufdecken" unbewußter Zusammenhänge mit der Möglichkeit einer bewußt gewollten Neustrukturierung: Sie erwar-

6 Vgl. Alfred Lorenzer, Intimität und soziales Leid. Archäologie der Psychoanalyse, Frankfurt a. M. 1984, S. 11–16. Im Kapitel 100 Jahre Psychoanalyse gibt Lorenzer einen kritischen Überblick über Spaltungen in der Psychoanalyse und verweist dabei auf gemeinsame Kerne in „neuen" Therapieverfahren. Vgl. Ludger M. Hermanns (Hrsg.), Spaltungen in der Geschichte der Psychoanalyse, Tübingen 1995, S. 7–12. In seinem Vorwort macht Hermanns auf den politischen Zusammenhang der Spaltungen mit der NS-Zeit aufmerksam und widmet das Werk den Psychoanalytikern und Psychoanalytikerinnen, die unter dem NS-Regime gewaltsam zu Tode gekommen sind. Anhand der einzelnen Beiträge über Spaltungsprozesse in anderen Ländern wird deutlich, wie illusionär die Idee der Einheit im Grunde und wie nötig die Akzeptanz der Vielheit in der Psychoanalyse ist.

7 Mit dem Titel „Das Dasein wird seziert", in: Der Spiegel 30/1994, S. 76, rekurriert das Magazin auf solche Ängste.

ten im Gegenteil eher eine kaltherzige Zerstörung lebendiger Zusammenhänge, gegen die sie begreiflicherweise massive Abwehr etwa durch langes Hinauszögern einer Hilfsmaßnahme einsetzen.

Berücksichtigt man, daß die Mehrzahl der Menschen wenig über theoretische und therapeutische Unterschiede zwischen Psychiatrie und Psychoanalyse weiß, wird zunächst klar, daß die Aversionen sich nicht speziell auf Psychoanalyse erstrecken, sondern vielmehr auf alles, was mit dem Begriff „Psycho" beginnt. Untersucht man ferner die Ängste vor psychologischen Diagnosen im historischen Kontext und fragt nach konkreten negativen Erfahrungen der Gesellschaft in Deutschland im Psycho-Bereich, dann werden schwerwiegende kollektive Gründe für massive Ängste und für heftige Abwehrversuche gegen Erinnerung erkennbar. Erstens waren im nationalsozialistischen Kontext die beiden Adjektive „zersetzend" und „jüdisch" gekoppelt und wurden als Kampfbegriffe zur Aufstachelung von Angst und Haß verwendet. Zweitens wird damit eine eigentümliche Verkehrung der Tatsachen erkennbar: de facto fand in der NS-Zeit „Zersetzung", d. h. die Vernichtung von Leben im Psychobereich nicht durch Psychoanalyse, die man politisch allerdings dessen verdächtigte, statt. Vernichtung psychisch Kranker, von Kindern wie von Erwachsenen, wurde vielmehr planmäßig und systematisch im staatlichen Auftrag ausgeführt und sie wurde durch die Ideologie des Wert- und Unwert-Denkens gerechtfertigt.[8]

Zu sehen ist also, daß kollektive Aversionen gegen Psychoanalyse in Deutschland u.a. ganz zentral mit verdrängten kollektiven Erinnerungen und mit der Abwehr von Angst vor staatlichem Zugriff auf Kranke und vor Schuldgefühlen über deren Ermordung zu tun haben. Die deutsche Bevölkerung, durch Rasse- und Erbwertvorstellungen bereits vor der NS-Herrschaft geprägt, wußte, wie diskriminierend, nicht nur für einen Kranken, sondern gleich für die ganze Familie bereits eine

8 Vgl. Dirk Blasius, „Einfache Seelenstörung". Geschichte der deutschen Psychiatrie 1800–1945, Frankfurt a. M. 1994, S. 145–197.

Diagnose war.[9] Sie wußte, wie existenzbedrohend medizinische Diagnosen zu Verhaltensauffälligkeiten und zu psychischen Krankheiten waren. Die kollektiven Aversionen richteten sich jedoch nicht gegen die politisch dafür Verantwortlichen, sondern gegen die Berufe, die psychische Schäden diagnostisch „aufdecken" und „beseitigen" sollen. Psychiatrische Ärzte hatten diagnostische Macht, die in der NS-Zeit den Anfang eines schlimmen Endes bedeuteten, sei es als drohende, allgemeine Wertminderung im sozialen Umfeld oder als drohende, individuelle Zerstörung der Fruchtbarkeit von Männern und Frauen gegen ihren Willen, sei es als Ehehinderungsgrund oder Vernichtung durch Hunger, Medikamente oder Gas.[10] In den bewußten Aversionen gegen Psychoanalyse hat sich u. a. eine kollektive unbewußte „Erinnerung" der mörderischen NS-"Gesundheitspolitik" konserviert; hier kommt ein verdrängter Teil rassistischer Ideologie von Erbwert und Erbunwert in der Gegenwart zum Ausdruck. Für die heute einer professionellen Hilfe bedürftigen Kinder und Familien aber bedeutet das erhebliche Hemmungen, rechtzeitig Hilfe zu suchen; so wirken die Schäden in der Vergangenheit in der Gegenwart schädigend nach.[11]

Will man dies ändern, führt nach psychoanalytischer Auffassung kein Weg an der bewußten, individuellen und kollektiven Auseinandersetzung mit der Geschichte auch der Medizin und Pädagogik im

9 Gisela Bock, Zwangssterilisation im Nationalsozialismus, Opladen 1986.

10 Ernst Klee, „Euthanasie" im NS-Staat. Die „Vernichtung lebensunwerten Lebens", Frankfurt a. M. 1983; Ernst Klee, Was sie taten – was sie wurden. Ärzte, Juristen und andere Beteiligte am Kranken- oder Judenmord, Frankfurt a. M. 1986.

11 „Nicht umsonst sagt man von Menschen, die charakterliche Mängel oder Fehler im Verhalten zeigen, sie hätten keine gute Kinderstube gehabt." Johanna Haarer, Autorin des im Nationalsozialismus seit 1934 unter dem Titel „Die deutsche Mutter und ihr erstes Kind", berühmt gewordenen Standardwerkes der Babypflege, „Die Mutter und ihr erstes Kind", München 1987, S. 270.

Nationalsozialismus vorbei.[12] Nur auf diese Weise ließe sich der allgemeine Verdrängungsdruck und Wiederholungszwang in der Gegenwart reduzieren; erst dann können Eltern ohne den Ballast alter Ängste Hilfe für sich und ihre Kinder, wo sie Probleme haben, suchen und müssen nicht den ganzen Psycho-Bereich krampfhaft als einen vermeintlich gefährlichen meiden, so, als gälte es noch heute, sich und ihre Kinder vor dem vermeintlichen Anfang vom Ende, vor psychologischen Diagnosen und Behandlungen, die sie mit lebensbedrohlichen Manipulationen gleichsetzen, zu schützen.[13]

Eltern in Deutschland tragen bereits schwer genug an einer zweiten, aus der deutschen NS-Vergangenheit tradierten Last, nämlich am besonderen Schuldgefühlsdruck, dessen kollektive und politische Wurzel ihnen meist nicht bewußt ist. Sie spüren ihn spätestens dann, wenn sie den Eindruck haben, mit ihrem Kind sei etwas „nicht in Ordnung", was etwa sein Verhalten oder seine schulischen Leistungen betrifft. Es ist dann nicht das fehlende Wohlbefinden eines Kindes, das ihnen Unruhe verursacht, sondern es sind viel mehr die Vorwürfe seitens der Gesellschaft, nämlich daß Eltern versagt hätten, wenn etwas mit ihrem Kind nicht „normal" ist.[14] Mit ihren Schuldgefühlen funktionieren El-

12 Regine Lockot, Erinnern und Durcharbeiten. Zur Geschichte der Psychoanalyse und Psychotherapie im Nationalsozialismus, Frankfurt a.M. 1985; Herbert Will, Heil Hitler! Gez. Müller-Braunschweig. Gab es eine Kollaboration der Deutschen Psychoanalyse mit dem Nationalsozialismus?, in: Kursbuch, Heft 115/1994, S. 123–138. Vgl. Annemarie Dührssen, Ein Jahrhundert Psychoanalytische Bewegung in Deutschland, Göttingen 1994. Kritik gilt den spezifischen Auslassungen konflikthafter politischer Motive in der Geschichte der Psychoanalyse.

13 Vgl. Ute Benz, Brutstätten der Nation. „Die deutsche Mutter und ihr erstes Kind" oder der anhaltende Erfolg eines Erziehungsbuches, in: Dachauer Hefte 4 (1989), S. 144–163.

14 Wenn Politiker wie Alfred Dregger öffentlich die Meinung vertreten, bei jugendlichen fremdenfeindlichen Gewalttätern handele es sich nur um „Ein paar wenige Verrückte", dann erzeugt dies eine spezifische Stimmung,

tern nach einem Muster, dessen politische und religiöse Verfestigung in der NS-Zeit mit besonderer Rigidität und mit besonderer Drohung betrieben wurde: Die Eltern, spezieller noch die Mütter, seien schuld, durch ihr Erbgut oder aber durch ihr persönliches Versagen, wenn etwas mit dem Kind nicht in Ordnung ist. Ein von der rassistischen Norm abweichendes Versagen eines Kindes wurde als charakterliches, als familiäres und vor allem als mütterliches Versagen deklariert.[15]

Psychoanalyse hat, wo es um duale, um Mutter-Kind-Beziehungen geht, eine paradoxe gesellschaftliche Wirkung. Einerseits arbeitet sie aufklärerisch der kollektiven Tendenz, das Kranke als das nicht „Normale" zum Sonderfall zu erklären, dadurch entgegen, daß sie pathologische Züge in „normalen" Entwicklungen nachweist. Andererseits aber arbeitet sie verdrängend kollektiven Bemühungen zu, individuelle Personen, Mütter vor allem, für Fehlentwicklungen und Störungen ihrer Kinder verantwortlich zu machen. Im ersten Fall wird Psychoanalyse als Störenfried der populären Vorstellungen über von Natur aus gesunde Menschen empfunden und erregt heftige Widerstände bei denen, die das psychisch „Gesunde" säuberlich vom psychisch „Kranken" getrennt sehen wollen. Im zweiten Fall aber werden einige psychoanalytische Erkenntnisse über Mutter-Kind-Beziehungen, wo sie in ideologisch-politische Konzepte passen, adaptiert. Die Folge der Fixierung auf die duale Mutter-Kind-Beziehung ist dann regelmäßig, daß Väter als dritte Größe, ebenso wie die gesellschaftlichen Bezüge, ganz oder weitgehend außer Betracht bleiben.

Die psychoanalytische Botschaft, daß die Grenzen zwischen psychisch „Gesunden" und psychisch „Kranken" fließend sind, daß pathologische Entwicklungen sich also auch ohne äußerlich erkennbare Traumata und reale Defizite aus seelischen Konflikten zwischen Phantasien, Wünschen und Ängsten entwickeln können, diese Botschaft

in deren Konsequenz die Lösung plausibel erscheint, wenige „nicht Normale" zu psychiatrisieren oder einzusperren, damit die Mehrheit ihre Ruhe hat.

wirkt offenbar für viele Menschen so bedrohlich, daß sie lieber an der Vorstellung festhalten, daß jemand, der destruktiv, wie die ausländerfeindlichen Brandstifter, auffällt, einfach „verrückt" sei. Die psychoanalytische Botschaft, daß normale Beziehungskonflikte und ihre mißlungene Verarbeitung Ursache für „gestörtes" Verhalten sein können, wird noch mit einer weiteren Vorstellung abgewehrt, nämlich der, daß der destruktive Jugendliche nur durch von außen kommendes „Böses", etwa durch Gewaltfilme, verdorben sei. Von der Schwierigkeit, die sich einstellt, wenn man am Begriff „normal" festhalten muß, zugleich aber abweichendes Verhalten erklären möchte, zeugt ein aktueller Bericht über einen mehrfachen Mörder aus der Tagespresse.

„Ein wahnsinnig normaler Täter" – so titelte die „Süddeutsche Zeitung" im Februar 1996 die Reportage über einen geständigen, vielfachen Mörder und seinen Gutachter, der die Motive herausfinden und über die Schuldzurechnungsfähigkeit des Mörders urteilen sollte.[16] Dabei enthalten die mitgeteilten biographischen Details aus psychoanalytischer Sicht durchaus relevante Fakten über pathologisch wirkende Konfliktbeziehungen. Doch der Umstand, daß ähnliche Konflikte allgemein häufig vorkommen, führt dazu, daß diese plötzlich als „normal" und nicht mehr als pathologisch angesehen werden. Am Ende solcher Einsichten steht dann das paradoxe Fazit, daß es überhaupt keine Erklärung für das kriminelle Verhalten eines Menschen geben könne, den ein Gutachter als „normal" bezeichnet.

Man könnte meinen, daß es ein positives Zeichen fortschrittlichen, psychoanalytische Erkenntnisse aufgreifenden Denkens sei, wenn heu-

15 Ernst Klee, „Euthanasie" im NS-Staat. Die „Vernichtung lebensunwerten Lebens", Frankfurt a. M. 1983; Ernst Klee, Was sie taten – was sie wurden. Ärzte, Juristen und andere Beteiligte am Kranken- oder Judenmord, Frankfurt a. M. 1986.

16 Jakob Augstein, „Ein wahnsinnig normaler Täter", in: Süddeutsche Zeitung, 16. 2. 1996. Bericht über das gerichtspsychologische Gutachten des 70jährigen Prof. emeritus Wilfried Rasch über den 36jährigen Thomas R., der sieben Morde gestanden hat.

te in vielen Disziplinen üblicherweise frühkindlichen Entwicklungen und Kindheitstraumata berücksichtigt werden, wenn es gilt, Gründe für pathologische Entwicklungen zu finden.[17] Aber was man einerseits als Fortschritt durch Adaption psychoanalytischer Aufklärung begrüßen kann, veranlaßt andererseits zu kritischer Einschätzung, wenn man die dialektische Gegenbewegung mit neuen Verdrängungen sieht, die damit in Gang gesetzt wird. Aus ursprünglicher Aufklärung kann, wie folgende Überlegungen zeigen, unversehens zugleich wieder ein Instrument für neue Verdrängungen werden.

Wenn familiäre Belastungen in einer Biographie betont werden, kommt darin zwar meist ein gewisses Bedauern („armes Kind") im Sinne einer Identifizierung mit dem Kind zum Ausdruck, aber gleichzeitig ist dabei die Tendenz zu beobachten, daß die Schuldfrage in den Raum gestellt wird, jedoch nicht, um sie ernsthaft als eine kollektive Frage zu prüfen, sondern um sie kurzerhand an die Eltern oder an die Personen, die mit dem Kind anfänglich am meisten Umgang haben – und das sind immer noch meistens Mutter oder weibliche Personen – festzumachen. Mit der Schuldfrage kann die christlich-konservative Frauen- und Familienpolitik gleichermaßen begründet werden wie die Abwehr männlicher und kollektiver Verantwortung für Kinder. Die Frage früher Mutter-Kind-Beziehungen eignet sich besonders zur Instrumentalisierung im Dienste ideologischer, religiöser oder poli-

17 Vgl. Günther Gugel, Uli Jäger, Gewalt muß nicht sein. Eine Einführung in friedenspädagogisches Denken und Handeln, Tübingen 1994, S. 19–20. „Weder eine Familie, noch eine (Welt-) Gesellschaft kann überleben, wenn das Konkurrenzprinzip als dominierende Triebfeder gesehen wird." Die ideologische Kritik am Konkurrenzprinzip führt im friedenspädagogischen Bereich häufig zu Idealisierungen und zu spezifischen Auslassungen der Ambivalenzproblematik. So wird etwa der Blick auf die triangulären (ödipalen) Beziehungsprobleme, der die inneren „Triebkräfte" des Konkurrenzverhaltens erklärt, vermieden und in der Konsequenz auch die Aufmerksamkeit auf Abwehrprozesse, die in sozialem Handeln zum Tragen kommen können.

tischer Interessen.[18] Um so wichtiger ist es, daß auch innerhalb der Psychoanalyse die kritische Frage gestellt wird, inwiefern sie selbst mit ihren theoretischen Erklärungen für Konflikte und Symptome anhand frühkindlicher Mutter-Kind-Beziehungen zeit- und interessenabhängig war und ist. Besonders dort gilt es, mißbräuchliche Verwendung psychoanalytischer Erkenntnisse kritisch zu sehen, wo akute politische Ereignisse wie die fremdenfeindlichen, rechtsradikal motivierten Gewalttaten Anlaß zur Auseinandersetzung mit historischen Verdrängungen sind.

Abwehrformen und Instrumentalisierungen innerhalb psychoanalytischer Erklärungen

Ein Überblick über psychoanalytische Thesen zu Gewalt und Rechtsradikalität Jugendlicher erschien in der Zeitschrift Psyche in Reaktion auf die akute Gewaltentwicklung in der Bundesrepublik im Sommer 1992.[19] Dabei lassen Titelwahl und die präsentierten Fallbeispiele deutlich erkennen, wie sehr auch im wissenschaftlichen und psychotherapeutischen Bereich von der Gewaltthematik neben sozialpädagogischer Sorge eine so starke Faszination ausgeht, daß auch die Autorin ihren Text dramatisch inszeniert. Der Aufsatz zeigt ferner, daß auch berufsmäßig mit Verdrängung befaßte Menschen kollektiven Abwehrstrategien unterliegen und in der Gewaltproblematik charakteristische Problemeinschränkungen machen, indem sie sich auf die Gewalttäter, d. h. auf die Symptomträger fixieren und spezielle Erklärungen für diese anstatt für die gesamte Szene suchen. So läßt die Autorin den wichtigen Gedanken, daß es zur Symptomatik gehörende, abgespaltene Anteile der Erwachsenen gibt, die die Dynamik der Gewalt in der

18 Christa Meves, Die heilige Familie als Vorbild in: dies., Der Weg zum sinnerfüllten Leben, Orientierung und Hilfen, Freiburg 1980, S. 321 ff.

19 Annette Streeck-Fischer, „Geil auf Gewalt". Psychoanalytische Bemerkungen zu Adoleszenz und Rechtsextremismus, in: Psyche 46 (1992), S. 745–768.

Gesellschaft beeinflussen, zwar kurz anklingen, führt ihn aber nicht weiter. Ohne den Erwachsenenanteil aber gerät die Erforschung der Problematik jugendlicher Gewalt zur einseitigen Fokussierung auf die Symptomträger unter Vernachlässigung der Interdependenzen mit Erwachsenen.

Auf dramatische Symptome fixiertes Denken kann dazu führen, daß diese theoretisch zwar stimmig in bekannte psychoanalytische Erklärungsmuster eingepaßt werden, daß sie z. B. als Ausdruck von Borderline-Strukturen erklärt oder ihr provokativer Charakter als Ablösungsversuch junger Menschen von Eltern gewertet wird. Doch unterliegen die Interpretationen auch der Gefahr, politisch-soziale und historische Aspekte zu übersehen und kollektive Gewaltentwicklungen auf individuelle, frühe Kindheitstraumata und entwicklungspsychologische Störungsmodelle zu reduzieren. Dabei fallen dort Tendenzen auf, die „frühen" Störungen übergewichtig zu machen, während die „späteren" Phasen der Peergroup-Bildungen, in der Kindergarten- und Schulzeit etwa übergangen werden, als fänden in ihnen nicht ebenso bedeutsame Entwicklungen statt. Fallbeispiele werden dann nicht so sehr analysiert, sondern als Illustrationen in bekannte Theorien eingepaßt.[20]

Die Konzentration auf die frühe Mutter-Kind-Beziehung, so wichtig sie einerseits ist, hat innerhalb der psychoanalytischen Disziplin häufig die Folge, daß andere, für die kindliche Entwicklung nicht weniger bedeutsame Phänomene, z. B. die Beziehungen zum Vater und der Eltern zueinander und vor allem die Beziehungen innerhalb der Peergroup des Kindes, an den Rand der Aufmerksamkeit geraten. Zwar wird die Peergroup in ihrer Bedeutung für Jugendliche von Streeck-Fi-

20 In den Kassenanträgen zu analytischen Kindertherapien übten Gutachter in den 80er Jahren Kritik an Tendenzen, Symptome gehäuft auf frühkindliche Störungen der Mutter-Kind-Beziehung zurückzuführen. Das war u. a. eine Folge der Fokussierung der Aufmerksamkeit auf solche Themen, die stets besonders eindringlich wirken.

scher durchaus betont und als zentral in der Pubertät beachtet. Aber sie weist ihr zu rasch eine Funktion zu, die fragwürdig ist. Die Gruppe sei „Elternersatz“ und daher wichtig für die Jugendlichen.[21] Diese Begründung klingt zunächst plausibel; sie zeigt jedoch auch ein Festhalten der (über Jugendliche reflektierenden) Erwachsenen an der Wichtigkeit ihrer „Elternrolle“, als fiele es ihnen schwer, Kinder in ihre eigene – andere – Welt zu entlassen. Theoretisch werden Kinder so in Loyalität zu Eltern gedacht, als suchten sie nur Ersatz und nicht etwas ganz Eigenes und Neues. Mit der Definition „Elternersatz“ wird Erwachsenen ein mißverständliches, fast beruhigend wirkendes Vorverständnis angeboten, mit der die Gruppe tendenziell in der Funktion, die sie für den einzelnen haben kann, idealisiert wird. Im Fall rechtsradikaler Tendenzen jedoch, wo autoritäre Hierarchien mit rigiden Über- und Unterordnungen eine zentrale Rolle sowohl innerhalb der Gruppe als auch in bezug auf die gesellschaftliche Ordnung haben, verhindern solche Vorverständnisse, daß genauer nach den Eigentümlichkeiten der Gruppe, ihren massiven internen Aggressivitätskonflikten und nach der Dynamik ihrer hochambivalenten Gruppenbeziehungen gefragt wird. Diese unterscheiden sich von familiären erheblich durch Probleme der Sexualität und Rivalität, der Nähe und Distanz und der Aggressivität der Konfliktlösungsweisen.

In psychoanalytischen Theorien war die Betonung der Bedeutung frühkindlicher Prägungen seit den Forschungen der 20er Jahre bereits eine wichtige Ergänzung zu psychoanalytischen Entdeckungen über „ödipale“ Kindheitsentwicklungen.[22] Heute kann es im historischen Rückblick als Indiz für die kollektive Bedeutung der Thematik gesehen werden, daß sich von Anfang an dabei zwei exklusiv und einander

21 Streeck-Fischer, „Geil auf Gewalt“, S. 756: „Die rechtsextrem orientierte Gruppe als Elternersatz“.

22 Liselotte Frankl, Die Hampstead Child-Therapie-Clinic, eine psychoanalytische Kinderklinik, in: Handbuch der Kinderpsychotherapie, Bd. 1, S. 139–150.

feindselig begegnende Schulauffassungen, vertreten durch die beiden auf Kinder spezialisierten Psychoanalytikerinnen Anna Freud und Melanie Klein, gebildet haben. Unvereinbar scheint dem Bild der idealen guten Mutter-Kind-Beziehung, das Anna Freud pflegte, das konträre Bild der von heftigen Aggressionen gebeutelten frühen Mutter-Kind-Beziehung gegenüberzustehen, das Melanie Klein beschrieb.[23] So wurden bereits in den Anfängen der Psychoanalyse zwei Teile des im Grunde zusammengehörigen, ambivalenten Mutterbildes nicht nur personell voneinander isoliert, sondern auch theoretisch „gespalten", so wie zeitgleich auch in der deutschen Politik der NS-Zeit Mutterbilder gespalten und instrumentalisiert wurden.[24]

Spaltende Umgangsweisen mit Mutterbildern mit der Folge von Idealisierungen einerseits und mit Entwertungen andererseits lassen sich vielfach in der psychoanalytischen Fachliteratur ebenso wie in politisch-ideologischen Vorstellungen nachweisen. Die Spaltung stellt sich dann unbemerkt ein, wenn unreflektiert eine duadische Sicht eingenommen wird, der zufolge die Beziehung zwischen Mutter und Kind in den Mittelpunkt der Aufmerksamkeit gerückt wird und gleichzeitig die des Vaters als des Dritten (und die der Gesellschaft im erweiterten Sinne) außer Betracht bleibt. Das hat zur Folge, daß dabei zwar – meist in Identifikation mit dem Kind – sehr differenziert spezifische Ent-

23 Vgl. a. Hans Hopf, „...eine wilde Bestie, der die Schonung der eigenen Art fremd ist". Die historische Entwicklung des Aggressionsbegriffes in der Psychoanalyse und die verschiedenen Gesichter der Aggression in den kindlichen Entwicklungsphasen, in: Analytische Kinder- und Jugendlichen-Psychotherapie 27 (1996), H. 1, S. 51–71. Darin macht Hopf auch auf den biographischen Hintergrund Anna Freuds und Melanie Kleins zum Verständnis ihrer theoretischen Präferenzen aufmerksam.

24 Anna Freud, Mütterliches Wissen und Wissenschaft für die Mütter (1949), in: Die Schriften der Anna Freud, Bd. V, Frankfurt a. M. 1987, S. 1501–1516; Dorothy T. Burlingham, Kinderanalyse und Mutter, in: Handbuch der Kinderpsychotherapie, S. 631–637.

wicklungen innerhalb einer Duade erkennbar werden, daß aber die Befunde, gleich ob positiv oder negativ, automatisch übergewichtig bzw. einseitig sind, daß sie zu ergänzungsbedürftigen Schlußfol-gerungen und zu einseitigen Lösungsversuchen führen. Die Gefahr der einseitigen Gewichtung auf duale, auf frühe Mutter-Kind-Beziehungen ist, daß sie zu einem Verlust an aufklärerischem Wert der Erkenntnisse führt, weil durch sie die Dialektik von Aufklärung und Verdrängung in Gang gebracht wird. Denn im Schatten der duadischen Sicht auf die aus dem sozialen Kontext isolierte Mutter-Kind-Beziehung gedeihen jene ideologisch überhöhten Illusionen, die es Kirche und Staat ermöglichen, Frauen unter kollektiven Druck von Erwartungen und Schuldgefühlen zu setzen. Die zentrale, verführerische Illusion, die bei solcher Fokussierung auf die Duade genährt wird, ist der Glaube, daß generell in menschlichen Beziehungen pathologische Entwicklungen vermieden werden könnten, sofern es nur keine Defizite (durch Mütter) gäbe. Die frühe Mutter-Kind-Beziehung aber ist Teil einer Triade (es gehört immer ein Vater dazu), und als Teil ist sie beeinflußt von vielfältigen Ambivalenzen, Konflikten und Abwehrversuchen innerhalb der Triade, was bedeutet, daß auch Lösungen nicht allein im Bereich duadischer Beziehungen liegen können.

Die Konzentration auf duale, idealisierte Mutter-Kind-Beziehungen hat in Deutschland besondere, verdrängte, politische Wurzeln in völkischen, nationalsozialistischen und christlichen Ideologien. Sie kommen sehr konkret in der Literatur zur Babypflege zum Ausdruck und erzeugen auf diesem Wege noch ein halbes Jahrhundert nach dem Ende des NS-Staates einen hohen Erwartungs- und Leistungsdruck für Mütter. Wirksam ist darin ein omnipotentes Mutterbild, das in der NS-Zeit zum Bild von der Mutter als „Retterin der Nation" hochstilisiert werden konnte, einem Bild, hinter dem freilich stets die Drohung lauert, daß Mütter im Falle ihres „Versagens" auch alles zerstören können. Auf dem Umweg über Ratschläge zur Erziehung im medizinischen, pädagogischen und psychologischen Bereich kann eine Gesellschaft die gesamte frühe Verantwortung für das Kind „der Mutter" zuschieben und sich aus der Verantwortung stehlen.[25] Johanna Haarer und Christa Meves sind zwei durch das Verfassen von mütterberatender Literatur in Deutschland heftig Einfluß nehmende Autorinnen, die solche Idealisierungen und Instrumentalisierungen der Mütter auf der Basis einer dualen Sicht auf Mutter und Kind vermitteln und vehement gegen andere Sichtweisen verteidigen. Es bleibt ein Forschungsdesiderat, im einzelnen zu untersuchen, inwiefern die Fixierung auf die frühe Mutter-Kind-Beziehung mit der politischen Idealisierung der Mutter-Kind-Beziehung der NS-Zeit korrespondiert.[26]

Die breite Akzeptanz psychoanalytischer Erkenntnisse speziell über die Bedeutung der frühen Mutter-Kind-Beziehung ist also nicht nur positiv zu sehen, sondern sie trägt auch Züge der kollektiven Abwehr und erweist sich vor dem historischen Hintergrund u. a. als Festhalten an längst für überwunden geglaubten völkischen Ideologien. Wie aktuell Ideologisierungen und Instrumentalisierungen der frühen Mutter-Kind-Beziehungen in ganz modern wirkenden Erklärungen sind, die ausgerechnet dort angewendet werden, wo in rechtsradikal motivierten Gewaltentwicklungen nach der Wende in Deutschland eine dramatische Wiederkehr des Verdrängten befürchtet wird, das zeigt eine aktuelle Arbeitsgrundlage in der Lehrerfortbildung. Im fortschrittlichen Bemühen, psychoanalytisches Wissen zu adaptieren und

25 Ute Benz, Der Mythos von der guten Mutter. Zur Tradition der politischen Instrumentalisierung eines Ideals, in: Brigitte Rauschenbach (Hrsg.), Erinnern, Wiederholen, Durcharbeiten. Zur Psychoanalyse deutscher Wenden, Berlin 1992, S. 148–156.

26 Vgl. Johanna Haarer, Die deutsche Mutter und ihr erstes Kind, München 1934 und viele weitere Auflagen, vgl. dazu: Ute Benz, Brutstätten der Nation. S. 144–163; Zur Fortwirkung der Idealisierung der Mutter-Kind-Beziehung vgl. die Schriften von Christa Meves; vgl. auch Heinz Müller-Pozzi, Identifikation und Konflikt. Die Angst vor Liebesverlust und der Verzicht auf Individuation, in: Psyche 39 (1985), S. 877–904.

bei jugendlichen Rechtsradikalen von Beziehungsstörungen und nicht etwa von subjektiver Bosheit als Ursache inhumanen Verhaltens auszugehen, werden darin Defizittheorien in der frühen Mutter-Kind-Beziehung herangezogen und mit ihrer Hilfe Täter-Typologien entwickelt. In der Folge werden dann Lösungsmuster von weniger defizitärer (idealisierter) Art reklamiert. Damit wird erneut ausgespart, was die traditionelle duadische Sicht auf Mutter und Kind weitgehend ausklammerte, nämlich der Dritte, der Vater, sowie seine Wirkung an gelingenden oder mißlingenden Beziehungen in Familien.

Vermeintlich durch neue Forschungen und durch Psychoanalytiker wie Bowlby legitimiert, wird so das alte idealisierende duale Beziehungsgefüge erneut in den Mittelpunkt der Aufmerksamkeit gerückt. Damit wird immer noch die komplexere, triadische Sicht, die Männer von Anfang an in die Betrachtung familiärer Strukturen einbezöge, vermieden.[27] Als Folgen kollektiver Idealisierungen der frühen Mutter-Kind-Beziehung entstehen bei Frauen Omnipotenzphantasien ebenso wie Insuffizienzgefühle, die von öffentlicher Schuldzuweisung im Versagensfalle verstärkt werden. Die Idealisierungen können auf Frau-

27 Peter Rieker, Familie – Rechtsextremismus – Schule. Zu den Ergebnissen einer sozialwissenschaftlichen Studie und deren Bedeutung für die Schule. Arbeitspapier des Berliner Instituts für Lehrerfort- und weiterbildung und Schulentwicklung, Berlin 1994. Die Bevorzugung frühkindlicher Defizite in dualen Beziehungen als Erklärungsmodelle für pathologische Strukturentwicklungen und Typologien mit dem Ende rechtsradikaler Einstellung etwa ist nicht allein von der Sache, der Attachment-Forschung her, erklärbar. Zu fragen ist, inwiefern möglicherweise unbewußte ideologische Motive dabei mitwirken. So ist zu sehen, daß die Defizittheorie in linke wie in rechte politisch-ideologische Konzepte paßt. In besonderer Weise aber entspricht sie dem realen politisch-sozialen Erfahrungsraum vieler Deutscher in der Mangelwirtschaft. So wichtig die Erkenntnis von frühen Beziehungsstörungen und ihren Folgen ist, so würde sie doch erneut verdrängt, würde nicht die triadische Grundstruktur der Familie mitbedacht.

en verlockend und ängstigend wirken, denn sie verheißen, daß Frauen die Macht hätten, prinzipiell, wenn sie nur wollten und alles richtig machen würden, das heile Kind zu produzieren oder aber, das Kind zu verderben.[28] Die Entzauberung solcher Idealisierungen ist nötig, es gilt, den Mythos Mutter in seiner politischen und ideologischen Bedeutung zu erforschen. Die Frage nach den unbewußten Interessen bei der Bevorzugung der dualen, idealisierenden Perspektive anstelle der triadischen ist daher von besonderer Bedeutung.

2. Disposition zur Radikalität

Infantile Freundschaftskonflikte als Ursache für die Entwicklung von Feindbildstrukturen

Zum tieferen Verständnis infantiler Motive für das Interesse an Gewaltgeschichten, Gewaltfilmen und Gewaltbildern werden im folgenden einige mir in der psychotherapeutischen Praxis aufgefallene Phänomene erörtert, für deren begriffliche Erfassung innerhalb psychoanalytischer Theorien es bisher keine mir bekannten Termini gibt. Es handelt sich um den Versuch, Interdependenzen infantiler, individueller und sozialer Prozesse an spezifischen konflikthaften Stellen infantiler Entwicklung zu beschreiben sowie darum, Fragen der Motivation und Psychodynamik zur Entwicklung von Feind- und Freundbildstrukturen zu erklären. Dies erscheint mir besonders wichtig, um Fragen der infantilen Verführbarkeit durch feindbildpropagierende, radikale Parteien zu verstehen. In diesem Zusammenhang geht es darum , ein in der politischen und pädagogischen Konsequenz bisher so nicht beachtetes Phänomen im Grenzbereich von Familie, Freundschaft und Politik zu sehen, eine Art kleinstes, gemeinsames Vielfaches in sozialen Beziehungen im Kindergarten- und Pubertätsalter. Daher erscheint

28 Christa Meves, Es geht um unsere Kinder. Erfahrungen und Einsichten aus der Beratungspraxis, Gießen 1988.

es mir nicht sinnvoll, die im politischen, religiösen und juristischen Raum gewünschte begriffliche Wertunterscheidung radikal und extremistisch zu machen, wie sie vom Verfassungsschutz zur Differenzierung organisierter radikaler politischer Gruppen empfohlen und von politisch engagierten Menschen gewünscht wird.[29] Sieht man, daß im Kern der Disposition zur Radikalität beide Ausprägungen potentiell möglich sind, wird man sorgsamer gesellschaftliche Hilfestellungen geben können, damit die Disposition sozial verträglich überwunden werden kann.

Rechtsradikale, gewaltbereite Jugendliche treffen die deutsche Gesellschaft seit der Wende schmerzlich bis ins Mark. Mit Hetzparolen, Bränden, Morden und Mordversuchen an Ausländern zwingen sie Erwachsene, Stellung zu den Grundwerten der Demokratie zu beziehen und diese aktiv zu verteidigen. Das mag denen als gänzlich unerwartetes und unverdientes Schicksal erscheinen, die als Eltern, Erzieher, Lehrer den Nationalsozialismus nicht oder kaum aus eigener Anschauung kennen, wohl aber die Schwierigkeiten, darüber mit der eigenen Elterngeneration zu sprechen. Plötzlich wird ihnen angelastet, sie hätten diese Entwicklung zu verantworten, wären gar schuld an der rechtsradikalen Gewaltentwicklung. Mit Schuldfragen wird in der deutschen Gesellschaft traditionell heftig operiert, sie haben im Diskurs stets instrumentellen Charakter, wo sie nicht Anlaß zu allgemeiner kritischer Reflexion sind und als verspäteter Racheakt konservativer Gegner alternativer Bildungspolitik der 68er-Generation[30] erscheinen.

29 Zur Definition von Rechtsextremismus vgl. Verfassungsschutz-Bericht Berlin 1992, S. 61

30 Vgl. auch Horst-Eberhard Richter, Zum Unbehagen in der Unkultur der Gewalt, in: psychosozial 17 (1994), H. 56, S. 9–16; Heiko Boumann, Mut zur Erinnerung. Die Debatte um „Mut zur Erziehung", ebenda, S. 10–17; Werner Bohleber, Autorität und Freiheit: Sind die 68er schuld am Rechtsextremismus? Die 68er als Feindbild, ebenda, S. 73–85; Hilde Schramm, Das Gefühl überrollt zu werden, in: Brigitte Rauschenbach (Hrsg.), Erin-

Fernsehen, Orientierungslosigkeit, Werteverlust, Verführung seien die Ursachen rechtsradikaler Gewaltakte, wird häufig gesagt – aber was heißt das?[31] Einen gegenwärtigen Mangel zu beklagen heißt oft nichts anderes, als den aktuellen Zustand mit einem früheren, positiveren zu vergleichen, ohne daß jedoch genau angegeben wird, mit welchem, wann und wo in der Geschichte. So bleibt es jedem freigestellt, die Lücke nach Belieben zu füllen. Zeiten verabsolutierter Werte und Orientierungsmaßstäbe jedenfalls waren nicht positiv im Endergebnis. Nationalsozialismus und Kommunismus propagierten in hohem Maße beides: zwanghafte Orientierung und bei Todesstrafe verpflichtende Werte. Diese deutschen Erfahrungen mit absoluten Orientierungen zeigen, daß „Orientierung" und „Werte" keineswegs automatisch humane Qualität bedeuten.

Wer heute als Frau oder Mann nicht nur betroffen ist, sondern auch nach Kräften dazu beitragen will, daß Jungen und Mädchen demokratische und humane Grenzen einhalten, daß sie nicht, gleich mit welcher politischen Begründung, die Würde anderer Menschen verletzen, der kann kaum umhin, auch nach seinen eigenen Beziehungen zu Jungen und Mädchen zu fragen. Kritisch zu fragen wäre, wo und wie Erwachsene, unwissentlich vielleicht, im Umgang mit Kindern Grenzen verletzen und die Würde der Kinder mißachten, so daß diese später ihrerseits Vorbilder haben, Grenzen und Würde anderer Menschen (aus Wut über ihre eigene Behandlung oder weil sie es gar nicht anders kennen) ebenso oder noch stärker zu mißachten und zu verletzen.[32]

Die akute Symptomatik – jugendlicher Rechtsradikalismus – ist erschreckend für Erwachsene, eindeutig ist sie aber nur auf den ersten

nern, Wiederholen, Durcharbeiten. Zur Psychoanalyse deutscher Wenden, Berlin 1992, S. 286–294.

31 Vgl. Anm. 28.

32 Helmut Willems, Fremdenfeindliche Gewalt. Einstellungen, Täter, Konflikteskalationen, Opladen 1993.

Blick: Glatzen, Stiefel, meist junge Männer, lustvoll provozierende, nationalistische Parolen, Waffen, Musik – wer alles gehört dazu, viele, wenige? Extremismus ist eine scharfe, von Demokraten wahrhaft zu fürchtende Waffe, zumal wenn sie sich in Händen junger Menschen befindet.[33] Betrachtet man (entsprechend zur Symptomatik) rechtsradikale Jugendliche als Symptomträger, dann interessiert wie bei einer Patientengeschichte all dies: ihre individuelle und soziale Vorgeschichte, welche Entwicklungen die Symptomatik verursacht und begünstigt haben, welche Konflikte, Wünsche, Ängste und Beziehungen sie jeweils aufrechterhalten, worin der Symptomgewinn besteht und schließlich, ob es Möglichkeiten gibt, die Symptomatik zu heilen. Auch hier gilt wie bei anderen Krankheitssymptomen, wenn etwas geheilt werden soll, muß man ihre Geschichte und Hintergründe soweit wie möglich aufklären. Am Symptom allein mit juristischen oder kriminologischen Mitteln zu kurieren, reicht nicht aus und bringt kaum dauerhaften Erfolg.[34]

Angesichts rechtsradikaler Jugendlicher kann man, wie Experten des Verfassungsschutzes, Soziologen, Historiker, Psychologen und Psychoanalytiker unabhängig voneinander herausgefunden haben, von zweierlei Tatsachen ausgehen. Erstens: die Täter der rechtsradikalen Szene unterscheiden sich nicht signifikant von der Mehrheit der Gesellschaft, sie wurzeln in der Mitte der Gesellschaft.[35] Dort findet diese Feststellung aber wenig Resonanz, stört sie doch vorgefaßte Ansichten, daß

33 Wilhelm Heitmeyer, Rechtsextremistische Orientierungen bei Jugendlichen, Weinheim, München 1993; vgl. Anhörung „Jugend und Gewalt" des Ausschusses für Frauen und Jugend, 24. 3. 1993, in: Zur Sache. Themen parlamentarischer Beratung, hrsg. vom Deutschen Bundestag, Bonn 1993, S. 175–183.

34 Werner Bergmann, Rainer Erb (Hrsg.), Neonazismus und rechte Subkultur, Berlin 1994.

35 Werner Bergmann, Ein Versuch, die extreme Rechte als soziale Bewegung zu beschreiben, in: Bergmann, Erb, Neonazismus, S. 183–207.

Täter nur wenige „Verrückte" aus sozial auffälligen Schichten seien, also isolierte und isolierbare einzelne. Tatsächlich ist diese Feststellung alarmierend, bedeutet sie doch, daß grundsätzlich aus den vergleichsweise wenigen Rechtsradikalen rasch sehr viele werden könnten. Zweitens: die Täter haben Beziehungsstörungen – diese Feststellung wird leichter allgemein akzeptiert, doch zugleich besagt sie wenig im Detail, so daß viele zu Recht nicht viel mehr mit ihr verbinden als die Vorstellung, daß es sich irgendwie um ein familiäres Problem handele.

Beide Befunde stützen meine Hypothesen, die ich vor der akuten Gewaltwelle zur Frage der politischen Verführung und Verführbarkeit von Kindern und Jugendlichen aufgestellt habe: Erstens gibt es eine normale, zur sozialen Entwicklung von Kindern und Jugendlichen gehörende Disposition zur Radikalität.[36] Sie tritt unterschiedlich stark in Erscheinung und wird unter ausreichend günstigen, individuellen und sozialen Bedingungen ganz oder teilweise überwunden. Und zweitens: Dieser infantilen Disposition wegen sind Kinder durch radikale Politiker mit simplen Welterklärungsmustern, inhumanen Grundhaltungen und intoleranten Einstellungen verführbar und ausbeutbar. Worin diese Disposition zur Radikalität nun im einzelnen besteht, wie sie sich bemerkbar macht, wann und wie sie zustandekommt, ob und wodurch sie überwunden wird und welches dabei die Rolle der Erwachsenen in Gesellschaft und Politik ist, wird im folgenden zu klären sein. Da es hier darum geht, auf ein besonderes, im Dienst politischer oder religiöser Interessen instrumentalisierbares Phänomen der kindlichen Entwicklung aufmerksam zu machen, erscheint es mir nicht sinnvoll, die begriffliche Unterscheidung anzuwenden, die der Verfassungsschutz vornimmt, um politisch radikale Interessen von extremistischen zu separieren.

36 Ute Benz, Verführung und Verführbarkeit. NS-Ideologie und kindliche Disposition zur Radikalität, in: Ute und Wolfgang Benz (Hrsg.), Sozialisation und Traumatisierung. Kinder in der Zeit des Nationalsozialismus, Frankfurt a. M. 1992, S. 25–39.

Wo immer Kinder im Kindergartenalter zu zweit (oder zu mehreren) zusammen spielen, kann man Prozesse beobachten, die auffällig sind, weil sie einem Grundmechanismus zu folgen scheinen, nach dem zwei Kinder ein drittes in mehr oder weniger aggressive Spiele verwickeln. Es sind charakteristische Spiele, bei denen Dritten eine spezifische Rolle zugeteilt wird, die Rolle des Feindes. Damit können sie von den Verbündeten gejagt, gefangen und schlecht behandelt werden, so schlecht oft, daß Erwachsene sich zum Eingreifen genötigt sehen, um die Grenze des Erlaubten zu markieren. Auch bei Schulkindern sind vergleichbare Prozesse häufig zu beobachten, vor allem in der Pubertät, oft zwar nach außen verdeckter, aber doch wesentlich bösartiger, gemeiner und härter als im Kleinkindalter.

Die Schlußfolgerung aus analytischer Beobachtung solcher Szenen ist, daß Kinder normalerweise in einigen kritischen Phasen ihrer Entwicklung eine zu radikalen und oft genug gewaltsamen Lösungen neigende Disposition entwickeln, die mit der allgemeinen Bezeichnung „Aggression" nicht hinreichend erfaßt wäre. Als Disposition zur Radikalität bezeichne ich jene spannungsgeladene, innere Befindlichkeit, die das Kind in aggressive Kumpanei mit einem anderen Kind gegen ein drittes bringt, weil es nur so spezielle Konflikte, vor allem Konkurrenzkonflikte, zu lösen weiß.[37]

Die Disposition zeigt sich besonders in den Entwicklungsphasen der frühen Kindheit und Pubertät, in denen das Kind seine innere Sicherheit bereits durch Kollisionen seiner Wunschwelt mit der Realität (innerhalb der Familie und mit der Macht Erwachsener) erschüttert erlebt hat und sich schmerzlich und angstvoll seiner eigenen Kleinheit, Verletzbarkeit und Abhängigkeit von Erwachsenen bewußt ist. Sie ist also durch familiäre Erfahrungen, deren Konflikthaftigkeit in der Psychoanalyse eingehend erforscht ist, lange vorbereitet, ehe sie nach außen erkennbare Ausprägungen zeigt. Dies geschieht nun ausgerechnet an einer Stelle, wo man es nicht erwarten würde, nämlich dort, wo

37 Ute Benz, Verführung und Verführbarkeit, S. 30 ff.

Kinder mit Gleichaltrigen freundschaftliche Beziehungen knüpfen und dabei auf unerwartete, sehr frustrierende Konflikte stoßen. Gerade weil ihnen zu diesem Zeitpunkt so viel an einer außerhalb der Familie angesiedelten neuen Beziehung mit ihresgleichen liegt, setzen sie alles daran, die Konflikte so rasch wie möglich – durch Verdrängung in Form von Projektionen – zu beseitigen.

Die Konflikte beginnen mit unvereinbaren Ansprüchen der Spielpartner – wer bestimmt, was gespielt wird, wer was sein darf – d. h., es handelt sich um Konkurrenzkonflikte. Jeder will der erste sein, will über das begehrte Spielzeug verfügen, jeder will seine beiden unvereinbaren Wünsche nach Gleichheit und nach Überlegenheit durchsetzen. Enttäuschung über den Partner ist so unvermeidlich, seine Ansprüche werden als Entwertung der eigenen Person und Bedrohung der eigenen Position empfunden, sie lassen sich weder mit Gewalt (Raufen, Erpressung) noch mit List (Bestechung) aus der Welt schaffen, aber andererseits stehen einem Spielabbruch Ängste vor dem Alleinsein entgegen – so erscheint alles blockiert und ärgerlich.

Auf der Suche nach einer Lösung des Konflikts greifen Kinder zu einer für sie geradezu genialen Lösung, die, ohne Verzicht, für beide ein Gewinn ist. Sie verwickeln einfach irgendeinen Dritten, meist einen schwächeren oder jüngeren, in ihr Spiel, und zwar so, daß sie sich ihm gegenüber verbünden. Als Verbündete können, ja müssen sie gemeinsam agieren, die Kumpanei schweißt sie gegenüber dem Dritten, dem deklarierten Feind, auf den sie ihre Aggressionen richten können (den beide fangen, verfolgen, und schlecht behandeln können) fester zusammen, als ihre labile Freundschaft es vermag. So haben sie dem Dritten eine einheitsstiftende Funktion zugewiesen, die weitere Vorteile für die beiden eröffnet. Am Dritten lassen sie – und das hat mit seiner Person nichts zu tun – ihre Wut und ihren Frust ab. Je enttäuschter beide wechselseitig in ihren Ansprüchen aneinander waren, je gekränkter, je wütender über des anderen Konkurrenz und Unnachgiebigkeit, desto schlechter behandeln sie nun den Dritten.

Ob sie seine Schmerzgrenzen respektieren oder überschreiten, ist zunächst offen. Haben sie selbst ausreichend positive Erfahrungen mit ihren Gefühlsäußerungen erworben, daß sie damit von Erwachsenen respektiert, nicht aber übergangen, bestraft oder gar verhöhnt wurden, dann hat der Dritte eine gute Chance, pfleglich behandelt zu werden, dann sind sie in der Lage, seine Schmerzsignale ernstzunehmen und als Spielgrenzen zu respektieren. Gefährlich hingegen wird es für den Dritten, wenn einer oder gar beide negative Erfahrungen mit Gefühlsäußerungen gemacht, wenn sie gelernt haben, daß man eigene Gefühle nicht zeigen darf, daß sie übergangen werden dürfen, daß man sich also innerlich panzern mußte, um weniger verletzbar, weniger kränkbar zu sein. Dann werden die beiden Verbündeten Gefühlsäußerungen, Schmerzsignale des Dritten nicht rechtzeitig respektieren, dann werden sie seine Schmerzsignale allenfalls interessiert und scheinbar gefühllos studieren und experimentierend die Grenzen überschreiten.[38] Die „Opferung" eines Dritten ist also der billige Preis, den zwei Kinder zur Überbrückung akuter, interner Beziehungsprobleme der Konkurrenz entrichten. Druck von außen verstärkt lediglich die Solidarisierung der beiden, ist insofern willkommen, aber der Dritte wird nicht aus Einsicht geschont, und nur, solange der Erziehende gegenwärtig ist.

Erziehung in der Familie und Schule, wenn sie darauf basiert, vor allem Fehler und Schwächen im Vergleich zu Besserem und Stärkerem zu messen, ohne die damit verbundenen Kränkungen und Demütigungen als Problem zu beachten, wenn sie nicht plurale Lösungen zuläßt, sondern nur „das Richtige", trägt zur Steigerung dieser Konkurrenzproblematik bei und fördert diese Lösungsmuster. Enttäuschungen in der Schule durch Noten und Kritik werden leider noch viel zu sehr lediglich als individuelle Schwierigkeiten angesehen und nicht als fundamentale Schulprobleme ernstgenommen. Unsere Gesellschaft trägt auf diese Weise ihren Teil dazu bei, daß Kinder sich, um

38 Werner Kemper, Eigentümlichkeiten der frühkindlichen Erlebniswelt und deren Auswirkung, in: Gerd Biermann (Hrsg.), Handbuch der Kinderpsychotherapie, Bd. I, München/Basel 1976, S. 19–39.

gegen Kränkungen unempfindlich zu werden, immun machen gegen die eigenen Gefühle und in der Folge ihre emotionalen Antennen auch für den Dritten abbauen.[39] Damit aber verstärkt die Gesellschaft Faktoren der radikalen Disposition und behindert ihre Überwindung.

Warum, so ist zu fragen, sind Kinder in diesem Alter so fixiert auf die Rolle des Bestimmenden? Das ist nur verständlich, wenn man ihre Angst, zum Verlierer zu werden, berücksichtigt. Als Erwachsener muß man sich des Weltbildes eines Kindes (anschaulich nachzulesen in der Dramatik der Märchenwelt) in solchen Phasen erinnern.[40] Es ist ein bedrohliches Bild, weil es voller Gegensätze ist. Es scheint nur Stark oder Schwach, Gut oder Böse, Freund oder Feind, Krieg oder Frieden, Hölle oder Himmel zu geben. Angesichts bedrohlicher Alternativen – „Entweder-Oder", „Alles oder Nichts" – reagiert das Kind, das sich vor dem Nichts fürchtet, indem es sich kraft seiner Phantasie auf die Seite des Starken, Mächtigen rettet und seinerseits das Schwache bekämpft, als wäre es ihm völlig fremd. Kindliche Phantasien von unerschöpflicher Kraft und grandioser Stärke sind es, mit denen das Kind seine schwache Position idealisierend ausbaut. Damit könnte es nun zufrieden sein, aber das Gegenteil ist der Fall. Denn das Kind ist bereits in einem Teufelskreis gefangen, der wachsende Beunruhigung mit sich bringt durch sein Mißtrauen, ob nicht auch die Gegenseite, der böse Feind, immer stärker und damit immer bedrohlicher wird.

Vor dem Hintergrund verunsichernder Zweifel erhält nun physische Stärke als Garant ersehnter Überlegenheit und Unversehrtheit überwertige Bedeutung. Daher werden gegenteilige Signale der Schwäche

39 Anna Freud, Die Identifizierung mit dem Angreifer, in: Gerd Biermann (Hrsg.), Handbuch der Kinderpsychotherapie, München, Basel 1976, S. 287– 294.

40 Vgl. Bruno Bettelheim, Kinder brauchen Märchen. Anhand einzelner Märchen zeigt Bettelheim die Wirkung infantiler Konflikte in diversen Entwicklungsstadien und inwiefern Märchenstoffe es ermöglichen, sich in der Phantasie mit ihnen auseinanderzusetzen, um Reifungsschritte zu machen.

und Kleinheit, weil sie die Möglichkeit der Unterlegenheit anzeigen, heftig gemieden, im eigenen Bereich verleugnet oder verachtet, im Grunde aber vor allem gefürchtet. Alternative Lösungen infantiler Konkurrenz- und Rivalitätskonflikte wie Nachgeben, Abwechseln im Bestimmen fällt Kindern solange schwer, wie sie damit Schwäche oder das Gefühl kränkender Zurücksetzung der eigenen Person verbinden und solche Lösungen als Akt der Entwertung erleben. Zur Entwicklung alternativer Konfliktlösungen bräuchten viele Kinder mehr Unterstützung in Elternhaus, Kindergarten, Umwelt und Schule.

Da es Kindern normalerweise ganz erhebliche Schwierigkeiten bereitet, auf abspaltende und feindselige Lösungsmuster in der radikalen Disposition zu verzichten und diese human zu modifizieren – d. h. den Dritten aus der mißbräuchlichen Funktion des Feindes zu entlassen und seine Würde zu achten –, haben sie nicht nur besonders offene Ohren für gegenteilige politische Botschaften aus der Gesellschaft, die Unnachgiebigkeit, Kompromißlosigkeit, physische Stärke, rassistischen Stolz oder nationalistische Macht betonen, sondern sind durch rechtsradikale Ideologien verführbar.

Verführung läßt möglicherweise zunächst an ein reines Wesen denken, das von einem anderen, weniger reinen Wesen zu etwas gebracht wird, was es von sich aus nicht wollte. In diesem Sinne jedoch, in dem sich viele Deutsche nach 1945 als Verführte einer von außen herrührenden Versuchung durch Nationalsozialisten sehen, der sie macht- und wehrlos ausgeliefert gewesen seien, wird Verführung und Verführbarkeit durch radikale politische Ideologie und Partei hier nicht verstanden.[41] Vielmehr geht es darum, die psychische Dynamik jenes Prozesses zu untersuchen, in dem gleichzeitig sowohl innere, individuelle Faktoren (Verführbarkeit des einzelnen und seiner Gruppe zu radikalen Zielen) wie äußere Faktoren (Verführung durch radikale Politiker) zusammenwirken.

41 Dan Diner (Hrsg.), Ist der Nationalsozialismus Geschichte? Zu Historisierung und Historikerstreit, Frankfurt a. M. 1987.

Kinder vernehmen täglich viele Botschaften von Erwachsenen als unterschwellige Hinweise darauf, ob sie auf ihre Disposition zur radikalen und gewalttätigen Lösung verzichten müssen oder ob sie diese beibehalten oder gar forcieren dürfen. Zum Leidwesen vieler erfüllen Spielzeughersteller mit untrüglichem Gespür latente kindliche Bedürfnisse nach radikalen Lösungen. Sie bieten für Jungen vielfältige Variationen zum Thema vom Superhelden an, der sich rücksichtslos durchsetzt und hemmungslos alle niederknallen darf, die sich ihm in den Weg stellen. Und sie bieten für Mädchen märchenhafte elegante Superfrauen wie Barbiepuppen von perfektionierter Schönheit mit Superhaaren und luxuriösesten Kleidern zum ewigen Konkurrenzspiel „wer ist die Schönste?". Die modernen Varianten der Heldenthematik in Computerspielen sind von besonderer Art: Sauber, glatt und bar jeglicher Gefühle, ewig reproduzierbar, d. h. vollkommen folgenlos für den Betreiber, können radikale Konzepte in zwanghafter Wiederholung unendlich oft zelebriert werden. Doch wir irren, wenn wir meinen, diese Spiele erst würden das Kind auf gewaltsame, radikale und feindselige Gedanken bringen; diese hat es bereits lange vorher und findet durchaus auch Entlastung, wenn es merkt, daß es nicht allein mit seiner Disposition zur Radikalität ist. Wo hingegen die kindlichen Bedürfnisse aus Geschäftsinteressen der Erwachsenen, der Produzenten, der Verkäufer und der Käufer raffiniert durch Werbung angeheizt werden, ist die Grenze erreicht, wo die Gesellschaft vermittelt, daß sie aus eigenen, egoistischen Interessen radikale Lösungen durchaus unterstützt. Zweifellos aber wird dort, wo die Feinde Namen erhalten, politische Verführung zur Radikalität praktiziert.[42] Auch das Filmgeschäft

42 Petra Hesse, Debra Poklemba, Feindbilder im Kindesalter. Der Fremde mit grünen Füßen und schwarzen Zehen, in: psychosozial 12 (1989), S. 66: „Obwohl kleine Kinder die Feinde der Nation noch nicht kennen, sind sie doch schon mit der Struktur des Freund/Feind Denkens vertraut. Der Feind ist böse und kann nicht gut sein, während sie gut sind und niemals oder nur selten böse sein können. Ob Kinder aus diesen Denk- und

zielt auf die Bedürfnisse der Kinder in der radikalen Disposition mit ihrer Tendenz zur Feindbildung. Die Stoffe, die Kinder in Filmen am meisten interessieren, handeln von Macht und Ohnmacht, Bosheit, Qualen, Sieg und Vernichtung, Männer- und Frauenrivalitäten und -konkurrenzen. Es sind im Grunde klassische Märchenstoffe – nur mit raffinierter Technik überwältigend echt inszeniert, so, daß Realität und Fiktion verwischt werden. Viele Erwachsene stehen dem Problem hilflos und eher jammernd gegenüber und versäumen unterdessen, kreativ geeignete Hilfestellungen zu entwickeln, die mehr sind als die Alternativen: „laufen lassen oder verbieten".[43] Die dritte Möglichkeit, über die Thematik mit Kindern zu reden, ohne zu moralisieren, muß also erst entwickelt werden.

Die verführerische Kraft radikaler, insbesondere rechtsradikaler Konzepte für Kinder und Jugendliche beruht darauf, daß sie die infantilen Dispositionen zur Radikalität mit der Botschaft verstärken, daß lästige Differenzierungen als überflüssig betrachtet, daß Feinde benutzt werden dürfen, daß deren Würde verletzt werden darf, daß Humanität nicht zählt, sondern nur idealisierte Kameradschaft, Stolz und Macht. Wirksam sind dabei weniger die direkten Aufrufe zur Gewalt als vielmehr die dem einzelnen wohlvertrauten Idealisierungen der Stärke und der Überlegenheit, des Stolzes, der Willensstärke und

Gefühlsstrukturen herauswachsen, oder ob sie die Feindbilder der älteren Generation reproduzieren, hängt von unserer Bereitschaft ab als Eltern, Lehrer, Journalisten und Politiker, den Inhalt und die Strukturen unseres Selbstbildes und unserer persönlichen, politischen und nationalen Feindbilder neu zu überdenken und zu empfinden..."

43 Der Grad der Angst Erwachsener bestimmt ihre Schlußfolgerungen und pädagogischen Empfehlungen zu Gewaltfilmen. Thomas Hausmanninger, Assistent am Lehrstuhl für christliche Sozialethik an der Universität München, etwa teilt nicht die Ansicht Neil Postmans und Werner Glogauers, daß Gewalt im Film die Menschen kriminalisiert und daher hält er auch nichts von Verboten, sondern empfiehlt die Förderung der Nutzungskompetenz, vgl. Süddeutsche Zeitung, 20./21. 1. 1996.

Durchsetzungskraft, die so schmerzlich vom Kind vermißt werden. Radikale Politiker vermögen den Einzelnen nur zu beeindrucken und nur deswegen zum Mitmachen oder zur Tolerierung ihrer Politik zu verlocken, wenn sie an die nicht überwundenen infantilen Dispositionen zur Radikalität anknüpfen können. Radikale Politiker suggerieren, sie könnten individuelle Realitäten wie Schwäche und Unsicherheiten auslöschen, sie könnten die Gesetze der Realität, mit ihren vielschichtigen Interdependenzen, den Wünschen einzelner unterwerfen. Sie bündeln individuelle Hoffnungen, nämlich den unlustvollen Realitäten und Konflikten ausweichen zu können, zu einer kollektiven Schubkraft für ihre radikalen politischen Ziele.[44]

Im Kontakt mit Kindern und Jugendlichen kommt es darauf an, daß diese ihrer Gefühle und Gedanken wegen nicht kritisiert und weder lächerlich gemacht noch beschämt und gekränkt werden. Dies gilt gegenüber Gefühlen in ihrer ganzen Ambivalenz, also nicht nur gegenüber positiven, die den Erwachsenen angenehm sind, sondern auch gegenüber den negativen, aggressiven und insbesondere gegenüber Gefühlen der eigenen Schwäche und des Schmerzes. Erwachsene machen vor, wie die Würde der Kinder gerade bei offenkundigen Fehlern und Schwächen geachtet oder mißachtet wird. Sie sollten als Lehrer, auch wenn sie sich ärgern, Formen der Kritik finden, die nicht die Würde des Kindes verletzen. Das gelingt ihnen dann, wenn sie sich ihrer eigenen Schwächen und Ängste bewußt sind.[45] Aber auch nicht direkt mit Kindern und Jugendlichen befaßte Erwachsene tragen indirekt entscheidend dazu bei, ob jungen Menschen die Überwindung der Disposition zur Radikalität gelingt oder mißlingt. Öffentliche Rechtfertigungen feindlicher Einstellungen gegen Minoritäten, Rufe nach

44 M. Schiebel, Biographische Selbstdarstellungen rechtsextremer und ehemals rechtsextremer Jugendlicher, in: psychosozial 15 (1992), H. 51, S. 66–77.

45 Horst-Eberhard Richter, Der Gotteskomplex. Zur Psychologie des Friedens. Russen und Deutsche 1990, Reinbek 1979.

schnellen Lösungen durch den starken Mann, wenn Probleme auftauchen, das Diskreditieren demokratischer Prozesse – nicht das Kritisieren, das geübt werden muß – tragen zum Mißlingen ebenso bei wie die permanenten allgemeinen Klagen über Orientierungslosigkeit und Werteverlust in der Demokratie, die suggerieren, es könnte alles ganz anders sein, wenn nur einer radikal durchgreifen würde.[46] Auf diese Weise aber werden die bewußten Bemühungen der Gesellschaft, Kinder zur Überwindung der radikalen Disposition anzuhalten, durchkreuzt.

Feminine Ausprägungen der Disposition zur Radikalität

Die Frage, ob die Disposition zur Radikalität bei Jungen und Mädchen gleichermaßen besteht bzw. inwiefern sie geschlechtsspezifisch und sozialisationsbedingt als „normal“ oder als „pathologisch“ einzuschätzen ist, stellt sich in der psychotherapeutischen Praxis häufig.[47] In den therapeutischen Beziehungen zu mir als Frau entwickeln Jungen und Mädchen, Mütter und Väter Übertragungs- und Gegenübertragungsbeziehungen, die teilweise als Wiederholungen konflikthaft erlebter Szenen verstehbar werden. Sie enthalten die Chance, verdrängte Gefühle, Wünsche, Enttäuschungen und Einschätzungen bewußt zu machen. Dabei geht es nicht um objektiv „Richtiges“ oder „Falsches“, sondern um Verständnis für subjektiv konflikthaft erlebte Zusammenhänge. Diese können freilich nicht isoliert vom sozialen und politischen Kontext gesehen werden. In diesem Zusammenhang geht es mir speziell um die Frage nach der politischen Instrumentalisierbarkeit besonderer infantiler Konfliktlagen in kritischen Phasen kindlicher Entwicklungen, die besondere duadische Beziehungsprobleme und besondere triadische Abwehrformen aufweisen.

46 Hans-Jürgen Wirth, „Voll auf Haß“. Zur Psychologie des Ressentiments am Beispiel der Skinheads, in: psychosozial 12 (1989), H. 40, S. 80–92.

47 Wie schon erwähnt, geht es hier nicht um den theoretischen Diskurs zur Erklärung von Radikalität, sondern um Beobachtungen aus der Praxis.

Aufgrund meiner Beobachtungen in psychotherapeutischer Praxis findet sich das grundlegende Lösungsmuster für infantile Konflikte in dualen Freundesbeziehungen – nämlich Dritte aus Freundschaftskonflikten heraus als feindliche Objekte zu benutzen und sie, um Binnenkonflikte zu überbrücken, aggressiv als Opfer zu behandeln – gleichermaßen bei Jungen und Mädchen. Deutlich unterschiedlich ist einmal die physische Direktheit im körpernahen Einsatz, mit dem Jungen häufig – dabei libidinös und aggressiv wirkend – ineinander verschlungen beim Raufen beobachtet werden können, und zum anderen das demonstrativ und oft zwanghaft erscheinende Hantieren mit Waffen in Kampfszenen.[48]

Direkte Beobachtungen und Elternaussagen bestätigen das traditionelle Erscheinungsbild: Jungen raufen mehr, spielerisch und ernsthaft, Mädchen kämpfen verdeckter, sie haben dabei weniger aggressiven Körperkontakt. Neuere Berichte von Erzieherinnen im Großstadtmilieu bestätigen wohl das traditionelle Bild, sie machen aber auf Veränderungen der gewohnten Unterschiede aufmerksam: „... daß Mädchen zunehmend ‚männlich aggressive Verhaltensweisen' übernehmen bzw. entwickeln".[49] An der Formulierung ist erkennbar, wie schwer es

48 Beobachtungen aus der Praxis bilden hier die Grundlage der Überlegungen. Der Diskurs zur Differenz der Geschlechter vor dem historisch-politischen und kulturellen Hintergrund mit Fragen nach den Gründen für geschlechtsspezifische Differenzen kann hier nicht Thema sein. Vgl. u. a.: Astrid Albrecht-Heide, Männliche Helden und weibliche Tränen. Über die innere Kolonisierung von Mädchen im Patriarchat, in: Christian Büttner u. a. (Hrsg.), Die Rebellion der Mädchen, in: Jahrbuch der Kindheit 3 (1986), S. 51–64.

49 Gabriele Naundorf, Mädchenarbeit, Entwicklung, Ansätze, Methoden, in: Sabine Behm, Helmut Heitmann, Stephan Voß (Hrsg.), Jungen, Mädchen und Gewalt – ein Thema für geschlechtsspezifische Jugendarbeit, Berlin o. J. (1994), S. 95–105. Vgl. auch: Corinna Kehlenbeck, Mädchen brauchen Abenteuer. Eine Studie über abenteuerliche Heldinnen in der zeitgenössischen Jugendliteratur und ihre sozialisatorische Bedeutung in der weiblichen Adoleszenz. Phil. Diss., TU Berlin 1994, S. 106–147.

Frauen fällt, auf die gewohnte, maskuline Typisierung von aggressiven Gewaltformen zu verzichten. Der Begriff „übernehmen" setzt ja ein „Vormachen" voraus, das auch moralisch wertend gemeint sein kann. Ich sehe Berichte, daß auch Mädchencliquen ähnlich aggressive Gewaltformen wie Jungencliquen ausüben, als einen modernen Beleg für die These von der Wirksamkeit der Disposition zu Radikalität in allen Menschen als einer allgemeinen Wurzel radikalen und potentiell gewalttätigen Verhaltens Zweier gegen Dritte.

Aussagen von Sozialarbeiterinnen über Mädchen in rechten Jugendcliquen aus den Jahren 1988–1994 in Bremen sind für die Frage geschlechtsspezifischer Ausprägung der Disposition zur Radikalität von Interesse, weil sie mehrfach determinierte Rivalitätskonflikte in Beziehungsfragen spiegeln.[50] Die Autorinnen betonen zwar, nur über Erfahrungen mit einer kleinen Gruppe Jugendlicher zu berichten, und beanspruchen nicht, repräsentativ zu sein. Der Mädchenanteil in gewaltbereiten Jugendcliquen, so ihre Erfahrungen, ist niedrig und instabil, abhängig von Freundschaftsbeziehungen einzelner Mädchen zu Jungen. Diese dominieren in den Cliquen eindeutig und ziehen durch ihr Agieren auch die Hauptaufmerksamkeit der Erwachsenen auf sich. Von Interesse ist die Beobachtung, daß weibliche Konkurrenz und Rivalität (der Mädchen zu den Sozialpädagoginnen, die gute Beziehungen zu den Jungen hatten) auffiel. „Durch die oftmals kurzen Gastspiele des weiblichen Geschlechts in diesen Cliquen wird das Aufbauen einer Beziehung zwischen den Mädchen und den Sozialarbeiterinnen und Sozialarbeitern erschwert ... der Aufbau von Beziehungen hat sich in manchen Fällen als schwierig herausgestellt, da sich die Umgehensweisen der Jungen gegenüber den Mädchen stark von den Umgehensweisen gegenüber den Sozialpädagoginnen unterschieden haben. Das

50 Elke Lutzebäck, Gisela Schaar, Carola Storm, Mädchen in rechten Jugendcliquen, in: Behm, Heitmann, Voß (Hrsg.), Jungen, Mädchen und Gewalt, S. 153–161; Christine Holzkamp, Jugendgewalt: männlich-weiblich, ebenda, S. 71–83.

führte in einigen Situationen zu Konkurrenzverhalten, das in Eifersüchteleien Ausdruck fand."[51] Aus beziehungsanalytischer Sicht wäre in solchen Situationen eine „Wiederholung der Szene" (triangulärer Konfliktmuster) zu vermuten, in der Übertragungsreaktionen (Mutter-Tochter in Rivalität um den Mann) zum Tragen kommen. Die massiven Ambivalenzen der Wünsche nach Gleichheit einerseits, aber auch nach Differenz andererseits machen die Beziehungen unter Mädchen und zu Frauen labil. Sie nur als subjektive Kontaktschwächen der Mädchen zu deuten, die dann durch soziales Training und kognitive Umstellung der Umgebung etwa zu beheben wäre, ginge an dem inneren Kern der Probleme vorbei.

Aus Beobachtungen in meiner Praxis der Kinder- und Jugendpsychotherapie fällt auf, daß sich die Frage nach geschlechtsspezifischen Unterschieden in der Ausprägung der radikalen Disposition bereits im Vorfeld psychotherapeutischer Beobachtungsmöglichkeit stellt. Denn auffällig unterschiedlich ist bereits die Zahl elterlicher Anmeldungen von Jungen oder Mädchen zur ambulanten Therapie. Meiner Erfahrung nach werden im Alter von vier bis 14 Jahren – eine statistische Erhebung liegt nicht vor – weit mehr Jungen als Mädchen zur Psychotherapie vorgestellt, und zwar besonders dann, wenn sie aggressive Symptome produzieren, die Lehrer und Eltern zwingen, etwas zu unternehmen. Was als Schwäche erscheint – Verhaltensauffälligkeiten, Leistungsstörungen – ist aus therapeutischer Sicht auch eine Stärke vieler Jungen, nämlich unübersehbar auf ihre Nöte aufmerksam zu machen und so Hilfe für sich förmlich zu erzwingen. Nöte der Mädchen hingegen werden nicht so früh erkannt bzw. werden auch nicht als gravierend genug angesehen, daß dafür Eltern und Ärzten der Aufwand therapeutischer Hilfe nötig erscheint. Mehrfach zeigte sich, daß, wo Symptome der Mädchen auch in Verbindung mit Mißhandlungen durch Mütter standen, die Motivation der Mütter zur Therapie, sobald akute Symptome abgeklungen waren, erlosch. Mit angepaßtem und

51 Ebenda, S. 157.

stillen Verhalten des Mädchens waren sie zufrieden, es wird in der Gesellschaft immer noch als positive soziale Leistung honoriert. Mädchen müssen erst massive somatische Symptome entwickeln, bis Erwachsene endlich reagieren. Mädchen entwickeln daher oft Symptome auf der somatischen Ebene, weil das die sozial anerkanntere Problemebene ist, und Mädchen machen oft erst in der Pubertät mit gravierenden Symptomen auf ihre Nöte aufmerksam.[52]

Weibliche Ausprägungen der radikalen Disposition erscheinen auf den ersten Blick weniger dramatisch und körperlich weniger riskant ausgetragen als bei Jungen. Sie werden daher auch als weniger schlimm bewertet als die direkter Beobachtung unmittelbarer zugänglichen Formen der Jungen. Mädchen agieren ihre Freundeskonflikte nicht in so eindeutig sichtbarer, körperaggressiver Form, richten sie aber auch auf „Dritte" nach außen. Mädchen treten eher so, daß man es nicht so deutlich von außen sieht, berichten mir 14jährige, sie würden schubsen und heimlich Gemeinheiten aushecken. Eine Erzieherin aus Berlin, die bisher ähnliche Beobachtungen gemacht hat, berichtete auch andere Erfahrungen. Kinder ihrer Umgebung klagen über eine Mädchengang an einer Berliner Schule (1995), wo eine körperlich aggressive Mädchengruppe (zwölf- bis vierzehnjährige) andere Mädchen und Jungen zu willkürlichen Opfern von Prügeln, Erpressungen und Beschimpfungen mache. Die Vermutung liegt nahe, daß Mädchen, wo traditionelle Rollenmuster bewußt abgelehnt werden, ganz ähnliche aggressive Formen der Ausgrenzung und Opferung Dritter praktizieren wie viele Jungen.[53]

52 Karin Schneider-Henn, Die hungrigen Töchter. Eßstörungen bei jungen Mädchen, München 1988, S. 22–24 (Bericht einer 20jährigen Patientin); Vgl. Hubert Feiereis u. a., Diagnostik und Therapie der Magersucht und Bulimie, München 1989.

53 Mitteilungen von 14- und 15jährigen Berliner Mädchen über ihre Ängste vor schlägernden Mädchen, die sie auf dem Weg zum Turnunterricht regelmäßig fürchten.

Wie der Bericht einer Mutter über ihre siebenjährige Tochter zeigt, benutzen Mädchen auch den Umweg der Delegierung ihrer Aggressionen an eine Gruppe von Mädchen oder Jungen; durch eine gemeinsame „Tat“ wird, wenn schon nicht Freundschaft, so doch eine Art von „Wir-gehören-zusammen“-Gefühl der Komplizenschaft erreicht.[54] Die Mutter war auf hochambivalente Konflikte der Tochter aufmerksam geworden, als diese sich wochenlang weigerte, allein von der Schule nach Hause zu gehen. Sie hatte, wie die Eltern im Gespräch mit anderen Eltern herausfanden, begründete Angst, von einer Gruppe gleichaltriger Mädchen und Jungen, in der ihre vormalige Freundin dominierte, verprügelt zu werden. „Ich spiel nicht mehr mit der, verprügelt die mal“, hörten verschiedene Eltern Tana die Gruppe anstacheln, um ihre Aggressionen an andere zu delegieren. Und Mädchen aus der Gruppe ihrerseits benutzen als Rechtfertigung für ihre eigenen, als „Mithilfe“ deklarierten Aggressionen: „Die hat gesagt, ich soll sie schlagen“.

Freund-Feind-Fragen spielen in der therapeutischen Arbeit mit Kindern im Grundschulalter eine zentrale Rolle. Jungen spielen häufig kriegerische Kämpfe und bewaffnen sich mit Schwertern und Pistolen. Mütter, die ihre Kinder zu friedlicher Konfliktaustragung erziehen möchten, beklagen häufig das große Interesse ihrer Söhne an Kampfthemen und Kampfspielzeug. In ihrer Phantasie sehen sie aus dem von Waffen faszinierten Jungen offensichtlich bereits den waffenbegeisterten Machotypen werden und sie meinen, wenn sie ihm beizeiten die Waffen ausreden oder wegnehmen, könnten sie erfolgreich dagegen ankämpfen. Je heftiger sie das allerdings versuchen, desto geringer ist der Erfolg, und wenn die Jungen sich, um des lieben Friedens willen, fügen, ist das, meiner Beobachtung nach, nur vordergründig. In der spieltherapeutischen Arbeit wird die Art der Konflikte einsehbarer, die Jungen mit Pistolen und Schwertern inszenieren, es sind

54 Mitteilungen von Eltern in therapeutischer Praxis (begleitende Psychotherapie der Bezugspersonen).

Nähe- und Distanzkonflikte, es sind erpresserische Freundschaftsbeziehungen gegen einen konstruierten Feind, es sind Mittel zur Herstellung von Distanz und Überlegenheit bei erheblicher Angst vor Nähe und drohender Unterlegenheit. Kleine Mädchen benutzen Pistolen und Schwerter ebenfalls, aber sie zeigen seltener den energischen Zugriff, der bei den meisten Jungen auffällt. Sie hantieren durchaus mit Waffen, aber nicht so lustvoll, und sie riskieren nicht so viel Körpereinsatz, sie verhalten sich reservierter und wirken insofern verletzbarer.

Mein Eindruck aus Praxisbeobachtungen und aus Gesprächen mit Mädchen ist, daß sie mit Beginn der sexuellen Reifeentwicklung häufig aufhören, zu raufen.[55] „Es macht keinen Spaß", sagen sie, oder es sei nicht „cool". Sie berichten allerdings von „Schlägerbräuten", die gefürchtet würden, weil sie, vor allem um anzugeben vor Jungen, vorbeigehende Mädchen provozieren – „Was guckst du so blöd, willste Dresche" – und klatschen oder treten. Mein Eindruck ist, daß sehr ambivalente Gefühle über die körperliche Entwicklung bei vielen Mädchen eine Tendenz zur Zurückhaltung vor aggressivem Körpereinsatz bewirkt. „Cool wirken" sei besser, sagten einige in Abwehr verdrängter Ängste. „Raufen – wie sieht das denn aus?" – mit solchen Äußerungen zeigten einige Mädchen Befürchtungen an, anderen lächerlich und kindisch zu erscheinen und herabsetzend behandelt zu werden. Sie verwenden untereinander lieber Formen der Aggressivität aus größerer Distanz, kurze Schläge oder Tritte, oder aber delegieren aggressive Handlungen an eine Gruppe von Mädchen oder Jungen.

Beispiele aus dem Kindergarten- und Grundschulalter, wie sie mir von Eltern, Lehrerinnen und Mädchen berichtet wurden, zeigen, daß die Form der handfesten Konfliktaustragung, die bei Mädchen tradi-

55 Corinna Kehlenbeck, Mädchen brauchen Abenteuer. Eine Studie über die abenteuerlichen Heldinnen in der zeitgenössischen Jugendliteratur und ihre sozialisatorische Bedeutung in der weiblichen Adoleszenz. Dissertation, TU Berlin 1994, S. 103–143.

tionell beobachtbar ist, anders ist als bei Jungen, nicht weniger „schlimm“ und qualvoll freilich, sie tritt nur nicht so deutlich nach außen in Erscheinung. Auch Mädchenfreundschaften stehen unter dem Konfliktdruck widersprüchlicher Wünsche nach Gleichheit und Überlegenheit, der sie veranlaßt, Dritte zur Konfliktverlagerung zu benutzen.[56]

Im Bestreben, im außerfamiliären Bereich eigenständige Beziehungen zu entwickeln, suchen Mädchen im Kindergarten z. B. Kontakt zu Gleichaltrigen und Gleichgesinnten und häufig bevorzugt zu Gleichgeschlechtlichen. Sie folgen dem Wunsch nach Gleichheit und nach Verstärkung für die eigene – gegenüber Erwachsenen als schwach erlebte – Person und Position. Denn mit der zunehmenden Fähigkeit, Realitäten zu erkennen, nehmen Kinder elterliche Vorzüge, Unterschiede der Attraktivität für andere, Bevorzugungen und elterliche Macht deutlicher wahr. Differenzen im Körpervergleich interessieren, verursachen Identitäts- und Wertfragen: „Wer bin ich, was werde ich sein, wie werde ich sein?“ Identifikationswünsche („Sein wie ...“) des kleinen Mädchens setzen ja Körper-, Macht-, Bedeutungs- und Wertvergleiche voraus. Sie umfassen auch die dem kleinen Mädchen rätselhafte sexuelle Attraktivität der erwachsenen Frauen (Mütter) für Männer (Väter). Weibliche Neid-, Rivalitäts-, Eifersuchts- und Aggressivitätskonflikte sind verbunden mit Attraktivitätsvergleichen, in der Terminologie der Psychoanalyse werden diese Konflikte als ödipale Konflikte bezeichnet.

Aus feministischer Perspektive werden diese Begriffe zu Recht kritisiert, weil Freud nur die männliche Sicht beschrieb und die weibliche davon ableitete. Das sollte jedoch nicht dazu führen, daß Frauen im Kampf um die richtigen Begriffe versäumen, die entsprechenden weiblichen Ausformungen der Rivalitäts- und Konkurrenzproblematik zwischen Frauen verschiedener Generationen und Geschlechter zu be-

56 Aussage von Eltern mit Töchtern im Grundschulalter in psychotherapeutischer Praxis, Berlin Nov. 1994.

schreiben. Charakteristikum „ödipaler" Rivalitätskonflikte innerhalb des gleichen Geschlechts ist, daß sie nach dem Prinzip des Verdrängungswettbewerbs erfolgen, der für Mädchen z. B. heißt, „Entweder ich, Mädchen oder Du, Frau". Es handelt sich beim ödipalen Prinzip um ein potentiell mörderisches Prinzip, denn es ist aggressiv und exklusiv und erlaubt nur eine duadische Beziehung um den Preis des Ausschlusses Dritter.[57]

Die Konflikte, die kleine Mädchen in der Phase, die der ödipalen Phase der Jungen mit Konflikten zwischen Vater und Mutter entspricht, erleben, sind Konflikte um Gleichheit, Sexualität, Wert, Rivalität, Konkurrenz und Schuldgefühle. Sie sind, vergleichbar denen des Ödipus, im Prinzip tragisch. Denn gleich, ob das Mädchen gewinnt oder verliert, handelt es sich existentielle Probleme ein. Wenn es z. B. in der Konkurrenz mit der Mutter siegt, wenn es den Platz beim Mann gewinnt, wenn also die Mutter ihren Platz als Frau des Vaters räumt, gerät das Kind in eine Mißbrauchssituation. Verteidigt die Mutter jedoch ihren Platz, wird das Kind zum Verlassen des elterlichen Bettes gezwungen, dann muß es sich verstoßen fühlen und sich anderweitig orientieren. Es muß seine eigenen Freunde gewinnen.

Begibt sich das Mädchen im Verzicht auf den Besitz seiner Eltern nach außen auf die Suche nach Freunden, sucht es zunächst eher gleichgeschlechtliche Beziehungen. Es setzt hohe Erwartungen an die neue Freundin, sie soll ausgleichen, was vermißt wird. Sie soll gleich sein, d. h. keine abweichenden Eigeninteressen haben. Damit ist die Enttäuschung in der Freundschaft vorprogrammiert. Differierende Interessen gefährden die Illusion der Einheit, sie bedrohen den ersehnten Zusammenhalt unter Gleichen und erzeugen daher heftige Enttäuschungsaggressionen. Damit ist klar, daß die Bedrohung der Freundschaft aus dem Binnenbereich kommt, aus der heiß ersehnten

57 Ute Benz, Allerleirauh. Der riskante Weg des jungen Mädchens durch Phantasie und Wirklichkeit oder: Der ganz normale Inzest, in: Merkur 45 (1991), S. 1125–1134.

Freundschaft, auf die das enttäuschte Kind existentiell angewiesen ist, sobald es eigene Schritte aus dem Elternhaus heraus geht. In dieser Situation der von innen bedrohten Zweierbeziehung folgen auch Mädchen dem Feindbildkonzept der radikalen Disposition als Lösung für ihre Konflikte. Mit der Konstruktion des Außenfeindes oder der Außenfeindin, der oder die gemeinsam entwertet bzw. bekämpft werden kann, wird auf der Binnenseite Kameraderie erzeugt und von unbewußten Schuldgefühlen verstärkt.

Mädchenbeziehungen, auch wenn sie äußerlich friedlicher im Vergleich zu Jungenspielen erscheinen, weisen bei näherem Zusehen höchst aggressive, entwertende, ausgrenzende, den oder die Dritte(n) opfernde Beziehungsmuster auf, und zwar nach der Formel „zwei auf Kosten des Dritten". Ihre Gewalt hat andere Formen als die vieler Jungen, aber sie ist ebenso zielgerichtet und verletzend, mehr seelisch als körperlich, sie ist entwertend, verräterisch, zugleich „ungreifbarer", weil sie mehr mit Worten stattfindet als mit körperlichen Taten. Die moderater erscheinende Ausprägung manifester, physischer Gewalt bei Mädchen kann nicht als moralisches Verdienst der Mädchen interpretiert werden, denn nichts spricht dafür, daß sie Ergebnis eines bewußten Verzichts auf aggressive Durchsetzung ist. Sie ist eher Ausdruck eines gewählten Umweges, weil rollenspezifische Erwartungen und die Unterschätzung der eigenen physischen Kräfte Mädchen den direkten Weg der Auseinandersetzung verbieten.[58]

Folgende Beispiele zeigen, von welcher Art die Konflikte der Mädchen sind, für die Lösungen gesucht werden, die sich unter dem Aspekt der radikalen Disposition verstehen lassen. Zwei fünfjährige Mädchen verabreden sich zu gemeinsamem Spiel außerhalb des Kindergartens. Schwierig ist für sie jedoch, ein Spiel zu finden, was beiden Spaß macht. Schließlich einigen sie sich auf Verkleiden als Prinzessin. Die

58 Astrid Albrecht-Heide, Das Verhältnis von Mädchen und Frauen zur Gewalt: Fragen zu einem vernachlässigten Bereich, in: Christian Rajewsky (Hrsg.), Rüstung und Krieg, Frankfurt a. M. 1983, S. 261–273.

Schwierigkeit ist jetzt, jede will Prinzessin sein und keine Prinz oder König. Beide versuchen, ihr Interesse mit Druck durch Drohung und Erpressung („ich gehe, wenn du nicht ...", „dann spiele ich mit X") durchzusetzen. Da aber keine bereit ist, nachzugeben, weil jede bestimmen will, was getan wird, und jede die Schönste sein und begehrt werden will, finden sie einen scheinbar idealen Kompromiß, sie spielen zwei Prinzessinnen. Da sitzen sie dann beide, auf den ersten Blick ein Bild des Friedens, schön geschmückt nebeneinander, plaudern artig, wer welchen Prinzen erwartet. Und doch ist ihre Situation hochambivalent, sie stehen unter Gleichheitsdruck und Rivalitätsdruck. Sie agieren diesen Konflikt nicht raufend, sondern indem sie loben und vergleichen, z. B. wem was besser oder schlechter steht. Ihre Konflikte sind unlösbar, sie sind aufeinander angewiesen, daher unterdrücken sie sie und fühlen sich bald gelangweilt, ihre Enttäuschungsaggression wächst.

Beide versuchen, die latente Aggression nach außen zu lenken: Dritte werden nun in besonderer Weise ins Gespräch gebracht: „Du bist ja meine beste Freundin aber die X ..." – d. h. eine Dritte wird den zweien geopfert, sie wird verraten, schlechtgemacht und als gemeinsames Opfer benutzt, um die duale Beziehung unter der gegenseitigen Auflage, das gemeinsame Geheimnis zu bewahren, zu festigen. Wenn nun in dieser Situation mühsam verdrängter Konflikte tatsächlich die dritte Person, das Opfer, auftritt, dann zeigt sich, wie labil die Zweierbeziehung war; bei sich bietender Gelegenheit wird die Dritte, über die beide aggressiv redeten, zur Seite genommen mit den Worten: „Weißt Du, was die über dich gesagt hat?" Die verdrängten Aggressionen motivieren jetzt beide für eine neue Runde in der Suche nach Bündnissen zweier gegen einen. Die ersehnte Gleichheit und der illusionäre Wunsch nach Einheit wird so von Mädchen unter gleichgeschlechtlichen Ambivalenzkonflikten nicht erreicht. Der Versuch, Gleichheit um den Preis der aggressiven Kumpanei, mit der Dritte aggressiv herabsetzend „vernichtet" werden, zu erreichen, scheitert.

Mädchen verstricken sich häufig in quälenden Prozessen erpresserischer Freundschaften, die sie schmerzlich weit entfernen vom ersehnten Ziel der Gleichheit und Freundschaft; für alle Beteiligten, auch Eltern oder Erzieher, sind diese Prozesse schwer begreiflich und schwer erträglich, zeugen sie doch von beträchtlicher Bosheit, Berechnung und Raffinesse und enden in offenen oder heimlichen Zerstörungen. Eine Lehrerin berichtet z. B., wie zwei Mädchen in solcher konflikthaften Dreierbeziehung einer Dritten das Turnzeug zerschnitten und sich hinterher wechselseitig verrieten und beschuldigten.[59]

Die Disposition zur Radikalität ermöglicht, wie das folgende Beispiel zeigt, auch beiden Geschlechtern ein gemeinsames, aggressives Verhalten der Kameraderie zwischen Jungen und Mädchen, wenn es für beide nützlich ist, Konflikten um Konkurrenz untereinander durch Konstruktion eines Dritten, eines Opfers auszuweichen. Am Rande der Projektarbeit „Verwandlungen“ ereignete sich 1995 in einer gemischten ländlichen Schulklasse folgende Szene. Die Lehrerin, eine junge attraktive Frau, hatte auf besondere Rivalitätsprobleme zwischen den Mädchen und zwischen Mädchen und Jungen aufmerksam gemacht. Mit wenigen Ausnahmen bildeten die Mädchen unter der Diktatur einer Schülerin eine mächtige Clique, die Zugehörigen trugen ähnliche Frisuren und Haarschmuck. Die Lehrerin beklagte die permanente Opposition der Anführerin zu ihr. Sie wirke als Zensorin für das, was die Mädchen tun oder nicht tun dürften. Mir waren die Schülerinnen unbekannt, als ich die folgende Szene beobachtete, bei der Jungen und Mädchenclique ein gemeinsames Opfer zur Abwehr feindseliger und sexualisierter Konflikte untereinander benutzten.

Die Schülerinnen und Schüler der 6. Klasse mußten geraume Zeit warten, bis sie einzeln durch eine kleine Absperrung durften, um von einem Maskenbildner geschminkt zu werden. Ungeduldig drängelten sie sich vor der Absperrung und versuchten, die Reihenfolge untereinander festzulegen, wer als nächstes dran sei. „Ich bin der erste“, rief ein kräftiger Junge triumphierend am vordersten Platz und wies einem

59 Supervisionsfall aus therapeutischer Praxis, Grundschule in Berlin, Mai 1993.

Kollegen, der unmittelbar neben ihm stand, den zweiten Platz zu. Hinter dem Wortführer Jürgen stand jedoch die physisch gleich kräftig wirkende Anführerin der Mädchen, Annie, umringt von Mädchen. Die drückten den Jungen zur Seite. Die Situation drohte zu eskalieren, der Platz der Jungen schien durch die Mädchen bedroht. Plötzlich drehte sich Jürgen um und sprach einen schwächlich aussehenden Jungen, der als dritter in der Jungenreihe stand, an und sagte laut: „Pfui Teufel, du stinkst, hau ab!“ Annie und alle anderen stimmten plötzlich lautstark mit ein in einen Chor herabsetzender und kränkender Wortschöpfungen, zu denen der Angeredete, ein körperlich großer, aber unbeholfen wirkender Junge, nur hilflos grinste, ohne aber seinen Platz zu räumen. Der ursprüngliche Konflikt war wie vergessen, jetzt hatten Jungen und Mädchen, um vom gefährlicheren Thema Konkurrenz untereinander, abzulenken, einen Dritten gesucht, als Feind, als Opfer, der über ihren Konflikt hinweg Einheit vortäuschte. Die künstliche Fröhlichkeit der Gruppe über die Späße, die alle nun auf Kosten des Opfers, das mitlachte, machten, war unangenehm, ein Indiz dafür, daß sie interne Konflikte überdecken sollte. Konfliktsteigernd auf der Mädchenseite hat dabei gewirkt, daß die Herrschaft der Anführer plötzlich auch durch eine Aufgabenstellung bedroht schien, es war nämlich jedes Kind aufgefordert, für sich zu entscheiden, was für ein Bild es von sich herstellen lassen und wie es sich dafür schminken lassen wollte. Die beiden Führungspersonen haben dies möglicherweise instinktiv als – zumindest vorübergehende – Entmachtung ihrer dominierenden Rolle durch Individualität der anderen erlebt.

Maskuline Ausprägungen der Disposition zur Radikalität

Um maskuline Ausprägungen der Disposition zur Radikalität zu untersuchen, werden im folgenden einige Beispiele aus dem Sportbereich sowie dem Alltagsbereich vorgestellt. Das erste Beispiel entstammt dem Jungensport, wo strukturell kollektiv Geschlechtertrennung vorgenommen wird, so daß anzunehmen ist, daß sich Konflikte innerhalb einer Sportgruppe um Zusammenarbeit, Freundschaft bzw. Kameraderie oder aber Ausgrenzung bzw. Feindschaft in hohem Maße als geschlechtsspezifische Konflikte abbilden.

Dani ist zwölf Jahre alt und Mitglied eines Handballvereins. Sein Vater ist besorgt über Klagen des Trainers, Dani lasse sich von Kameraden viel zu rasch provozieren und reagiere dann zu heftig, er gerate damit in eine Außenseiterrolle. Zudem hätten sich andere Eltern beschwert, daß Dani im Verbund mit anderen einem Jungen Prügel androhe, so daß dieser Junge inzwischen Angst habe, überhaupt ins Training zu gehen. Dani seinerseits behauptet, es sei umgekehrt so, daß ihm von anderen Prügel angedroht würden und daß sie immer an ihm „rummeckerten". Tatsächlich hat Dani zu seinem Leidwesen keinen „richtigen" Freund. Zwar setzt er sich im Sport, wo Ehrgeiz aller Mitspieler zum gemeinsamen Sieg über andere Gruppen direkt angestachelt wird, mit all seiner Kraft ein. Weil er aber u. a. aus Gründen seiner Erziehung das Problem hat, innerhalb seiner Gruppe nicht offen um den Ball konkurrieren zu können, hat er einen eigentümlich Ausweg entwickelt. Er gibt seinen Mitspielern während des Spiels permanent Tips, wie sie etwas noch besser machen können. Das nervt jedoch seine Kollegen, zumal er nicht nur ungefragt Tips, sondern auch noch gleich Gegentricks beschreibt. Dani kommentiert auf diese Weise, so, als wäre er ein Trainer und nicht ein Gleicher unter Gleichen, das Spiel der anderen. Seinerseits reagiert Dani jedoch höchst allergisch auf Ratschläge oder Kommentare seiner Sportkameraden, er empfindet es als Kritik und Angriff, wenn ein Mitspieler kommentierend etwas zu seinem Spiel sagt und wehrt sich gereizt: „Der soll mich doch in Ruhe lassen". Dani steckt offensichtlich in einem Zwiespalt: Einerseits will er gleich sein mit den anderen, andererseits aber, was er sich freilich nicht eingesteht, ihnen überlegen, von ihnen bewundert sein und um die Position des Besten mit ihnen konkurrieren.

Danis Zwiespalt zwischen den Wünschen nach Gleichheit und Rivalität bzw. Konkurrenz ist kein Einzelfall, sondern ein Kernkonflikt unter Gleichaltrigen und Gleichgeschlechtlichen, den auf befriedigende Weise zu lösen alle Kinder erst mühsam lernen müssen. Wie viele Kinder hatte Dani in seinem Leben relativ wenig Gelegenheit, frei mit anderen Kindern zu spielen. Wohl war er ab fünf Jahren in Hort und Kindergarten mit anderen Kindern zusammen, dennoch mangelt es ihm an der Fähigkeit, spontan konkurrierendes Verhalten anderer Jungen adäquat einzuschätzen. Aggressive Auseinandersetzungen waren ihm zu Hause von fürsorglichen Eltern erspart worden, die immer an seine Vernunft und Einsicht appellierten und Konflikte nicht offen austrugen. Sie wollten auf keinen Fall unangenehm auffallen und verlangten vom Sohn besonderes Wohlverhalten im Wunsch, er möge es später besser haben als seine Eltern.

Wie andere Kinder steht Dani sich mit dem sehnsüchtigen Wunsch nach konfliktfreier Gleichheit bei der Bildung von Freundschaften selbst im Weg. Sein Freundschaftsbild ist idealisierend überhöht, er bezieht es aus Filmen und Büchern, die Konflikte von Kindern, die Freundschaftskonflikte unterschlagen. Gerade weil Dani kein Schlägertyp, sondern im Gegenteil sehr einfühlsam ist, verfügt er über ein Instrument, das keineswegs nur positiv verwendet werden kann: Dani nutzt seine Fähigkeit, intuitiv erraten zu können, was andere sich wünschen könnten, dazu, permanent Grenzen zwischen sich und anderen zu verwischen, indem er durch seine Ratschläge gleichsam bei anderen mitspielt – so als wäre er nicht nur für sich, sondern zugleich auch für andere zuständig. Seine Sportkollegen erleben das aber nicht als fürsorglich, sondern als bemächtigend, und sie lehnen Danis Übergriffe in ihre Selbständigkeit ab. Dani, im Bewußtsein, doch ganz uneigennützig anderen mit Tips helfen zu wollen, bezieht in der Folge nun die Ablehnung für seine Tips auf seine ganze Person und reagiert entsprechend heftig emotional, sowohl tief gekränkt wie wütend.[60]

In der Pubertät ist die Kränkbarkeit von Jungen und Mädchen durch körperbezogene Bemerkungen anderer höher als in anderen Entwicklungsphasen. Sie müssen ihr neues Körperselbst akzeptieren, das neue Unsicherheiten schafft, und sie müssen sich ihren sozialen Platz damit erwerben. Einerseits haben sie ein verstärktes Bedürfnis nach Akzep-

60 Langzeitbeobachtung in psychotherapeutischer Praxis, 1989–1991.

tanz durch gleichgeschlechtliche Freunde, die ihnen das Gefühl der Verstärkung der eigenen unsicheren Person geben. Andererseits löst die erwünschte Nähe aber auch verstärkt (z. B. homoerotische) Wünsche und Ängste aus mit der Folge, daß die Abwehr mit Distanz- und Abgrenzungsbedürfnissen erhöht wird. Meiner Beobachtung nach sind es in der Pubertät, ehe heterosexuelle Interessen neue Konflikte schaffen, vor allem maskuline Ambivalenzkonflikte, die Jungen beschäftigen.[61]

Im Sport führt die intime, körperliche Nähe zwischen Gleichgeschlechtlichen in den Umkleidekabinen, im Wettkampf und Spiel oder anschließend beim gemeinsamen Duschen offenbar zu einer Erhöhung der Ambivalenzspannungen und aktiviert maskuline Nähe- wie Distanzwünsche bzw. entsprechende Ängste und Abwehrversuche. Zahlreiche Eltern berichten über unüberwindliche Aversionen ihrer Söhne gegen das Gemeinschaftsduschen. Jungen berichten von der besonderen Aufmerksamkeit unter Jungen wer mitduscht und wer nicht. Dabei fallen häufig vergleichende, sexualisierende, provozierend aggressive Bemerkungen, unabhängig davon, ob einer mitduscht, wie es „dazugehört", oder aber nicht. Daß im letzteren Fall Jungen eine besondere elterliche Erklärung vorweisen müssen, zeigt, wie Erwachsene ein kollektives Arrangement unterstützen, wo die „Gleichen" unter sich sind und damit das Vergleichen maskuliner, körperlicher Entwicklung und Leistung im Mittelpunkt steht.[62] Dani verweigert das Gemeinschaftsduschen und ärgert sich doch darüber, daß er damit zum Außenseiter werden muß. In der Phase starker, körperlicher Veränderungen fürchtet er die Blicke der anderen und ihre Kommentare.

Am Beispiel Danis wird ein typischer Zwiespalt unter Gleichgeschlechtlichen erkennbar, der Jungen und Mädchen von Kindheit an in ihren Freundschaftsbeziehungen bewegt und sie dazu treibt, nach Lösungen zu suchen. Und solange keine anderen Lösungen entwickelt

61 Vgl. auch Klaus Theweleit, Männerphantasien, Frankfurt a. M. 1977.
62 Fallbeispiel aus psychotherapeutischer Praxis, Berlin 1995.

sind, werden regelmäßig solche benutzt, wie sie der Disposition zur Radikalität entsprechen: nämlich einen Außenseiter zu definieren, dem gegenüber man sich als Verbündete gleich und (vermeintlich ohne interne Konflikte) vereint fühlen kann; einen Außenseiter, der als Person nicht interessiert, sondern nur in seiner Funktion des Ausgegrenzten, aus der, ohne Zutun des „Dritten", rasch eine Feindfunktion werden kann.

Dem Sport mit seinen ritualisierten Konkurrenzspielen kommt unter dem Aspekt der Disposition zur Radikalität eine wichtige kollektive Ableitungsfunktion für geschlechtsinterne Spannungen zu: Sport bietet tatsächlich gesellschaftlich sanktionierte Formen zur Bändigung von Gleichheits- und Rivalitätskonflikten an; er inszeniert und diszipliniert sie gleichzeitig. Im Sport werden einer Gruppe Gleichaltriger mit internen Problemen gemeinsame Außenfeinde auf Zeit und Regeln zur Verfügung gestellt. Anders als in kriegerischen Auseinandersetzungen ist die Feindseligkeit durch Zeitpläne, durch Arrangements der Rückspiele und durch vielfache Austauschbarkeit der Gegner ritualisiert.[63]

Von Interesse ist dabei die Frage, was sich innerhalb einer Gruppe abspielt, wenn die Wettkämpfe vorüber sind, das gemeinsam Feindbild an Wirkung verliert. Unmittelbar nach der gemeinsam vollbrachten Tat brechen tatsächlich die alten internen Rivalitäten unter den Spielern oft heftiger aus als zuvor; da werden entweder einzelne Schuldige innerhalb der Gruppe markiert, besonders wenn die Gruppe verloren hat, oder aber es werden, wenn die Gruppe gewonnen hat, individuelle Vorzüge reklamiert. Wie nach großen Fußballspielen bekanntlich zu beobachten ist, fällt es jungen Männern sehr schwer, die im Spiel erregten und nur für kurze Zeit im Spiel kanalisierten, kollektiven Ambivalenzkonflikte wieder in die eigene, soziale Gruppe zurückzunehmen. Im wilden, aggressiven Agieren beharren sie darauf, die Lö-

63 Sport kann Gewalt reduzieren, in: Schwäbische Post, 6. 2. 1995 (vgl. Anm. 2).

sung außerhalb zu suchen und beanspruchen aggressiv dafür direkte oder indirekte Gegner.

Das zweite Beispiel zeigt, wie unter dem Druck von Gruppenspannungen und homoerotischer Erregung innerhalb einer maskulinen Gruppe auch bei Heranwachsenden die von Kindheit an vertrauten Lösungsmuster nach der radikalen Disposition (Einheit innerhalb der Gruppe schaffen auf Kosten eines Dritten) nahezu automatisch funktionieren können, so daß sie von Außenstehenden als bedrohlich empfunden werden.[64] Das Beispiel zeigt auch, wie die Aufmerksamkeit einer homogenen Gruppe, interner Spannungen wegen, nach außen gerichtet wird, so daß die Gruppe denn auch von äußeren „zufälligen" Faktoren abhängig wirkt, und zwar darin, ob ihre Erregung eskaliert oder ob sie reduziert wird.

Auf Einlaß wartend, in einer größeren Menschenmenge vor den Toren des Filmstudios in Babelsberg, beobachtete ich folgende Szene unter jungen Männern im Alter von ca. 18 bis 21 Jahren. Eine Gruppe von etwa zwölf körperlich kräftigen, selbstbewußt auftretenden jungen Männern, vermutlich Wehrpflichtige, stand im Kreis. Sie zogen innerhalb der übrigen Besucherschar Aufmerksamkeit auf sich durch ihre Größe, Kleidung und motorische Unruhe mit raumgreifenden kleineren Rempeleien und durch ihren Lärm. Die anderen Leute hielten respektvollen Abstand zu dieser Gruppe, die ihre abschreckende Wirkung durchaus zu bemerken schien. Dann zog ein neuangekommener Bus ihre Aufmerksamkeit auf sich, dem andere junge Männer entstiegen. Insbesondere fixierten sie einen auffällig elegant gekleideten jungen Mann mit vielen Ringen in den Ohren und gestylter Frisur, der im Gespräch mit einem Kollegen in ihre Richtung kam und dicht an ihnen vorüberging. Er war kaum vorbei an der Gruppe, da explodierten die jungen Männer förmlich vor dröhnendem Gelächter und machten lautstark zotige Bemerkungen, so daß der junge Mann schleunigst das Weite suchte. Unübersehbar war jetzt die körperliche Erregung der

64 Beobachtungen in Potsdam auf dem Parkplatz der „Studiotours Babelsberg" anläßlich eines Projekttages 1995.

Gruppe gesteigert, offensichtlich hatte die Wahrnehmung homoerotischer Aspekte erhebliche Unruhe und aggressive Abwehr geweckt, die sie nach außen abzureagieren suchte. Das übrige Publikum zeigte sich ängstlich und vergrößerte den Sicherheitsabstand zu der Gruppe, die immer lebhafter agierte. Es war abzusehen, daß die Situation eskalierte.

Nun ereignete sich etwas Unerwartetes, das für die Frage der Deeskalation in solchen Situationen von Interesse ist. Aus einem anderen Bus krabbelte eine Schar kleiner Kinder im Vorschulalter, die überhaupt nicht in der Lage waren, die Gesamtsituation vor dem Eingang zu erfassen. Zielstrebig eilten sie ihrer Leiterin nach, wobei sie alle Aufmerksamkeit auf den Boden und auf ihre Sachen, die sie mit sich schleppten, richteten. Sie gingen quer durch die Gruppe der jungen Männer wie durch einen Wald von Bäumen, und ein Mädchen stolperte dabei dem lautstärksten Jüngling über die großen Schuhe. Das Mädchen blickte kurz und verdutzt in die Höhe, um unverzüglich weiter seiner Gruppe nachzueilen.

Diese Szene, der Blick der Kleinen in die Höhe, hatte eine verblüffende, entwaffnende Wirkung und war so unerwartet komisch, daß die ganze Gruppe wiederum schallend lachte; aber diesmal war es ein völlig anderes Lachen, belustigt und plötzlich wie befreit von dem Druck der zuvor erlebten Szene. Was bewirkte den Stimmungsumschwung? Es muß an der vollkommenen Selbstverständlichkeit gelegen haben, mit der die kleinen Kinder auf die großen Jungen zugestiefelt waren. Sie waren wohl auch so an die Angstdistanz anderer Menschen gewöhnt, daß sie nicht nur verdutzt, sondern zugleich von der Arglosigkeit berührt waren, mit der die kleinen Kinder auf sie, die Riesen, zugingen. Ich nehme an, daß der Anblick der kleinen Kinder die großen Jungen unmittelbar berührte, weil er gleichzeitig wortlose, gemeinsame Verständigung über die eigene, einst schutzbedürftige Kleinheit ermöglichte und dabei doch die eigene, anderen imponierende Größe auf eine Weise spiegelte, die vollkommen frei war von mißtrauischen Unterstellungen und Verdächtigungen, wie sie den Blicken der Umstehenden deutlich zu entnehmen war.

Im dritten Beispiel stehen Aussagen von Jungen im Alter von etwa zwölf Jahren und Beobachtungen ihrer Eltern zur Diskussion, die auf geschlechtsspezifische, physische Konflikte der Pubertätsphase aufmerksam machen. Von Oli berichteten seine Eltern, er habe sich jahrelang immer wieder darüber empört, daß ihm Leute mit Hunden den Fahrradweg verstellten, wenn er von der Schule nach Hause fahre. Und obwohl diese ihn kommen sähen, führten sie ihre Hunde nicht weg, sondern zwängen Schüler zum Ausweichen auf den Gehweg. Eines Tages änderte sich dies. Oli sei mit sichtlichem Triumph, an dem überhaupt erst abzulesen war, wie sehr er die frühere Situation des Ausweichen-Müssens als herabsetzend empfunden hatte, eines Tages mit den Worten erschienen: „So, jetzt ist er ausgewichen". Oli selbst konnte nicht sagen, woran das lag. Er habe sich nicht anders als sonst verhalten, er sei nur ruhig geradeaus weitergefahren. Oli hatte am Verhalten des Hundebesitzers die erste, deutliche Spiegelung der Tatsache erfahren, daß er körperlich imponierend herangewachsen war und nun allein aufgrund seiner Körpergröße Eindruck machen und sich Respekt bei Erwachsenen verschaffen konnte.[65]

Die Eltern von Andrea, acht Jahre, und Marco, zwölf Jahre, klagten darüber, daß Andrea so wehleidig sei. Obwohl beide Geschwister gut miteinander auskämen, werde es ausgerechnet dann zunehmend schwierig, wenn es eigentlich lustig zugehe. Aber Marco sei jetzt körperlich deutlich stark geworden, und auch wenn er es gar nicht böse meine, so würden jetzt seine Knüffe weh tun und von Mutter und Schwester als grob empfunden. Marco, wenn er nicht Protest oder gar Tränen ernten will, kann sich jetzt, in der Pubertät körperlich erstarkt, nicht mehr so spontan bewegen wie früher. Jetzt, da er sich seiner neuen Kräfte freute – er könnte die Schwester mühelos hochheben –, verlangten Schwester und Mutter von ihm dauernd, daß er sich beherrschen solle, daß er seine Körperkräfte zügeln müsse. Als Junge in der Pubertät mußte er neu lernen, mit der ihm zugewachsenen, physischen

65 Elternaussage in psychotherapeutischer Praxis, 1995.

Kraft sozial verträglich umzugehen und sie zu dosieren. Mehr als früher verlangt man von ihm, mit seiner Körperkraft Rücksicht auf andere, Schwächere zu nehmen, sich zu bremsen. Er muß – entlang am Protest der anderen – lernen, seine Kräfte kontrolliert einzusetzen, auch wo er gerne spontan wäre. Jetzt freut er sich um so mehr, wenn er Gleichgesinnte findet, die auch kräftiger zupacken können, mit denen er spielerisch Kräfte messen kann.[66]

Allein schon der Zuwachs an physischer Kraft bedeutet für Jungen Konflikte in der Pubertät. Frauen können diese Konflikte nur aus Beobachtung, nicht aber aus eigener Erfahrung nachvollziehen. Das Erleben physischer Kraft impliziert nämlich für Jungen keineswegs nur Stolz auf neu zugewachsene Möglichkeiten und Erfahrungen männlicher, physischer Überlegenheit über Schwächere. Vielmehr bedeutet es auch ein Gefühl neuer physischer Bedrohung, und zwar durch andere Jungen. Verbunden mit dem bewußten Gewahrwerden der eigenen Stärke ist das wachsende Mißtrauen in die potentiellen Kräfte der Kameraden. Aus diesem Grund widmen Jungen in der Pubertät einander konzentrierte Aufmerksamkeit, und sie haben durchaus Angst vor Gleichaltrigen. Allein die Vorstellung, daß ein Junge, der sich selbst beherrschen will und kann, nicht weiß, ob Gleichaltrige, die ihm auf der Straße begegnen, ihrerseits willens sind, ihre Kräfte zu bremsen, schafft für ihn ein permanentes Gefühl latenter Bedrohung und Angst. Marco sagte: „Von mir weiß ich ja, wie ich meine Kraft einsetzen kann, ich kann mich beherrschen, aber ob die anderen das tun, weiß ich nicht. Da geh ich lieber auf die andere Straßenseite oder bewaffne mich.“[67]

66 Elterngespräch in psychotherapeutischer Praxis, Sept. 1994.

67 Dieses Beispiel aus psychotherapeutischer Praxis (April 1995) ist ein typisches Exempel, das sich durch zahlreiche ähnliche aus dem Schulbereich beliebig ergänzen ließe. Auch Texte von Kindern und Jugendlichen, wie sie vom Verein Unabhängiges Centrum für empirische Sozial-, Politik- und Kommunikationsforschung Rostock (UCEF) in Report 2, 1993 publiziert wurden, lassen ein Übergewicht phantasierter Ängste erkennen, die projektiven Charakter haben.

Die Frage, welche Bedrohungen für Jungen selbst mit physischer Stärke verknüpft sind, welche Konstellationen durch Überlegenheit oder Unterlegenheit den Jungen erwachsen, ist ein Kernproblem für Jungen in der Pubertät. Sie motiviert Jungen u. a. dazu, sich mehr als Mädchen für Gewaltfilme zu interessieren, in denen sie genau und von geschützter Warte aus studieren, was Männern von Männern in Realität und Phantasie drohen kann.

IV. Gewaltbilder im Unterricht. Realisierungskonzepte anhand von Schulprojekten

1. Warum ausgerechnet Gewaltbilder und Gewaltfilme?

Ein häufiges Mißverständnis betrifft die Frage der Definition von Gewaltfilm. Die Einschätzung differiert bei Erwachsenen und Kindern ganz erheblich, je nachdem, was sie kennen. In die Projektarbeit jedenfalls gehören nicht nur automatisch ausdrücklich als Gewaltfilme deklarierte Filme, sondern grundsätzlich alle Filme mit dramatisierten Gewaltinhalten, wie sie in sehr vielen, sogenannt harmlosen Spielfilmen zu finden sind, wie sie tagtäglich im Fernsehen laufen.

Erwachsene haben den begreiflichen Wunsch, daß wenigstens die Schule vor Gewaltfilmen schützen soll, indem sie positive Vorbilder gibt und nicht wie das Fernsehen Kinder auf aggressive Gedanken bringt oder sie damit schockiert. Schule kann gerade dadurch ein positives Vorbild geben, daß sie sich mit gesellschaftlichen Problemen auseinandersetzt und sie nicht einfach weiterschiebt an die Eltern oder den Staat. Aggressive Gedanken haben Kinder bereits ebenso wie reiche Seherfahrungen mit Gewaltbildern, ohne daß sie darüber reden, daher ist es sinnvoller – das Einverständnis der Eltern vorausgesetzt –, sie zu klären, als sie zu unterdrücken.

Um unterschiedliche Seherfahrungen von Jungen und Mädchen zu berücksichtigen, ist das Prinzip der Freiwilligkeit der Teilnahme an Projekttagen oder in Arbeitsgemeinschaften sinnvoll; damit ist allerdings das Problem von Altersunterschieden nicht gelöst. Ein Einwand gegen Gewaltfilmprojekte in der Schule lautet, daß Pädagoginnen und Pädagogen kaum für Filmanalysen und Bildung ausgebildet sind und daß die Lehrpläne dafür keinen extra vorgesehenen Raum bieten. Leider ist das so, aber deswegen sind Lehrer nicht inkompetent; sie verfügen über pädagogische und didaktische Erfahrungen, die sie kreativ einsetzen können. Lehrer können auch Fortbildungen verlangen, sich Anregungen holen, um dann innerhalb und außerhalb des regulären Unterrichtes oder an Projekttagen oder -wochen zu improvisieren. Ihr wichtigstes Instrument ist ihr Interesse an den Auffassungen der Jugend und das Bemühen, selbst genau hinzusehen.

„Ich halte Gewaltfilme nicht aus und will so etwas Unangenehmes auch nicht sehen“: Diese abwehrende Einstellung ist allerdings ein gravierendes Hindernis auf Erwachsenenseite, und sie ist zu respektieren, sie unüberwindlich ist. Mitunter verändert sich die Ablehnung jedoch, wenn verstanden wird, daß es nicht die schlimmsten Gewaltfilme sein müssen, sondern daß die Arbeit auch mit scheinbar ganz harmlosen Filmen realisierbar ist. Eine Befürchtung lautet, Gewaltfilme würden nur Lust an Gewalt bedienen, statt sie zu hemmen. Hinzu kommt die Annahme, daß, wer viel Gewalt sieht, auch gewalttätig wird. Diese angsterregende Vorstellung, die auch viele Jugendliche mutwillig nähren, übergeht jedoch die massive Ambivalenz der Gewaltproblematik und sieht nur die Lust und nicht die Angst. Auf solche Fehleinschätzungen und aggressiven Zuschreibungen reagieren Jugendliche ihrerseits mit aggressiven Gegeneinschätzungen. Auf diese Weise entwickeln sich Fronten zwischen Erwachsenen und Jugendlichen, die im Ansatz schon die für Veränderungen wichtigen Gespräche über Gewaltfragen blockieren.

Für Gewaltfilmprojekte spricht das vitale Interesse der Gesellschaft an der Problematik aus Sorge um die psychische Entwicklung der Jugend angesichts moderner Medienmarktentwicklungen und angesichts der Fixiertheit vieler Jungen und Mädchen auf Gewaltfilme. Hinzu kommt der Entschluß, Gewaltfilme nicht allein dem Medienmarkt, der Zensur oder meist überforderten Eltern zu überlassen, sondern die Prinzipien der Aufklärung und Bildung auch gegenüber Filmen zu vertreten, die mit überwältigenden Mitteln Aufklärung und Bildung unterlaufen. Ein dringliches politisches Motiv ergibt sich aus der Notwendigkeit, Wege zu suchen, um kollektive Haltungen des Wegsehens und

Schweigens gegenüber ausländerfeindlicher Gewalt abzubauen und zu ersetzen durch die Fähigkeit, genau hinzusehen und zu reden, statt wegzusehen und zu schweigen. Folgt man Petra Hesses Thesen zur Entstehung von Ressentiments bei Kindern[1], wonach erst im Schulalter nationalistische Feindbilder übernommen werden zur Präzisierung bereits vorhandener Feindbildmuster, so wird die pädagogische Verantwortung zur frühzeitigen Erforschung von Feindbildern auch im Zusammenhang mit Gewaltfragen deutlich. Gerade weil vieles von dem, was junge Menschen alltäglich erfahren, die Wirkung von Sarkasmen, Zynismen, Spott, herabsetzende, entwertenden Bemerkungen, in Gewaltfilmen auf drastische Weise vorgeführt wird, lassen sie sich dort auch leichter als solche erkennen und bearbeiten.

2. Intentionen

Die Aufgaben der Filmanalyse anhand grafischer Modelle zum visuellen Analphabetismus

Das hierarchische Modell des visuellen Analphabetismus

Filmbilder sind Produkte, d. h. sie wurden von Herstellern fabriziert und sie werden von Betrachtern bzw. Zuschauern konsumiert. Sie im-

1 Petra Hesse, Debra Poklemba, Feindbilder im Kindesalter: Der Fremde mit grünen Füßen und schwarzen Zehen, in: psychosozial 12 (1989), H. 40, S. 62–67. Belegt wird die projektive Abwehrfunktion von Feindbildern für Kinder durch Spaltung mit dem bekannten Effekt, daß die Binnenseite „wir, die guten“ versus der Außenseite „böse sind andere“ konstelliert wird. Nationale Differenzierungen und Wertungen spielen dabei für kleinere Kinder keine Rolle. Erst Jugendliche verbinden Feindschaft mit nationalen Konflikten. Die Verschränkung von spaltenden Kinderinteressen und spaltenden Erwachseneninteressen bewirkt, daß beide ihre internen Konflikte mit Feindbildern verdecken. Es handelt sich dabei um die Abwehr von Freundschaftskonflikten, wie sie gemäß der Disposition zur Radikalität entwickelt werden.

plizieren also drei Grundgrößen: erstens die „Produzentenebene“, die im folgenden als Ebene der Regie oder kürzer nur mit dem Begriff Regie bezeichnet wird, zweitens das Produkt Film, mit allem dabei Sicht- und Hörbaren; drittens die Zuschauer, Menschen die Filme bzw. Bilder betrachten.

In der Absicht, die Interdependenzen der drei Größen Regie, Film und Zuschauer anschaulich zu machen, werden sie grafisch so aufgelistet, daß das Objekt des gemeinsamen Interesses von Regie und Zuschauer, der Film, in die Mitte zwischen Regie und Zuschauer in horizontaler Anordnung plaziert wird, also:

In einer grafischen Variation dieses Modells, wird szenisch schon viel mehr von der grundsätzlichen Problematik zwischen den drei Größen deutlich.

Der Film steht so zwischen Regie und Zuschauer, daß sie sich nicht direkt wahrnehmen können.

In vertikaler Anordnung wird die hierarchische Struktur vorstellbarer:

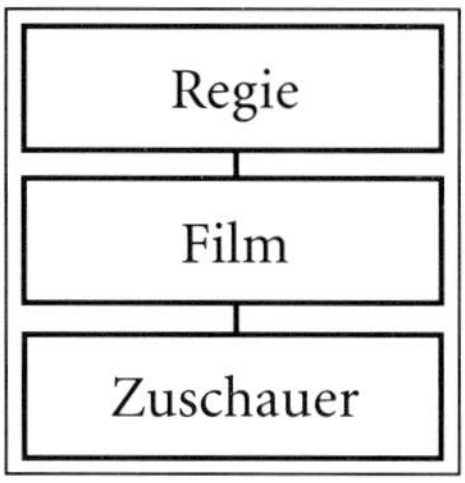

Sie entspricht den tatsächlichen Macht-Ohnmacht-Verhältnissen in der bilddominierten Gesellschaft.

Regie, an oberster Position, symbolisiert ihre dominante Funktion. Regie beinhaltet in diesem Zusammenhang weit mehr als die künstlerische Regiefunktion, nämlich die gesamte Filmerzeugung mit allen dafür nötigen künstlerischen und kommerziellen Faktoren, angefangen von Ideen, der Story, Schauspielern, Maske, Tricks, Musikern, Regisseuren, Fotografen, Cuttern, Fachberatern bis hin zu Produzenten, Technikern und Marketing ect. Der Film in der mittleren Position steht im Mittelpunkt des Interesses der beiden anderen Größen, er hat zugleich eine verbindende und trennende Funktion. Die Plazierung der Zuschauer auf der untersten Ebene entspricht dem abhängigen Status visueller Konsumenten. Als Endverbraucher „von unten" nehmen sie in Empfang, was ihnen „von oben" serviert wird. Andererseits sind Zuschauer die Basis des Marktgeschehens, bilden als Nachfrage eine markttreibende Kraft für die filmische Produktion.

Verbindungslinien mit Richtungspfeilen deuten in dieser Grafik dynamische Beziehungen an. Die durchgehende horizontale Trennungslinie betont, daß aus der Sicht der Zuschauer keine Direktsicht auf die Regieebene möglich ist.

Das hierarchische Grundmodell der visuellen Szene

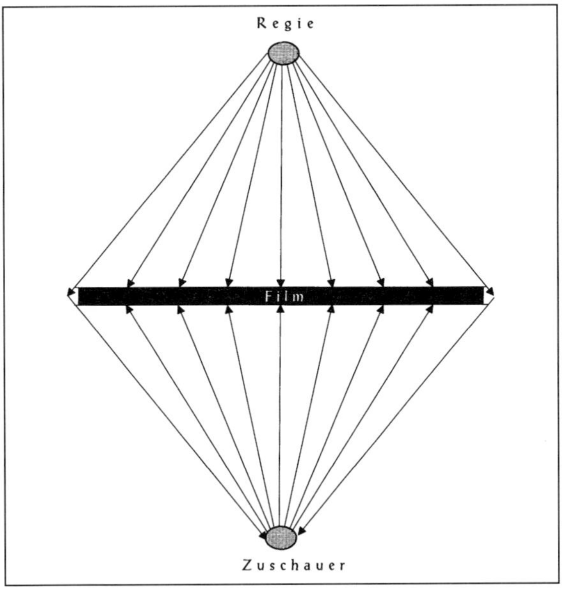

Dynamische Beziehungen im Grundmodell

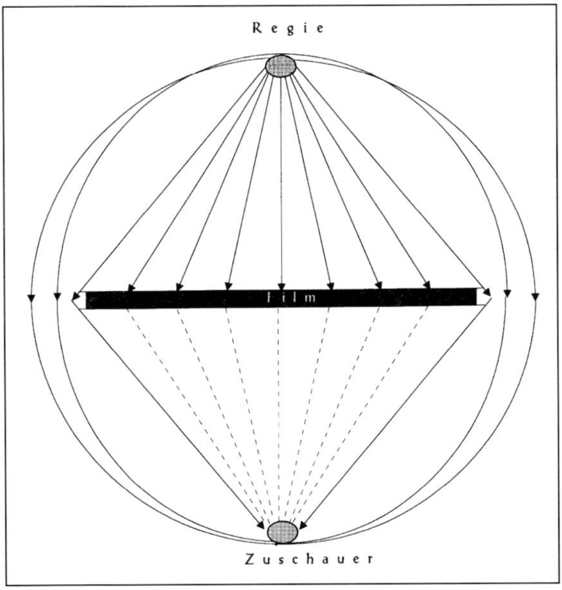

Diese Variante weist auf das besondere Interesse der Regie an Informationen über bewußte und unbewußte Motive der Zuschauer durch außerhalb der Filmebene verlaufende Linien hin.

Das räumliche Modell bringt die Macht-Ohnmacht-Verhältnisse im visuellen Bereich stärker zum Ausdruck.

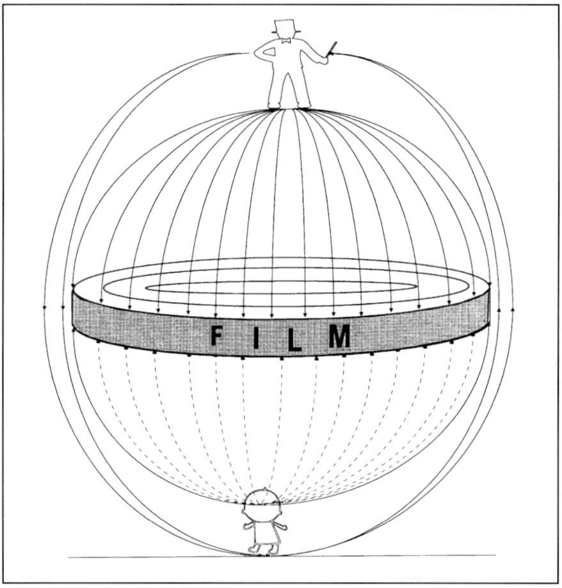

Die Wucht der Beeindruckung des Zuschauers durch Filme ist hier unmittelbar deutlich. Außerdem ist Raum offen für Eintragungen zahlreicher Aspekte, die auf seiten der Zuschauer oder der Regie eine Rolle spielen.

Das komplexe räumliche Modell

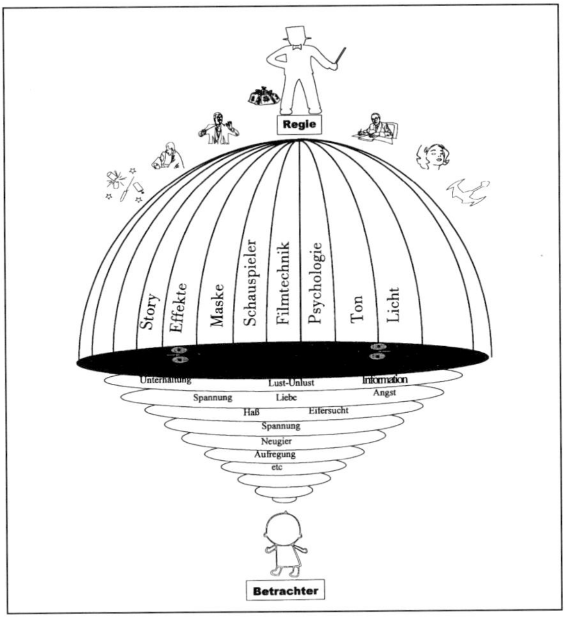

Das „demokratische" Modell

Während die bisherigen Grafiken auf visuell ungebildete Zuschauer bezogen waren, wird abschließend ein alternatives Modell formuliert mit triangulärer Struktur, das vom Ideal des visuell gebildeten Menschen ausgeht.

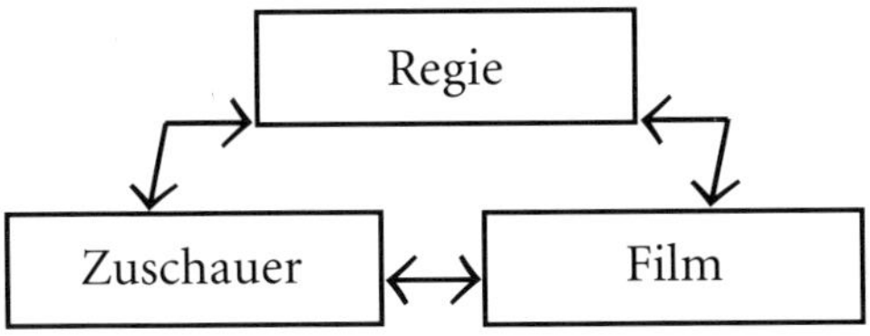

In der triangulären Struktur ist die Filmebene so plaziert, daß sie nicht automatisch den Blick des Zuschauers auf die Regieebene verstellt, er kann, wenn er will, beide Ebenen bewußt wahrnehmen.

Gewaltfilme als Anschauungsmittel zum Zweck einer tangentialen und nicht frontalen Diskussion von Gewaltkonflikten

Gewaltfilme werden in der Absicht eingesetzt, Gewaltbeziehungen zwischen Erwachsenen und Jugendlichen zu thematisieren. Auf diese Weise lassen sich Gewaltkonflikte nicht erst anhand akuter Vorfälle, nicht direkt, sondern aus einer gewissen Distanz heraus, wie Jugendliche in der Pubertät sie benötigen, also tangential, studieren. Das erleichtert es, über Gewaltbeziehungen zu sprechen. Im Film stehen sie modellhaft vor Augen, dort können sie „probehandelnd", ohne Schuldvorwürfe, erlebt und reflektiert werden; anhand der Filmfiguren können diverse Ansichten vertreten bzw. geändert werden, frei von der Befürchtung, daß man damit persönlich bloßgestellt würde.

Für Erwachsene bedeutet prophylaktische Arbeit anhand von Gewaltfilmen die Chance, tiefere Einblicke in Konfliktzusammenhänge zu erhalten und dabei tiefer als sonst mit Jugendlichen ins Gespräch über Gewaltkonflikte zu kommen. Daß dabei die persönlichen Gewalterfahrungen im Hintergrund stehen, ist allen Beteiligten klar, aber sie können entscheiden, ob sie auch davon sprechen wollen. Auf positive Erfahrungen, daß Erwachsene und Jugend trotz kontroverser Ansichten untereinander Gewaltfragen klären können, kommt es aus psychotherapeutischer Sicht bei der Prophylaxe gegen Gewalt an. Wenn Erwachsene Gewaltfragen nämlich erst unter dem Druck schockierender öffentlicher Gewalttaten, wie der ausländerfeindlichen Exzesse in der Bundesrepublik, mit Kindern und Jugendlichen besprechen und auf der Suche nach Schuldigen dabei gleich noch Gewaltfilme anprangern, dann praktizieren sie eine frontale, verdächtigende und vorwurfsvolle Herangehensweise, die Schüler mehr abschreckt als zum Zuhören motiviert.

Gewaltfilm als Forschungsprojekt für Frauen und Männer mit Jungen und Mädchen mit dem Ziel der Respektierung unterschiedlicher Sichtweisen und Emotionen

Damit Gewaltfilme den erwarteten Nutzen bringen und um das Mißverständnis auszuräumen, es handele sich lediglich um eine spannende Unterhaltung in der Schule, ist es schon in der Phase der Vorbereitungen wichtig, Klarheit über die Intentionen und Bedingungen der Teilnahme am Projekt zu schaffen. Gemeinsames Forschen bedeutet ein Einstellungs-, Arbeits- und ein Stilprinzip. Zum einen wird Neugierde benötigt und die grundsätzliche Bereitschaft, genau hinzusehen und neue Eindrücke zu sammeln. Das bedeutet für Erwachsene, ihre Vorstellung, sie wüßten bereits zur Genüge, worum es bei den Gewaltfilmen geht, zurückzustellen; natürlich haben sie bestimmte Vermutungen und Vorurteile, aber was tatsächlich in den Köpfen jugendlicher Zuschauer vorgeht, können sie noch nicht wissen. Forschende Neugierde auf sich selbst ebenso wie auf die Jungen und Mädchen mit ihren Reaktionen und Interaktionen ist wichtiger als detailliertes Vorwissen über Filme oder Wirkungsforschung.

Eine Voraussetzung dafür, daß Jungen und Mädchen es riskieren, ihre Gedanken und Gefühle zu Gewaltfragen differenzierter und nicht nur oberflächlich mitzuteilen, betrifft das soziale Klima in der Gruppe, in der ein reversibler Sprachstil zwischen Erwachsenen und jungen Menschen beachtet werden sollte. Was und wie Erwachsene zu ihnen sagen, müssen diese umgekehrt in Ton und Formulierung auch zu Erwachsenen sagen dürfen, das ist eine Grundfrage der Würde und der in Sprache ausgedrückten alltäglichen Achtung voreinander. Speziell in der Arbeit mit Gewaltfilmen, in denen ja außer Bild und Handlung stets auch die Sprache gewalttätig, nämlich höhnisch, zynisch, verletzend ist, muß im bewußten Kontrast zur Filmebene darauf geachtet werden, daß in der Arbeitsgruppe ein gewaltfreier Sprachstil gepflegt wird. Es gehört zu den zentralen Intentionen der Arbeit, speziell dort, wo Bilder im Mittelpunkt der Aufmerksamkeit stehen, der Sprache, nicht der dozierenden, sondern der diskursiven verbalen Kommunikation Platz zu schaffen.

Dazu gehört auch, dafür zu sorgen, daß alle Äußerungen der Jungen und Mädchen respektiert werden. Im Gegensatz zu Gewaltbeziehungen, wo Menschen entwertet und entwürdigt werden, kommt es in der Arbeit an Gewaltfilmen darauf an, bewußt gegenseitige Achtung zu pflegen durch Respekt für alle subjektiven Äußerungen. Erwachsene geben manchmal in bester Absicht ein Signal in die hier unbrauchbare Richtung vermeintlicher Effektivität, wenn sie aus Zeitgründen gezielt und ergebnisorientiert arbeiten und dabei rasch „richtig" und „falsch" werten. In der Arbeit mit Gewaltbildern könnte man sich am Beispiel von Archäologen orientieren, die, wenn sie in unbekanntem Gelände graben, zunächst sorgsam alles aufnehmen, was in Erscheinung tritt. Auf Schülerinnen und Schüler bezogen heißt das konkret, man sollte alle Äußerungen wichtig nehmen, als „so siehst du" und „so sieht er oder sie", liefern sie doch wichtige Facetten zum Verständnis von Reaktionen und helfen aus dem intoleranten Raster „richtig" und „falsch" zu einer pluralistischen Einstellung. Wenn es schon angesichts zu hoher Schülerzahlen nicht immer möglich ist, daß alle zu Wort kommen können, so können vielfältige Einfälle doch notiert und sinnfällig (z. B. mit Klebezetteln) vor aller Augen angebracht werden. Auf diese Weise ist auch erreicht, daß nicht nur der Film vor aller Augen ist, sondern daß auch die Äußerungen der Zuschauer dazu bildhaft dokumentiert werden.

Die Beachtung der Beziehungsebene fördert individuelle geschlechts-, gruppen- und generationsspezifische Wahrnehmungen zum Kennenlernen und zur Respektierung unterschiedlicher Sichtweisen. Gewaltfilme sind voll von konflikthaften Beziehungen sexueller und aggressiver Art. In ihnen werden kollektive, nationale, individuelle Feindbilder benutzt, auf die die Zuschauer je nach ihrer Interessen- und Konfliktlage amüsiert, zustimmend, schadenfroh, entsetzt, gekränkt reagieren. Reaktionen und Interpretationen durch Schüler und Schülerinnen spiegeln dabei stets persönliche und geschlechtsrollenspezifische Erfahrungen, was sie hochsensibel macht für Äußerungen. Über Bilder, anhand der Filmpersonen, im Schutz ausreichender Distanz, ist das Reden über Gewaltkonflikte, die auch an die persönlichen Erfahrungen erinnern, leichter möglich. Lehrerinnen und Lehrer spüren dabei, daß hinter heftigen emotionalen Äußerungen von Jungen und Mädchen schmerzliche Erfahrungen stehen, die am liebsten verdrängt würden.

Forschung auf der Beziehungsebene bedeutet, Konflikte der Filmpersonen zu analysieren, Konflikte von Liebe und Haß, von Rivalitäten und Gleichheitswünschen, Neid, Eifersucht, Gier, Enttäuschung aus Ungerechtigkeit, Verrat, von Bündnissen, Zwängen und Ausbeutungen.

Beziehungskonflikte im Film dienen auch dem Ziel, den Blick von Jungen und Mädchen für alternative Lösungen zu öffnen, die häufig so schwerfallen. Sie kennen die Angst vor Gesichtsverlust, vor Strafe und Vorwurf und sie wissen, wie schwer es ist, Rückwege zu finden, wenn man sich in Wut und Zorn vergaloppiert hat. Unter psychologischen Aspekten ist die Hilflosigkeit nach einer Tat ein besonders wichtiges Thema, weil sie Menschen zur Flucht in neue Taten zwingt, in der Meinung, daß es nach Gewalttaten keinen Rückweg, nur ein Weitermachen gebe. Die Erforschung von Beziehungsfragen im erweiterten Sinn betrifft schließlich nicht nur Schauspieler und Zuschauer, sondern auch die Beziehung von Regie und Zuschauer. Erforscht werden soll das Spiel mit den bewußten und unbewußten Erwartungen und Aufträgen der Zuschauer: „Ich zeige dir, was du sehen willst" und „Du mußt sehen, was ich dir zeigen will".

Kreativität statt Passivität beim Bildersehen

Erwachsene beklagen es bei Kindern als Zeichen mangelnder Konzentration, wenn sie „kritzeln", statt aufzupassen. Bei diesem Projekt ist das anders. Solche Aktivitäten lassen sich auch interpretieren als Indizien für Impulse der Zuschauer zur Eigentätigkeit. Insofern sind sie wichtig und wertvoll, sie lassen sich auf Zusammenhänge mit dem Film hin reflektieren, etwa zur Erforschung von Phänomenen der Langeweile oder großer Spannung. Lehrer müssen sich also nicht in die Rolle von Erfüllungsgehilfen der Regie manövrieren lassen, die für Ruhe während der Dreh- bzw. Sehprozesse sorgen müssen. Selbst minimale Kreativität der Zuschauer ist relevantes Material, ihr Ergebnis kann gesammelt und so der Reflexion zugänglich werden.

Filmanalyse ist anspruchsvolle Arbeit, sie muß aber deswegen keineswegs nur theoretisch sein, so daß sie nur mit intellektuell begabten Schülern gemacht werden könnte, während andere damit überfordert sein könnten. Bei Filmanalysenarbeit können – freilich ohne jeden großen Ehrgeiz – bildnerische Mittel, wie nebenbei gefertigte Notizen und Kritzeleien, eingesetzt werden. Ihr unschätzbarer Vorteil besteht darin, daß damit individuelle Gedanken sichtbar und unmittelbar szenisch verständlich für alle werden.

Die aus fehlendem Selbstvertrauen der Schüler kommende Hemmung „das kann ich nicht" (die oftmals zu hören ist), wenn gezeichnet oder gemalt werden soll, läßt sich dadurch auflösen, daß Gruppenarbeit und die Anwendung freier Techniken angeboten wird, daß auch Unfertiges Gültigkeit hat und als Idee wertgeschätzt wird. Meine Projekterfahrungen haben gezeigt, daß die beiläufig während des Filmesehens produzierten Skizzen tatsächlich kostbare Beiträge zum vertieften Verständnis anstehender Probleme sind: Sie sind zu begreifen als zum Thema gehörende Assoziationen, die alle auf eine Weise zu Bildern und Wirkungsfragen gehören, auch wenn sie auf den ersten Blick abwegig erscheinen. Kritzeleien sind Indikatoren für Spannung, für Kreativitätswünsche, für Ideen, für Langeweile, für Aggressionen und Emotionen der Jungen und Mädchen. Als solche gehören sie wesentlich zur visuellen Arbeit und daher sollen sie stets „für Wert" geschätzt werden als Versuche individueller Kreativität. Eine von Schülern gern akzeptierte Form sichtbarer Wertschätzung ist es, wenn alle Kritzeleien gesammelt werden. In einem Modellprojekt legten die Mädchen und Jungen „Bilderbücher" an, Mappen mit Klarsichthülle, in die selbst winzige Kritzeleien kamen und nach Belieben ergänzt werden konnten durch Gesammeltes, Kopiertes oder selbst Gefertigtes. Das Grundprinzip der Arbeit, nämlich die allgemeine Wertschätzung dessen, was andere Menschen sehen, denken und ausdrücken, läßt sich damit sichtbar und greifbar für Teilnehmer und Teilnehmerinnen realisieren und begleitet die Arbeit auch an schwierigen Themen wie Gewalt. Aus den Skizzen ergaben sich oft vielfältige Anregungen für Fragen und Einstellungen.

Eine andere Form, die Wertschätzung aller Beiträge während der Arbeit äußerlich zu bestätigen, besteht darin, alle Kommentare der Jungen und Mädchen zu sammeln als spontane Notizen, egal wie richtig oder falsch sie geschrieben sind, und sie auf große Papierbögen zu kleben, so daß „nichts verloren geht". Gerade gegenüber der Flüchtigkeit der Filmbilder entsteht so ein in seiner Bedeutung nicht zu unterschätzendes sichtbares Gegengewicht an ruhenden Bildern, die von eigenem Denken und Tun zeugen. Im folgenden werden einige solcher Kritzeleien gezeigt, wie sie im Laufe eines Filmanalyse-Projekts in einer Gruppe 13- bis 14jähriger Jungen und Mädchen an der Gesamtschule 19 in Potsdam bei einer Video-Arbeitsgemeinschaft bzw. während einer Projektwoche im Jahre 1993 entstanden sind.

Beispiele für die Sammlung von Antworten auf die Frage: „Welche Filme interessieren Euch?"

Am Anfang der Zusammenarbeit geht es um die Sammlung von Wünschen, um die unterschiedlichen Filminteressen zu verstehen. 13jährige wollten folgende Filme gerne sehen:

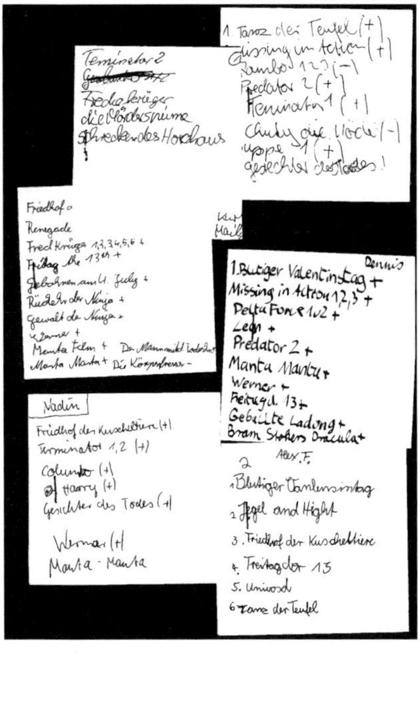

Was sehe ich? Was denke ich?

Die beiden Grundfragen erscheinen anfänglich kinderleicht. Und doch ist es schwer, präzise zu antworten, ohne sie automatisch zu vermischen.

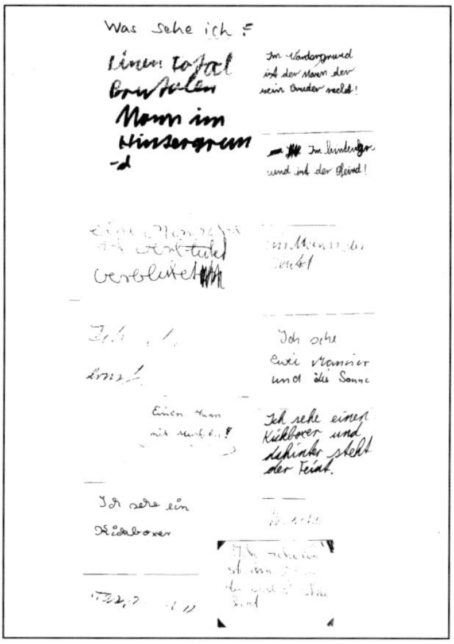

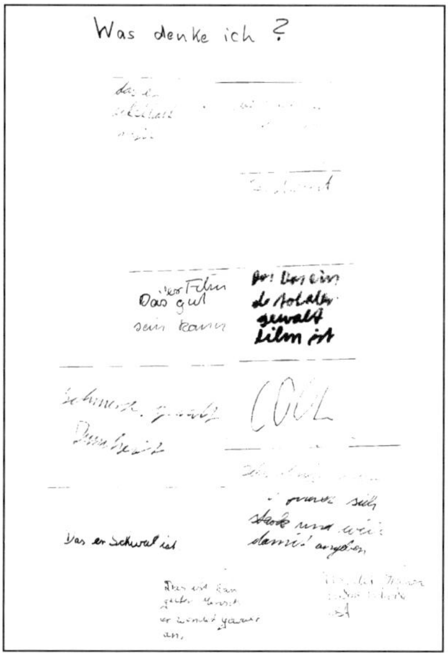

Das Trennen von Sehen und Meinen bei emotional stark wirkenden Bildern kann anhand von Postern, wie z. B. dem Plakat mit Schwarzenegger aus dem Film „Terminator“, geübt werden. Zur Einübung wurden Skizzen nach dem Betrachten des Posters in Gruppenarbeit gezeichnet.

„Was habe ich gesehen?“

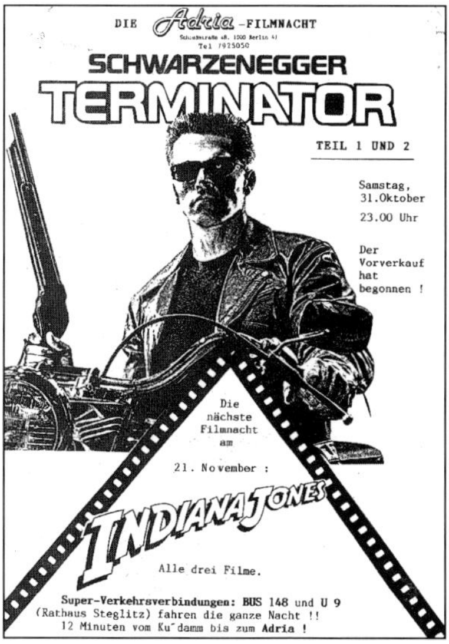

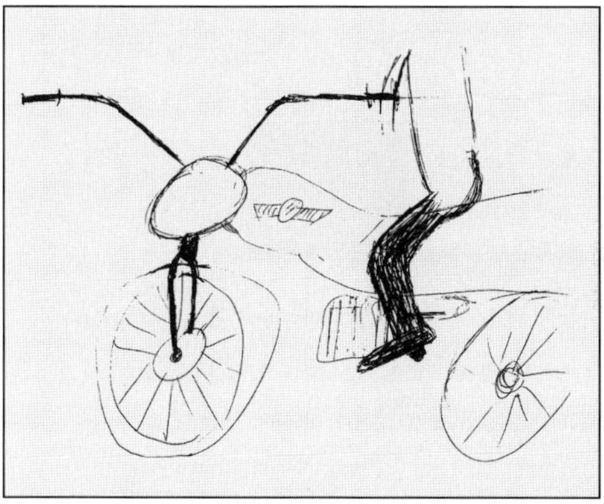

Da Schüler oft Scheu zeigen, vermeintlich zu Kompliziertes zu zeichnen und deshalb sagen „das kann ich nicht", hilft hier Gruppenarbeit weiter. In kleinen Gruppen an Skizzen zu arbeiten, macht Spaß, und hilfreich ist es auch, wenn sie wissen, daß es überhaupt nicht auf Schönheit ankommt. Zur Übung genaueren Sehens wurde nach einer gemeinsamen Bildbetrachtung das Poster weggenommen und die Aufgabe gestellt, zu skizzieren, was erinnert wird. Danach wurde das Poster noch einmal gezeigt. Auf diese Weise läßt sich genaueres Sehen gut üben, zusammen mit der Frage, „was war wem wichtig" – eine Vorübung zur Frage der Wirkung.

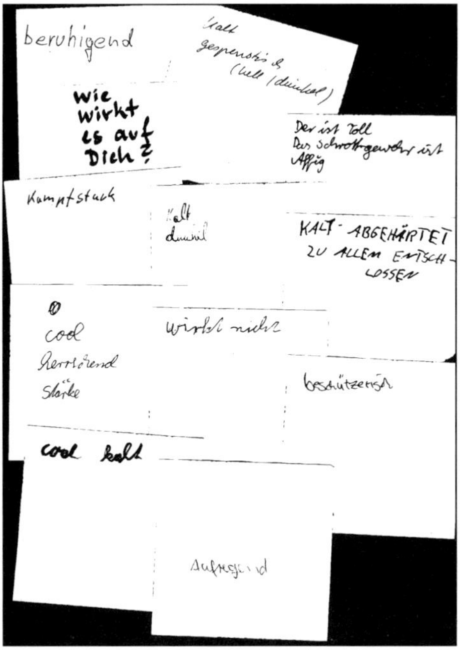

Wie wirkt ein Bild? Fragen nach der Wirkung eines Bildes sind erfahrungsgemäß von Schülern schwer zu beantworten. Das hängt einmal damit zusammen, daß Wirkungsfragen sehr aufs Persönliche zielen, das man nicht ohne weiteres preisgibt, wenn man sich nicht wohl fühlt in der Gruppe und sich nicht öffentlich bloßstellen will mit einer persönlichen, offenen Antwort.

Noch aus anderen Gründen sind Schüler schnell fertig mit der Antwort: Oft wissen sie nicht, was eigentlich mit Wirkung gemeint sein könnte. Und häufig können sich junge Menschen auch nicht so rasch distanzieren vom Gesehenen und daher antworten sie so kurz. Hinderlich ist aber insbesondere, wenn Jugendliche argwöhnen müssen, daß Erwachsene etwas ganz Bestimmtes hören wollen, z.B. über eine negative Wirkung, dann antworten sie lieber provozierend oder ablenkend.

Zur Klärung von Wirkungsfragen sind daher Zwischenschritte sinnvoll, Umwege, die den Zusammenhang von Ursache und Wirkung erkennbarer machen. Ein solcher Schritt besteht darin, das Setting Bild und Zuschauer zu zeichnen, mit der Frage, „Wie sehen euch andere, wenn ihr fernseht?“

Wirkungsfragen werden dann leichter beantwortbar, wenn Jugendliche die dritte Größe in die Beobachtung einbeziehen, die sie üblicherweise auslassen, weil man sie nicht direkt sehen kann und muß: die Regie.

Die Frage, wer es eigentlich fertigbringt, sie als Zuschauer so zu „fesseln“, führt zur Erweiterung der Perspektive auf die dritte zur Filmbetrachtung gehörende Größe, auf den Regisseur, auf die „Bildermacher“, auf die Personen, die hinter dem Bild verborgen sind, aber Wirkungen erzeugen wollen.

Unter den Zeichnungen und Skizzen, die während der Filmarbeit entstehen, sind oft durchaus problematische Bilder. Z. B. war in einer Gruppe ein begabter Junge, der Bilder mit neonazistischen Inhalten voller Aggressivität zeichnete. Es sind starke Emotionen hervorrufende Zeichnungen, die erschrecken durch den zynischen Umgang mit Menschen und Parolen. Es ist klar, daß jemanden, der mit so sensiblem Strich so böse Bilder zeichnet, sadistische Phantasien beschäftigen und daß er dafür historisch-politische Rechtfertigungen sucht.

Hier manifestiert sich aktueller persönlicher Haß, dessen Ursachen nur zu erahnen und nur tangential zu bereden sind. Die Frage, wie mit solch politisch provozierend gemeinten Zeichnungen umzugehen ist, ist abhängig von der Einzelsituation und von der Beziehung innerhalb der Gruppe und des Erwachsenen mit dem Schüler. Die Mitschüler prüfen daran natürlich, wie genau Erwachsene bereit sind, hinzusehen auf Konflikte in doppelter, in sozialer und individueller Sicht. Mir war zunächst wichtig, mit dem Jungen in Kontakt zu kommen, seine Bilder zu akzeptieren als seine aggressiven Phantasien, die erschreckend sind. Es ist klar, daß er damit an Grundfragen meiner Belastbarkeit rührte. Zugleich sehe ich, daß ein Jugendlicher mit schwachem Selbstwertgefühl etwas von sich offenbart und insofern mit seinem Werk fragt, wie Erwachsene mit seiner Person umgehen, wie mit seiner Würde, seinem Wert, ob man ihn bloßstellen, entwürdigen und entwerten würde. Aus psychoanalytischer Perspektive betrachtet, zeigt der Junge Signale seines Menschenhasses und fragt zugleich nach seinem persönlichen Wert oder Unwert.

Viele der folgenden Kritzeleien entstanden, wenn der Film „langweilig“ war, sie sind kostbare Signale dafür, daß die Jungen eigentlich etwas eigenes tun wollen, man kann sie nur ermutigen dazu, dem kreativen Impuls nachzugeben.

Skizze zu dem Film „Blutiger Valentinstag“.

Skizze zu dem Film „Predator".

Manche Schüler können sich noch nicht von den perfekten Vorbildern, die ihnen Filme und Comics bieten, lösen.

Skizzen zu unterschiedlichen Film- und Comicmotiven eines 14jährigen Jungen.

Indem sie Bildvorlagen benützen, beginnen die jungen Menschen Wirkungen und Details zu studieren und sie zu verfremden.

Skizzen im Grafittistil fallen manchen Kindern leichter.

Skizze zum Thema Konflikte zwischen Jugendlichen

Die Lebendigkeit kreativer Ansätze zeigt sich oft in ganz nebensächlichen Skizzen, denen die Schüler zunächst kaum Bedeutung beimessen. Man muß sie vor der Vernichtung „retten".

Es gibt viele andere Möglichkeiten, Kreativität junger Menschen gegenüber Filmen zu fördern. Man kann auch nach Änderungswünschen an die Regie fragen: „Was hätte er/sie anders machen sollen?". Man sollte jedoch nicht die Illusion haben, die Änderungswünsche bzw. Kritik an der Regie nach Gewaltfilmen wären positiv im Sinne friedensbewußter Menschen. Es gehört zu den Eigenarten von Jungen und Mädchen, solche Überlegungen übermütig auszuschmücken in alle möglichen, auch aggressiven Richtungen, auch solche, die Erwachsene erschrocken für Indizien dafür halten könnten, daß die Gewaltthematik die Kinder doch in die falsche Richtung beeinflußt. Diese Richtungen aber gibt es auch ohne Film, daher ist es besser, sie in der Besprechung zugänglich zu machen, anstatt sie zu unterdrücken.

Erwachsene brauchen ihr Erschrecken nicht zu verstecken, im Gegenteil, auch ihre Emotionen sollten Kinder begreifen. Reden über das „was wäre, wenn" bedeutet, Emotionen, Phantasien und Befürchtungen Raum zu geben, ohne damit zugleich die Grenzen der Realität zu verletzen. Kinder wirken so lustvoll bei Phantasien, daß man leicht übersieht, daß sie nur einen Teil ihrer Wahrheit zeigen und den anderen, den Angstteil, abspalten möchten. Dann entstehen Situationen, die geradezu klassisch gespalten wirken: Schüler vertreten nur noch die Lustseite und Lehrerinnen oder Lehrer fühlen nur noch die Angstseite. Es ist sehr zu empfehlen, solche Spaltungen mit Schülern zu benennen und zu einem weiteren Forschungsthema zu machen.

Gewaltfilme bieten reichlich Dokumentationsmaterial zur Erforschung von Spaltungsvorgängen aller Art an, von Gut/Böse und Richtig/Falsch, von Entweder/Oder, Freund/Feind. Anhand von Filmfiguren lassen sich ihre Wirkungen auf die Beziehungen der Menschen zueinander leichter als in der Realität studieren, in der Kinder ihre Beziehungen häufig ähnlich agieren, wenn sie Feindbilder erzeugen, wo eigentlich keine Feinde sind.

V. Durchführung von Projekten: Projekttag, Arbeitsgemeinschaft, Projektwoche

1. Methodische und didaktische Fragen

Der Zeitfaktor als Problem der Arbeit mit Filmen

Spielfilme mit Laufzeiten über 60 Minuten sprengen den Rahmen einzelner Unterrichtsstunden. In welchen inhaltlichen und organisatorischen Rahmen, innerhalb oder besser außerhalb der Schule, paßt also die Gewaltfilm-Thematik? Sind Arbeitsgemeinschaften dafür sinnvoller oder einzelne Projekttage oder ganze Projektwochen? Kann man Filme einfach abschnittweise zeigen? Da es für die Analysearbeit wichtig ist, Filme einmal in voller Länge zu zeigen, kann man nicht ohne weiteres darauf verzichten. Daher sind organisatorische und, damit verknüpft, methodische Fragen, solange visuelle Bildung kein reguläres Unterrichtsfach ist, in dessen Rahmen auch Gewaltfilme einen organischen Platz haben, bei jedem Projekt der Schulen neu zu lösen. Im folgenden werden Vor- und Nachteile von unterschiedlichen Möglichkeiten der Arbeit mit Spielfilmen erörtert.

Die erste, im Schulalltag schwer realisierbare Möglichkeit, ausreichend Platz für die Filmbetrachtung und zumindest eine erste Auswertung zu schaffen, ist die Zusammenlegung mehrerer Unterrichtsstunden und darüber hinaus auch die Zusammenarbeit der Kollegen unterschiedlicher Fächer. Das ist ideal, wenn interessierte Kollegen sich inhaltlich abstimmen können, so daß die Arbeit interessant bleibt, ideal auch, weil so das Gewaltthema kein exponiertes einmaliges Ereignis außerhalb des normalen Unterrichts ist, sondern weil damit die Kontinuität positiver Erfahrungen über das konfliktträchtige Thema gewährleistet ist. Inhaltlich gibt es zahlreiche thematischen Bezüge der Gewaltproblematik in Bild, Ton, Story zu vielen Fächern, etwa zu

Deutsch, Geschichte, Psychologie, Kunst, Musik, Sport, zu sozialkundlichen Fächern und Ethik, so daß dort detaillierte Auswertungsarbeit ohne Zeitdruck folgen könnte. Einzelne Aspekte der Sprache, Musik, Form, von Bewegungsabläufen und Konflikten ließen sich in den jeweiligen Fächern durch kreative Aufgabenstellungen erarbeiten.

Bei Gewaltfilmen spielen bekanntlich sportliche Bewegungen eine große Rolle, die sich als Themen für das Fach Sport anbieten, wo die Stilisierung und Idealisierung von Bewegungen durch Kamera- oder Schnittführung kritisch mit realen Bewegungsabläufen verglichen werden könnte. Auch Phänomene der Imponierhaltung in Gruppenkonflikten „alle gegen einen" ließen sich spielerisch erfahren und reflektieren. Man könnte Bewegungen von Filmfiguren auch unter Zeitaspekten untersuchen, messen und Filmzeiten mit realen vergleichen. Die pädagogischen Realitäten zwingen jedoch meist dazu, einfachere Wege im Schulalltag zu suchen. Fächerübergreifende Projektarbeit setzt eine besondere Motivation der Lehrerinnen und Lehrer voraus, trotz des Drucks regulärer Lehrpläne viel zusätzliche Kraft und Zeit für Organisationen und Koordinationen zu investieren. Aus Schülersicht besteht auch die Gefahr, daß Überschneidungen lähmend wirken.

Das Zeitproblem mit Spielfilmen in der Schule besteht. Und es läßt sich auch nicht einfach dadurch umgehen, daß man eben kürzere Filme, z. B. speziell zur Gewaltthematik gemachte handliche Zusammenschnitte von Gewaltszenen, wie sie Medienpädagogische Zentren im „Gewaltkoffer" anbieten, verwendet. Solche Zusammenschnitte sind deshalb kein Ersatz für Spielfilme und nur bedingt geeignet, weil sie Gewaltszenen akkumulierend zeigen und den Kontext, innerhalb dessen einzelne Gewaltszenen ihre besondere Wirkung hatten, zerreißen. Dadurch erhalten solche Zusammenschnitte für Zuschauer den unerwünschten Effekt von Trailern, wirken als Reklame für neue Filme und stacheln Wünsche der Zuschauer nach mehr solcher aufregender Szenen an. Daher mißlingt letztlich die gutgemeinte pädagogische Absicht, auf diese Weise Abscheu vor Gewalt erreichen zu wollen.

Auch die dritte Möglichkeit, Spielfilme durch abschnittweise Filmbetrachtung in einzelne Schulstunden einzupassen, hat erhebliche

Nachteile. Was in der Auswertungsphase zum Studium von Detailfragen sinnvoll ist, kann nicht Ersatz sein für eine ungestörte Gesamtsicht des Films. Der Nachteil fragmentierter Spielfilme besteht darin, daß dabei der vom Regisseur intendierte und vom Zuschauer erwartete Spannungsbogen eines Films verlorengeht und dadurch die Entwicklung deutlicher Zuschauerreaktionen, die gerade für die Erforschung der Wirkung wichtig sind, verhindert wird. Kürzere Pausen sind freilich möglich, Kinder sind sie von der Werbung gewöhnt. Solche Pausen sind immer dort nötig, wo Zuschauer überfordert wirken.

Das Dilemma zwischen verfügbarer Zeit und den Intentionen des Projekts ist stets, daß längere Pausen, gar Tage oder Wochen zwischen den einzelnen Filmabschnitten, die Spannung des Films und die Motivation der Teilnehmer zerstören, daß aber unter Zeitdruck in ganzer Länge gezeigte Filme oft mehr Raum als die eigentliche Auswertung erhalten, daß die Aufmerksamkeit ganz auf die leichter zugängliche Filmebene zentriert bleibt und die beiden anderen, schwieriger zu erarbeitenden Ebenen Zuschauer und Regie zu kurz kommen. Das Problem der Unausgewogenheit in der Gewichtung von Film und Auswertung, das Anlaß zu dem Mißverständnis sein könnte, man biete doch nur spannende Unterhaltung mit problematischen Mitteln, stellt sich auch dort, wo außerhalb der Schule Projekte angeboten werden, etwa in Arbeitsgemeinschaften auf freiwilliger Basis. Auch dort besteht die Tendenz, eher an der Zeit für das Gespräch zu sparen als an reiner Filmzeit.

Erfahrungen mit langfristigen Arbeitsgruppen mit 11–16jährigen Jungen und Mädchen im Freizeitbereich und in der Schule veranlaßten mich dazu, auf die rein sequentielle Arbeitsmethode zu verzichten, nach der üblicherweise zuerst der Film gesehen und anschließend mit der Auswertungsarbeit begonnen wird. Statt dessen führte ich einige Parameter ein, die sicherstellen, daß bereits während des Filmes kreative Prozesse bei den Teilnehmern unterstützt werden, so daß die Passivität des Sehens verknüpft ist mit gleichzeitigen Aktivitäten der Teilnehmer. Die Methode der Parallelität von passivem Sehen und aktivem

Tun empfiehlt sich insbesondere überall dort, wo Schüler weniger theoretisch interessiert, vorgebildet oder begabt sind.

Einen Ausweg aus dem zeitlichen Dilemma bieten Projekttage und Projektwochen. Hier können Spielfilme in voller Länge gezeigt und gründlicher untersucht werden. Dabei stellen sich jedoch andere Schwierigkeiten, die auch in der Attraktivität der Thematik Gewaltfilme liegen. Erfahrungsgemäß melden sich so viele Jungen und Mädchen zu solchen Projekten, daß entweder die Gruppen sehr groß werden oder aber eine Teilnehmerbegrenzung getroffen werden muß. Mitunter meinen zwar Erwachsene wie Schüler, es käme beim Filmesehen nicht darauf an, wie groß die Gruppe ist, sie blickten ohnehin wie im Kino alle in eine Richtung, da spiele, wenn nur jeder sehen könne, die Zahl der Zuschauer doch keine Rolle. Was zur reinen Unterhaltung richtig ist, paßt nicht zur Intention des Projekts, bei dem Sehen und Reden gleichwertige Voraussetzungen sind.

Man kann jedoch Kino und Zuschauer durchaus zu einem speziellen Forschungsthema machen. Aber dann bedarf es besonderer Fähigkeiten der Moderation großer Gruppen, um mit der Dynamik im Publikum umzugehen. Die Auswertung mit einem großen Publikum bereitet spezifische Schwierigkeiten, denn die Mehrzahl der Zuschauer kommt dabei nicht zu Wort, muß also nach dem Film erneut passiv zuhören, wie andere sich zu Wort melden.

Große Gruppen entfalten stets eine starke Dynamik, mit der umzugehen, ohne dabei die Projektintentionen aufzugeben, nur gelingt, wenn die Schüler daran gewöhnt sind, sich frei in großen Gruppen zu äußern, und geeignete Moderatoren vorhanden sind. In großen Gruppen agieren Jungen und Mädchen, erregt vom Film und von den altersadäquaten Spannungen untereinander, stärker und sie können sich schwerer auf eine kreative differenzierte Betrachtung und persönliche Reflexion einlassen. Wenn dann auch nur wenige zu Wort kommen, wird die Mehrheit einmal mehr am Wert von Reden über Bilder überhaupt zweifeln. Damit aber wäre das Gegenteil dessen erreicht, was das Projekt anstrebt: genaues Hinsehen auf Bilder der Gewalt und darüber reden. Leider kommt in Großgruppen dem Leiter eine so zentrale Funktion zu, daß er besonders aktiv ist, während die meisten Schüler sehr passiv bleiben. Um in größeren Gruppen Filmanalyse intensiv und kreativ zu betreiben, ist es daher ratsam, sie wenigstens in der Auswertungsphase in Kleingruppen zu teilen, um Details zu erforschen. Dazu müßten dann auch mehrere Videoabspielgeräte zur Verfügung stehen, damit parallel gearbeitet werden kann.

Eine Begrenzung der Teilnehmerzahl für Projektgruppen erleichtert die Arbeit für alle Beteiligten. Gerade mit „schwierigen" Schülern ist das von erheblicher Bedeutung, damit sie weniger agieren und sich persönlich angesprochen fühlen können und wissen, daß es in der Auswertung auf sie ankommt. Mit Gruppen von acht bis 20 Teilnehmern sind die Bedingungen zur Filmanalyse ideal.

Verdrängung der Mädchen?
Fragen zur Zusammensetzung der Gruppen

Wenn eine Teilnahmebegrenzung zum Projekt erforderlich wurde, fiel auf, daß der Anteil der Jungen weit höher als der von Mädchen war. Das lag nicht etwa an mangelndem Interesse für die Gewaltfilmthematik – eine Meinung, die häufig vertreten wird –, sondern, wie die Befragung von Mädchen zeigte, daran, daß Jungen, sei es mit Überredung, Tricks oder Druck bei knappen Plätzen die Mädchen, die ursprünglich auch Interesse hatten, aus den Gruppen verdrängten. So wurde deutlich, daß dort, wo Klassenverbände aufgelöst sind und das Prinzip der Freiwilligkeit zur Teilnahme herrscht, Vorstrukturierung erforderlich ist, z. B. durch Quotierung der Plätze für Jungen und Mädchen. Wenn das Problem geschlechtsspezifischer Gruppen auftritt, sollte es ein Arbeitsthema zur Frage sein: „Warum sind keine oder nur wenige Mädchen in der Projektgruppe Gewaltfilme?" So lassen sich bereits im Vorfeld der eigentlichen Filmanalysearbeit Wirkungen gesellschaftlicher Vorurteile: „Gewalt(-film) ist Männersache" erkunden.

Die Frage der Zusammensetzung der Gruppe nach Größe und Geschlechtern sollte nicht nur dem Zufall überlassen, sondern je nach pädagogischer Absicht entschieden werden. Mit geschlechtsgleichen Gruppen zu arbeiten, kann gerade bei Gewaltthemen sinnvoll sein, etwa wenn es gravierende Konflikte in der Gruppe gibt, die vorrangig geklärt werden müssen, damit sie nicht in der Arbeit ausagiert werden. Will man jedoch gemischte Gruppen, die den Vorzug haben, daß die Wahrnehmungen vielschichtiger und kontroverser sind als in homogenen Gruppen, dann muß man im Vorfeld aktiv dafür sorgen, etwa durch Kontingentierung der Plätze für Jungen und Mädchen.

Geschlechtsspezifische Sichtweisen, Vorurteile und Präferenzen für bestimmte Filme zeigen sich auch innerhalb der Arbeit, und Gewaltfilme geben eine Fülle zu diskutierender Beispiele stereotyper Verhaltensweisen von Männern und Frauen. So war es für alle Projektteilnehmer sehr lehrreich, die Empörung eines Mädchens ausgerechnet an einer Filmstelle zu hören, die nicht etwa brutale Kampfszenen betraf, sondern die versöhnliche Schlußszene in „running man", als der Held der Heldin die Hand auf die Schulter legt, eine Bewegung, die ihr als bemächtigend erschien, die aber den Jungen überhaupt nicht aufgefallen wäre.

Prozesse im Hier und Jetzt und die Position der Zuschauer

Mehr als bei normalen Spielfilmen ist bei Gewaltfilmen die Situation im Hier und Jetzt einer Gruppe von Bedeutung für das Gelingen der Arbeit. Denn alles, was die Position der Zuschauer gegenüber dem Bild/Film ins Bewußtsein hebt, trägt dazu bei, daß die Zuschauer ihre passive Konsumhaltung gegenüber Filmen durch kritisches Bewußtsein erweitern. So hat etwa bereits die Sitzplatzordnung Auswirkungen auf den Gruppenprozeß. Die übliche frontale Ordnung vor dem Fernseher ist ungünstig für Gespräche, denn mit jemandem, der einem den Rücken zukehrt, läßt sich schlecht reden. Zumindest für die Auswertung sollte deshalb eine kreisförmige Sitzordnung gewählt werden.

Längere theoretische Vorgespräche, didaktisch von Lehrerseite einerseits nötig, methodisch aber unmittelbar vor einem Film schwer unterzubringen, weil die Ungeduld der jungen Menschen in Erwartung eines spannenden Filmes schwer zu überwinden ist, stoßen auf Widerstände. Um in dieser Situation aber dennoch zu vermitteln, was der Unterschied des Projekts im Vergleich mit üblichem häuslichen Filmesehen ist, worum es also bei der Seh-Arbeit gehen soll, verwende ich einführend die grafischen Modelle, um die Position der Zuschauer gegenüber Filmen bewußt zu machen und die Frage: „Wenn ihr euch jetzt sehen könntet ... Wie sitzen Kinder vor dem Fernseher, Neugierige, Gelangweilte, Ängstliche?“ Belustigt zeigen sie alle möglichen Variationen von Körperhaltungen und führen sich so eindrücklich ihre eigene Situation als Zuschauer von Filmen vor, wenn sie „ganz Auge sind“ und „wie gefesselt“ sitzen. Ich frage dann, wie Filme wohl das Kunststück fertig brächten, daß ihnen alle offenbar gerne, freiwillig, still und so lange Zeit Aufmerksamkeit schenken, und betone, daß diese Frage eine der wichtigsten ist, die es zu erforschen gilt.

Um die Zuschauerposition und die Tatsache, daß die Menschen im Raum für mich wichtiger sind als der Film, für die weitere Arbeit anschaulich vor Augen zu führen, wird anschließend gemeinsam ein Plakat produziert. Das geht ganz schnell, die Mädchen und Jungen erhalten die Aufgabe, ein kleines Protrait von sich selbst zu skizzieren und es dann auf ein großes Plakat zu kleben, so daß dort eine bunte Zuschauermenge entsteht, die mit Interesse studiert wird: „Wo bin ich, wo bist Du?“ Das Plakat wird gegenüber dem Fernsehgerät angebracht. Das hat den Vorteil, daß die Zuschauer sich nicht aus den Augen verlieren.

Das Problem, vom Sehen auf Reden umzuschalten

Unabhängig davon, für welche Projektform man sich entscheidet, sollte vor Projektbeginn mit allen Teilnehmern besprochen werden, was die Ziele der Gewaltfilmanalyse sind und welche Bedingungen – Sehen und Reden – zur Teilnahme gestellt sind. Besonders wenn das Prinzip der Freiwilligkeit an Projekttagen herrscht und die Klassenverbände aufgelöst werden, ist es organisatorisch schwieriger, alle Teilnehmer vor Projektbeginn zu erreichen, um Mißverständnisse über das Projekt auszuräumen und allen mitzuteilen, daß sie auch aktive Arbeit leisten müssen. Gelingt das im Vorfeld nicht, stellt sich die Schwierigkeit, mit meist recht ungeduldigen Jungen und Mädchen Vorbesprechungen machen zu müssen, die sie unmittelbar vor dem Film weniger interessieren. Aber selbst wenn Vorbesprechungen stattfanden und Zusicherungen der Jungen und Mädchen gegeben wurden, ist damit zu rechnen, daß sie dennoch am Mißverständnis festhalten, der Konsum des Films sei die Hauptsache und das Reden die Nebensache. Dann suchen sie der Analysearbeit auszuweichen, zögern die Pausen hinaus oder möchten, wenn es keinen zweiten Film gibt, nach der Pause gehen.

In solchem, der Filmanalysearbeit ausweichenden Verhalten drückt sich zunächst allgemeine Abwehr der Jungen und Mädchen in Form von Hilflosigkeit, Unlust und Mißtrauen gegen Erwachsene aus. Es ist hilfreich, die Situation (reden nach einem Film) mit ihren Schwierigkeiten anzusprechen und nach Möglichkeit differenziert zu erforschen, was es den Jungen und Mädchen schwer macht, über Filmeindrücke zu reden. Dabei stellt sich oft heraus, daß das, was als Bequemlichkeit oder Unlust erscheint, vor allem eine große Hilflosigkeit ist. Sie können sich zunächst gar nicht vorstellen, was es viel über einen Film zu reden gibt. Auch argwöhnen sie, jetzt gehe es um Moralpredigten oder Vorwürfe Erwachsener („so einen Mist an Filmen seht ihr an"). Um ihre Hilflosigkeit zu überwinden, benötigen die Schülerinnen und Schüler zuerst eine ausreichende Motivation zur Analysearbeit und dazu einige didaktische Hilfestellungen.

Um die Motivationen zum genauen Hinsehen und zum anschließenden analysierenden Gespräch nach dem Film zu schaffen, ist es sinnvoll, bereits vor der Filmvorführung Spezialistenteams zu bilden, die dann während des Filmes bestimmte Aspekte ihrer Wahl beobachten und notieren. Gleich, ob sie sich für Fragen zu Schauspielern, Handlung, Waffen, Reaktionen der Zuschauer, Musik, Stunts entscheiden, anhand ihrer Fragerichtung „schwimmen" sie nicht uferlos im komplexen Filmgeschehen, sondern haben am Ende des Filmes einige konkrete Beobachtungen, die sie als Spezialisten der Gesamtgruppe vortragen können. In der Praxis zeigt sich, daß viele bei der Erstsicht eines Filmes so beschäftigt sind, überhaupt der Handlung zu folgen, daß sie nicht in der Lage sind, gleichzeitig auf Details zu achten. In diesen Fällen wäre erforderlich, daß jede Gruppe einen Arbeitsplatz hätte, mit Videoband und Abspielgerät, um ihre Fragestellungen selbst zu bearbeiten. Solange aber die technische Ausstattung der Schulen solche Einzelarbeit am Videofilm nicht erlaubt, muß improvisiert werden.

Die Unlust, nach einem Film zu reden, sollte nicht als Fehler junger Menschen, sondern als ein typisches Problem der Wahrnehmung von Filmen besprochen werden. Am Ende eines Spielfilms müssen Zuschauer „umschalten", d. h. sie müssen relativ jäh aus der bunten Bilderwelt heraus und in der grauen Wirklichkeit „landen". Nach der „Landung" befinden sie sich in einem Zustand von Erregung und Erschöpfung zugleich, der unvermeidbar Frustrationsgefühle erzeugt. Viele möchten, um weiter in Spannung zu bleiben, gleich den nächsten Film, andere spüren jetzt plötzlich ihre körperlichen Bedürfnisse: „Jetzt brauch ich was zu essen". Da alles, was die Zuschauer betrifft, auch zum Thema Gewaltfilm gehört, sollte auch die Übergangsphase des „Landens" Thema sein.

Damit das möglich ist, sollte vor der Pause, die nach einem Film benötigt wird, zweierlei angeregt werden. Erstens, ehe sich die einzelnen unterhalten und ehe sich der Ersteindruck wandelt, sollte jeder ein kurzes Urteil (schriftlich) über den Film abgeben. Zweitens sollte daran erinnert werden, auch in der Pause bewußt auf die eigenen Reaktionen – körperliche, emotionale, soziale – zu achten.

Die Schwierigkeit, Fragen zum Film zu stellen

„Was gibts da viel zu fragen", sagte ein Teilnehmer. „Gut oder schlecht, was sonst?" Die Komplexität der Eindrücke durch einen Film bewirkt, daß das Reden zunächst schwerfällt, bedeutet es doch, Einzelheiten aus der Fülle der Eindrücke herauszugreifen. Die zentrale Schwierigkeit junger Menschen vor Bildern ist, daß sie es für überflüssig halten, noch viel zu sagen, da doch „alle schon im Bilde" sind, gegen das Worte doch bloß dürr und Fragen unnötig erscheinen.

Fragen nach einem Film zu stellen, ist so schwer, weil Schülerinnen und Schüler nach der suggestiven, passiv aufgenommenen Bildsprache ihre eigene vergleichsweise karge Wortsprache benutzen müssen. Hinzu kommt, daß Filme tiefe emotionale Schichten anrühren, die in Worte zu fassen den meisten Jungen und vielen Mädchen ohnehin schwerfällt. Je jünger die Kinder sind, desto größer ist noch ihr spontanes Bedürfnis, über das Gesehene zu reden. Für ältere Jungen und Mädchen ist es entlastend, diese Schwierigkeit als eine typische Schwierigkeit der Menschen gegenüber Bildern zu deuten und nicht als ihre persönliche Unfähigkeit. Die Lösung des Problems liegt in gemeinsamer Arbeit, Fragen zu Spielfilmen, Zuschauern und Regie stellen zu lernen. Die Situation – keiner fragt was zum Film – kann als kreative Chance zur Erforschung aktueller Befindlichkeiten der einzelnen nach einem Film genützt werden. „Wie fühlt wer sich nach dem Film?" – Fragen solcher Art bringen nach der Fixierung der Schüler auf fremde Bilder die persönlichen Aspekte wieder stärker ins Bewußtsein. Erwachsene können ihre Beobachtungen an sich selbst oder über die Gruppe mitteilen: „Ich sehe, daß ihr ... gähnt, gelangweilt seid, lustlos ... wie kommt das?" Eine andere Möglichkeit ist, die Situation, die vor der Pause herrschte, zeichnerisch darzustellen: „Ich vor dem Fernseher" oder „So sehen mich vermutlich andere".

Hilfreich ist der Vergleich mit dem Fernsehen zu Hause, „Was, wenn wir jetzt nicht in der Schule wären, würdet ihr zu Hause in solchem Fall nach Filmende tun?" Die Erforschung der Zuschauersituation am Ende eines Spielfilmes kann auch Anlaß sein, nach den Interessen der Filmindustrie bzw. des Fernsehens an diesem Zustand der Zuschauer, daß nämlich gleich gar keine Fragen nach einem Film aufkommen, zu fragen („bleiben Sie dran, gleich kommt ..."), so daß Zuschauer daran gewöhnt werden, nicht ab- oder umzuschalten, sondern immer weiterzusehen. Der von innen und außen beeinflußte Zwang zum Weitersehen nach einem Film kann so bewußt gemacht werden.

Zur anfänglichen Unterstützung für junge Menschen, die Komplexität der Filme aufzubrechen, indem sie selbst Fragen, die ihnen genaueres „Hinsehen" ermöglichen, stellen, sei auch an die sechs W-Fragen erinnert, auf die eine Nachricht Auskunft geben sollte: Wer hat wann, wo, was, wie und warum gemacht bzw. gesehen, gehört, gesagt? Diese Fragen lassen sich anhand der grafischen Modelle auf alle drei Ebenen, Film, Regie und Zuschauer anwenden. Mit ihrer Hilfe können Schüler jeweils den Problembereich angeben, auf den sie sich mit ihren Fragen beziehen, und können dadurch auch deutlicher erkennen, ob – und dann ist zu fragen warum – sie andere wichtigen Bereiche dabei „übersehen“.

Sehen und Reagieren – Analysearbeit auf den drei Ebenen

Ein Anfang der Auswertungsarbeit nach einem Film kann die Reflexion der aktuellen Situation in der Gruppe nach einem Film sein. Auf Zuschauerebene anzuknüpfen ist sinnvoll, wenn große emotionale Erregungen nach oder während eines Filmes spürbar waren. Gruppenbezogene Beobachtungen sind anfangs einfacher zu thematisieren als individuelle. Erwachsene können dabei hilfreich sein durch Mitteilung ihrer Beobachtungen. „Was mir aufgefallen ist bei uns hier im Raum während des Filmes...“; „es wurde gelacht – erinnert ihr euch, an welchen Stellen?“; „Habt ihr gemerkt, wie gelacht wurde – war es spöttisch, höhnisch, fröhlich, grölend... etc.?“; „Wo war es ganz still?“ „Wo war Unruhe, Stille, Langeweile?“; „An welchen Stellen gab wer Kommentare, welche, warum, wozu?“ So haben wir etwa festgestellt, daß Schüler und Schülerinnen, die einen Film bereits kennen, andere gleichsam „vorwarnen“, wenn spannende Szenen kommen. Das mag Angabe sein, ist aber auch ein sozialer Akt der Vorbereitung auf Überraschungen.

Thematisiert man gruppenbezogene Beobachtungen, so empfiehlt es sich, vom Allgemeinen auszugehen und vergleichende Studien anzuregen: „Wer fand was besonders spannend oder aber besonders langweilig?“ Solche Urteile können mit den Fragen näher untersucht werden: „Wie kam es zu dem Gefühl der Langeweile, was war an dieser Stelle im Film los?“; „Woran lag das – Musik, Story, Zeitdauer, Zuschauer?“ Methodisch sollte nach Möglichkeit die Antwort nicht von einem einzelnen gegeben werden, sondern durch erneutes Abspielen der Filmszene gesucht werden. Es geht dabei auch darum, zu erforschen, wie abhängig Wirkungsfragen von Erwartungen der Zuschauer sind, die Überraschungseffekte verlangen und frustriert reagieren, wenn sie enttäuscht werden.

Auf Filmebene mit der Analyse zu beginnen, ist jungen Menschen noch eher geläufig. Hier bieten sich Verständnisfragen zum Inhalt als Anfang an. „Was war unklar, mißverständlich?" „Was habe ich nicht verstanden?" Verständnisfragen sind besonders für jüngere Kinder wichtig, weil sie sich oft scheuen, offen zuzugeben aus Angst, ausgelacht zu werden, daß sie etwas nicht ganz verstanden haben. Zu erfahren, daß auch andere, Lehrer etwa, nicht „mitkommen", daß auch sie Filmstellen verwirrend finden, ist nicht nur eine Entlastung, sondern vor allem eine Bestätigung für ihre individuelle Wahrnehmung.

„Verwirrstellen" des Filmes können zunächst alle gesammelt und dann zur näheren Untersuchung ausgewählt werden. Sie bieten wertvolle Anlässe zur wiederholten Betrachtung der fraglichen Filmszene, bis der Zusammenhang geklärt ist bzw. festgestellt werden kann, daß hier von Regieseite her Mißverständlichkeit produziert wurde. Dann stellt sich die kritische Frage nach dem Grund – Zufall, Unfähigkeit oder Absicht –, den Zuschauer in die Irre zu führen. Auf diese Weise kann bewußt werden, daß Verwirrung ein Stilmittel der Regie ist und Regie ein Spiel mit den Erwartungen der Zuschauer treibt.

Kreativität in der Auswertungsphase

Die Komplexität der Materie Filme bedeutet, daß es unmöglich ist, in der kurzen Zeit eines einzelnen Projektes sämtliche Ebenen gründlich zu erforschen. Je nach Interessenlage der Gruppe muß man Schwerpunkte setzen in Erinnerung an das Ziel: Nicht vollständige Filmanalyse ist das Hauptprojektziel sondern, daß bewußter als zuvor wahrgenommen wird, was alles während des Filmes, im Film selbst, aber auch im Zuschauer und in der Gruppe ablief. Wichtiger als Vollständigkeit ist, daß Menschen beginnen, ihre visuellen und emotionalen Eindrücke in Sprache zu übersetzen. Wichtig ist, daß sie dabei die grundlegende Erfahrung machen, daß es auf sie persönlich, auf ihre individuelle Sichtweise ankommt, so daß es spannend sein kann zu vergleichen: Ich sehe etwas, was du nicht siehst, und das ist gut so.

Um die Gefahr zu vermeiden, daß die Auswertung zu sehr ins Theoretische gerät, so daß sie weniger begabten Schülern im Vergleich zum anschaulichen Film langweilig wird, ist Sorge dafür zu tragen, daß die Kreativität und Eigenaktivität der Schüler angeregt und nach Möglichkeit gefördert wird. Die Jungen und Mädchen sollten nicht wie im Mathematikunterricht still und aufmerksam dasitzen, um sich vollkommen auf eine Sache zu konzentrieren, sie sollten vielmehr dabei nach Bedarf kritzeln, malen, ect. Alles, was sie tun, wird als in irgendeiner Weise zugehörig zur Problematik „Film, Bild und Gewalt" betrachtet. Alles gehört zum Thema und hat eine zu erforschende Bedeutung. Auf diese Weise erleben junge Menschen, daß nicht nur die Sache, der Film, wichtig ist, sondern ebenso sie, die Zuschauerinnen und Zuschauer.

Probleme der Filmauswahl

Jungen und Mädchen, denen ein Projektangebot gemacht wird, fragen stets begierig nach den vorgesehenen Filmtiteln und reagieren, je nachdem, ob sie sie schon kennen oder etwas darüber gehört haben, sehr emotional zustimmend oder ablehnend. In Mimik und Kurzkommentaren machen sie deutlich, wie sehr sie sich vor allem Spannung erhoffen und wie sehr sie Frustration fürchten. Solche Reaktionen bei der Filmauswahl sind so typisch, daß sie thematisiert werden sollen, kommt in ihnen doch ein mit häufigem Filmesehen verknüpftes soziales Problem zum Ausdruck. Vielseher genießen unter den Alterskollegen häufig besondere Aufmerksamkeit und Respekt. Wer „schon alles" gesehen hat, wird von anderen, denen das nicht möglich war, beneidet und bewundert, und seine Zustimmung „gut" oder „schlecht" entscheidet bei anderen über Lust- oder Unlustreaktionen.

Mit der Frage der Filmauswahl werden Erwachsene unmittelbar mit ihrer persönlichen Unterlegenheit gegenüber Vielsehern konfrontiert. Damit kehrt sich tatsächlich das übliche Schüler-Lehrer-Verhältnis partiell um, und gerade dies kann durchaus als Chance, nämlich voneinander zu lernen, verstanden werden („sage mir, was du siehst, ich sage dir, was ich sehe"). Wenn Schüler eigene Vorschläge machen, „bessere" in ihren Augen, d.h. meist für dramatischere Filme, die mehr Spannung versprechen, wissen Erwachsene meist nicht, worauf sie sich einlassen, wenn sie Schülervorschläge akzeptieren. Sie riskieren dabei Belastungen und müssen klären, ob sie das möchten.

Entschließen Erwachsene sich aus Interesse an dem, was Jugendliche an Bildern in ihren Köpfen haben bzw. haben möchten, dennoch dazu, ihnen unbekannte, von Schülern ausgesuchte Filme anzusehen, so kann das, wie das folgende Beispiel zeigt, sehr sinnvoll sein. So hat sich eine Kollegin, die Deutsch und Psychologie unterrichtet, an einem Projekttag mit einer kleinen Gruppe von Problemschülern einer Abschlußklasse darauf eingelassen, einen ihr unbekannten Film nach Schülerwahl („Gesichter des Todes") zum Projektthema zu machen. Sie ließ die Schüler wählen, begleitete sie in eine Videothek und erlebte dort, was die Schüler längst wußten, daß der Jugendschutz keineswegs so, wie er sollte, funktioniert. Den Film selbst fand sie ganz entsetzlich, doch die gemeinsame Erfahrung ermöglichte der Gruppe, über Gefühle der Überforderung und persönlichen Ängste miteinander zu sprechen – ein Thema, das mit Lehrpersonen zu besprechen die Jugendlichen sonst weit von sich gewiesen hätten. Im Schulbereich, wo vielfältige, auch altersbezogene Rücksichten zu nehmen sind, wird man das Risiko überfordernder Filme durch klare Grenzsetzungen vermindern und sollte sich als Lehrperson die Filme immer vorher gründlich ansehen, sollte ihre Probleme kennen und überlegen, für welche Konfliktthemen sie geeignet sind.

Absprachen und konkrete Beobachtungsaufträge

Hilfreich zum schnellen Wiederfinden von Szenen, wichtigen Sätzen oder Schnitten in der Auswertungsphase, jedoch Schüler bei der Erstsicht überfordernd, ist es, ein Film-Script („Drehbuch") herzustellen, am besten vor dem gemeinsamen Sehen, dort werden mit Angabe von Laufwerkszahlen Notizen zum Inhalt und zu Namen, Zeiten, Orten, Handlung und Musik eingetragen. Vor Filmbeginn werden nach Möglichkeit Spezialthemen für Kleingruppen vereinbart. Für Ungeübte sollten das sehr einfache Zählaufgaben oder Beobachtungsfragen sein: Verfolgungsjagden, Unfälle, Todesfälle, Waffenarten, lustige Szenen, Dauer der spannendsten Szenen, Männertypen, Frauentypen, Nahaufnahmen, Trickaufnahmen, Stunts, Landschaft, Lachen im Film oder im Raum, Konflikte, Stille, Musik laut/still, markante Sätze usw.

Vor dem Film ist schließlich zu vereinbaren, ob und wann Pausen gemacht werden. Bei jüngeren Teilnehmern kündige ich an, daß ich dann unterbreche, wenn ich den Eindruck habe, es sei nötig, und daß sie ebenfalls den Wunsch nach einer Pause äußern können. Emotionale Reaktionen, Enttäuschung der Unterlegenen nach einer für sie unbefriedigenden Filmwahl können ein Thema sein. Kritik, Triumphgefühle – alle Äußerungen der Gruppe nach der Wahl eignen sich dazu, Grundgefühle von Zuschauern in Erwartung eines Filmes zu reflektieren.

Die Problematik der Wünsche nach größtmöglicher Spannung, die zur Eskalation der Ansprüche an Dramatik führt, ist ein wichtiges Thema. Hier begreifen Kinder die Verschränkung der Interessen von Zuschauern und Filmproduzenten, und an dieser Stelle kann man die Ohnmacht der Erzieher und Eltern thematisieren.

2. Übungen zur Vorbereitung der Filmanalysearbeit

Überblick über die Problemstellung anhand der grafischen Modelle zum visuellen Analphabetismus

Anhand der grafischen Modelle zum visuellen Analphabetismus kann den Projektbeteiligten zunächst ein Überblick über die Intentionen des Projekts gegeben werden, so daß auch theoretisch weniger Interessierte eine anschauliche Vorstellung von den drei zum Bild gehörenden, im vollen Sinne des Wortes fragwürdigen Problembereichen von Filmen haben, auf die man in der Auswertung immer wieder verweisen kann. Das ermöglicht ihnen, gezieltere Aufmerksamkeit im visuellen Bereich und gezielte kritische Fragen zu allen drei Ebenen zu entwickeln.

In der Auswertungsphase ist es damit einfacher, Aussagen zur Problematik Film und Zuschauer den drei verschiedenen Ebenen zuzuordnen und sie kritisch nicht nur inhaltlich, sondern auch daraufhin zu befragen, ob und gegebenenfalls warum sie den Diskurs auf nur eine oder nur zwei Problemebenen einengen. Damit rücken wichtige Fragen nach den Interessen hinter den Argumenten für oder gegen Filme in den Vordergrund, damit wird die Notwendigkeit zur Klärung der unterschiedlichen Interessenlagen an Gewaltfilmen plausibler.

Die Frage der Interessen betrifft die Regieebene ebenso wie die Zuschauerebene, von Jungen, Mädchen, Frauen und Männern als Eltern, Bekannte, Nachbarn, Erzieher ect. Die Projektteilnehmer sehen so, was mit Regieebene gemeint ist, daß dort bei jedem Film eine Akkumulierung vielfältigster Kenntnisse, Künste und Fähigkeiten stattfindet, daß dort professionelles know how über Form, Farbe, Ton und Wirkung aus allen Kunst- und Wissenschaftsbereichen, z. B. aus bildender Kunst, der Schauspiel-, Masken-, Foto-, Sprach-, Erzähler- und Tonkunst, aus Künsten der Film- und Geräuschtechnik und der Dramaturgie und Psychologie über menschliche Bedürfnisse, Ängste und Wünsche wirksam ist, daß auf dieser Seite alles auf Wirkung beim Zuschauer hin kalkuliert ist unter relativ hohem Kapitaleinsatz, der sich verzinsen soll. Nichts ist hier dem Zufall überlassen, nichts ungewollt, sondern in allen Details bewußt so und nicht anders gestaltet, um die Zuschauer in eine bestimmte Richtung zu lenken.

Damit wird der Gegensatz klar, daß auf Regieebene hochgradige Raffinesse und souveräner Sachverstand in der Wahl und im Einsatz der Mittel, also die vollkommene Abwesenheit von Naivität dominiert, während auf der anderen Seite hochgradige Naivität kennzeichnend ist für die Ebene visuell ungebildeter Zuschauer. Zuschauer wissen wenig von der Ausbeutung psychologischen Wissens im Film, und wenn sie geschieht, so erkennen sie sie nicht, weil sie wenig von ihren eigenen unbewußten libidinösen und aggressiven Bedürfnissen und Idealen wissen, weil sie inhaltlich denken, so daß sie durch andere Menschen ausbeutbar werden.

Als Produkte auf dem Markt sind Filme eine Ware wie andere Artikel und werden als solche professionell beworben, lanciert und vermarktet, im Kino zuerst, dann abgestuft in Premierekanälen des Pay-TV, in Videotheken und schließlich im allgemeinen Fernsehen. Details der Produktion, wie hoher Kostenaufwand oder Skandale oder andere Superlative sollen die Neugier der Zuschauer wecken, nicht ihren kritischen Verstand.

Bewußt werden soll, daß den Zuschauern Filme als kosmische Einheit angeboten werden, deren einzelne Elemente zu einer Einheit von Bild, Musik und Ton zusammengeschweißt sind, die en bloc konsumiert werden muß. Daher erfordert es vom Zuschauer, der keinen Einblick in den filmischen Entstehungsprozeß hat, besondere Anstrengungen, durch kritische Betrachtung von Details die Einheit dann aufzulösen, wenn sie wissen wollen, wer sie womit beeindrucken und lenken kann.

Wahrnehmungsübungen am stehenden Bild

In Anbetracht der Komplexität der Spielfilme, die es schwer macht, Einzelheiten zu betrachten, suchte ich Möglichkeiten, einfachere Vorübungen für die eigentliche Filmanalyse zu entwickeln, die nicht unter das Diktat der Zeit wie vorübergleitende Bilder zwingen, aber dennoch unmittelbar die Problembereiche Gewalt, Bild, Jugend und Gesellschaft berühren sowie motivierend für Jungen und Mädchen sind, genauer hinzusehen und zu reden.

Bildbetrachtungsübungen anhand von Postern zu Filmen eignen sich gut als Vorstudien zur Projektarbeit. Man kann daran mit den Methoden der Kunstbetrachtung arbeiten, kann alle formalen Aspekte und Wirkungsaspekte untersuchen und dabei bereits zentrale Grundelemente visueller Bildung dieses Projekts einüben: die differenzierende Wahrnehmung und das Verbalisieren anhand der Leitfrage „was sehe ich, was siehst Du“, die bewußt unterschieden werden soll von der anderen wichtigen Frage, „was denkst du Dir dazu“ bzw. „was weißt Du dazu?“.

Es ist für Schüler eindrucksvoll zu erleben, wie schwer es ist, beide Fragen auseinanderzuhalten und rein sachliche Aspekte von emotionalen und assoziativen zu trennen. Man kann das wie ein Spiel üben: merken, wenn einer „nicht zur Sache“ spricht. So wird bewußt, wie schnell häufig Fakten und Vermutungen ineinandergemischt werden.

Oder daß Zuschauer leicht zu täuschen sind, weil sie selbst nach ihrem Wissen Bildfragmente ergänzen und dann in der Erinnerung für das Ganze halten können, was sie tatsächlich nur im Ausschnitt gesehen haben. Fragwürdig wird so der Satz „das habe ich gesehen". Schließlich erkennen sie auch, daß ein Regisseur oft nur wenige Bildteile braucht, als Andeutungen nur, um Zuschauer in eine von ihm bestimmte Richtung denken zu lassen.

Poster bieten zahlreiche Ansatzpunkte zur Vorarbeit, zum Verständnis für den zielbewußten Einsatz künstlerischer fotografischer Mittel durch die Hersteller. Am Poster läßt sich in Ruhe in allen Einzelheiten studieren, welche formalen Mittel eingesetzt wurden, damit ein Mensch „groß heraus kommt". Körpergröße, Ausschnitte, Haltung, Größe, Farbe, Form, Perspektive, Hintergrund, Attribute, Kleidung, Blickrichtung, die Wirkung der Elemente auf Zuschauer nach Sympathie, Antipathie, Neugierde kann so bewußt werden.

Auch Bild-Gedächtnisexperimente lassen sich mit Postern spielerisch verknüpfen. Dadurch wird die Bedeutung des Zeitfaktors für die Wahrnehmung bewußter. Dazu wird ein Poster kurze Zeit gezeigt, dann weggenommen und die Aufgabe gestellt, es aus der Erinnerung zu skizzieren. Wie schwer es ist, das, was man gesehen hat, genau zu erinnern und wiederzugeben, wird so unmittelbar erfahrbar.

Materialsammlungen zum Thema „alltägliche Gewaltbilder" (Spielzeug, Bilder aus Zeitschriften)

Eine andere Möglichkeit, Vorübungen zum Filmesehen zu machen, ist die Aufgabe, Materialsammlungen anzulegen zur Frage: „Gewalt im Bild, wo begegnet sie uns täglich?" Aus Plakaten, Bildern, Zeitungsausschnitten, Spielzeugen etc. läßt sich eine kleine Ausstellung arrangieren, anhand der weitergearbeitet wird unter der Frage: „Was sehe ich alltäglich an Gewalt, was siehst Du?". Jüngere Kinder im Grundschulalter bis etwa 11 Jahren reagierten mit solchem „Gewaltmaterial" spontan, sie agieren, indem sie mit den Spielzeugwaffen hantieren, so daß sich kurze Rollenspiele förmlich anbieten. Zu zweit oder zu dritt sollen sie derartige kleine Szenen nach kurzer Verabredung miteinander improvisieren über Vorfälle, die sie gesehen haben oder sich denken. Die Zuschauer werden danach befragt (vom „Fernsehreporter"), was sie gesehen haben.

Erfahrungen mit Grundschulklassen zeigen, wie wichtig und nützlich diese vorbereitenden Spiele zur Aufarbeitung von Gewaltproblemen und Beziehungskonflikten innerhalb der Klasse sind. Der deutlich erhöhte Erregungspegel der Klassen, der sich motorisch und verbal ausdrückt, entsteht regelmäßig bei Gewaltthemen, weil sie emotionale Konflikte der Kinder berühren, die auch in Gewaltfilmen agiert werden, Freund-Feind-Konflikte, Bündniskonflikte, Angstgefühle, wie ich sie als Ausdruck der Disposition zur Radikalität beschrieben habe, Konflikte über das „Wer mit wem gegen wen und wie schlimm?". Es ist sehr eindrücklich für die Kinder, durch solche Rollen- und Beobachtungsspiele zu erleben, daß es gerade ihre Konflikte unter Freunden sind, die beeinflussen, was man genau oder ungenau sieht bzw. ob man genau oder aber ungenau oder falsch sagt, was man gesehen hat. Emotionale Erregung in Gruppen durch Gewaltthemen sollten benannt und in Zusammenhang gebracht werden mit Ängsten aller Art. Angst davor, in die Außenseiter-, die Feind- oder Opferposition zu geraten, Angst vor Verrat, vor Unterdrückung, vor Einsamkeit, vor Rivalität ect. Es liegt nahe, an solchen Stellen den aktuellen politischen Bezug zu Gewalt, auch zu fremdenfeindlicher Gewalt herzustellen, bei der es oft so schwer ist, Zeugen zu finden.

In den Rollenspielen kam noch eine für Gewaltfilme typische Problematik zum Vorschein, die Tendenz zur harten Bestrafung und zur Selbstjustiz. Kinder spielen die gnadenlose Haltung des Entweder-Oder („Rübe ab", „auf der Stelle erschießen") gegenüber „falschem" Verhalten. Diese rigiden Straftendenzen sind besonders zu beachten, nicht moralisierend, sondern akzeptierend („das hättest du gerne so") und phantasierend („was müßtest Du dann von den anderen befürchten?"). Rigide Strafwünsche resultieren nach psychoanalytischem Verständnis u. a. aus der tiefen Angst aller Kinder, „fallengelassen" zu werden, aus der Angst vor Beziehungsabbruch, Ausstoßung und rächender Vernichtung. Sie sind ein Indiz für das Unvermögen vieler Kinder, versöhnende „Rückwege" nach Fehlverhalten zu finden, Indiz der Angst „Jetzt ist sowieso alles aus". Was auf den ersten Blick als reiner Mutwille und pure Lust am gnadenlosen Töten erscheint, entspringt u. a. der Angst vor Ausstoßung und wirkt wie eine Flucht in wilden Aktionismus.

Um Selbstjustizphantasien jedoch nicht uferlos Raum zu geben, war es an solchen Stellen wichtig, kontrastierende Informationen über die Rechtsprinzipien einer demokratischen Gesellschaft vorzustellen. Sie erscheinen Jungen und Mädchen völlig paradox und werden mit Verwunderung aufgenommen, weil sie nicht ihren inneren Strafvorstellungen entsprechen. So erstaunt es viele zu hören, daß „in echt", ein Angeklagter, der „nichts sagt oder lügt", nicht schutzlos dem Richter ausgeliefert ist, daß er nicht einmal gezwungen werden kann, sich mit seinen Aussagen selbst zu belasten, daß er einen Verteidiger erhält und daß es Sache des Gerichts ist, herauszufinden, wie ein Sachverhalt war; es erstaunt sie auch zu hören, daß Zeugen, die verwandt sind, schweigen können, daß sie aber sonst die Wahrheit sagen müssen, wenn sie die Wahrheit beschwören, weil sie sonst selbst von Anklage und Strafe wegen Meineides bedroht sind.

Außer der Problematik von Zeugenaussagen („das habe ich gesehen") läßt sich anhand der Materialsammlung ein wichtiges kognitives Lernziel üben, das die Nachprüfbarkeit eines Dokumentes betrifft, nämlich Quellenangaben. Um „Roß und Reiter" einer Nachricht zu kennen und um nachprüfen zu können, woher sie stammt, sind für Schülerinnen und Schüler die sechs W-Fragen als Hilfestellung nützlich. So können Vielseher ihr charakteristisches, diffuses „irgendwo habe ich irgend etwas gesehen" präzisieren und damit glaubhafter werden. Sie können sich um sachliche Angaben über Fundort, Zeitungsnamen, Seitenzahl, Jahreszahl, Datum etc. ihres Materials bemühen.

Zusammenfassung

Maßgebliche Fragestellungen der Projektarbeit mit dem Ziel, die „Grammatik der Bildsprache" ebenso wie Wirkungszusammenhänge zu erarbeiten, sind die beiden Grundfragen: erstens „was sehe ich" bzw. „was siehst Du?“ und zweitens „was denke ich“ bzw. „was denkst Du dazu?“. Bei der ersten geht es darum, die objektiv nachprüfbaren formalen Bildelemente wie Formen, Farben, Größenverhältnisse, Helligkeiten, Dunkelheiten, Strukturen am stehenden und bewegten Bild zu beschreiben. An bewegten Bildern des Films zielt die objektive Beobachtung außerdem auf Kameraführung, Perspektiven, Wechsel, Bewegungsabläufe, Bildschnitte, Bildkontraste sowie auf akustische Phänomene wie Sprache, Töne und Geräusche.

Bei der zweiten Frage geht es um das, was Zuschauer denkend und assoziierend den Bildelementen hinzufügen. Dazu gehören Fragen der Bildwirkung: „Wie wirkt ein Bild auf mich bzw. auf dich?“ Ziel ist dabei, die Pluralität möglicher Wahrnehmungen zu einem Bild zu erfahren und sie nicht als „falsch“ zu werten, sondern zu respektieren.

Die dritte Fragestellung untersucht außer den subjektiven die kollektiven Wirkungselemente von Bildern: „Welche Bildelemente und -motive lösen gleichsam automatisch Angst und Spannungsgefühle aus? Ziel ist, Grundelemente mit besonderer emotionaler Wirkung zu sammeln: typische Ansichten, Gegenstände, Räume, Farbzusammenstellungen, Hintergründe, Landschaften Größenverhältnisse, Detailsichten, Überraschungen, Szenen usw., die Beunruhigung auslösen. Dabei sind besonders geschlechtsspezifische Unterschiede zu beachten mit der Frage, gibt es Unterschiede in der Wirkung, etwas, das entweder Jungen oder Mädchen stärker beeindruckt? Ziel ist, bewußter wahrzunehmen, auf welche Bildsignale wir automatisch reagieren, so daß Filmemacher sie benützen können, wenn sie uns erschrecken wollen. Kinder kennen viele solche Situationen.

3. Filmanalysearbeit

Spielfilme enthalten eine solche Fülle von Themen, daß man, wie am Beispiel folgender Projekte gezeigt wird, im begrenzt zur Verfügung stehenden Zeitraum eines Projekts Schwerpunkte nach Interessen der Schüler und der Erwachsenen setzen muß.

Beispiel „Kindergartencop": Ein Projekttag in der Grundschule

Möglichkeiten und Grenzen der Projektarbeit mit Grundschülern der 3. und 4. Klasse der Jenaplan-Schule in Lübbenau zeigt das folgende Beispiel. Diese Schule folgt einem reformpädagogischen Konzept, bei dem den Kindern viel selbständiges Arbeiten ermöglicht wird. Die Schule hatte eine Projektwoche mit dem Thema „Gegen Gewalt und Fremdenfeindschaft" organisiert. In Anbetracht der auf die Kinder nach der Wende verstärkt einströmenden Gewaltbilder sah die Direktorin die Notwendigkeit zur Beschäftigung mit der Gewaltbildproblematik, und da sich die Lehrerinnen mit der Thematik noch nicht befaßt hatten, nutzte die Schule Projektangebote der Regionalen Arbeitsstelle für Ausländerfragen Potsdam zu dieser Thematik.

Über die Situation der Jungen und Mädchen war zu erfahren, daß viele Eltern beruflich seit der Wende große Sorgen hatten, bisher war die Kinderbetreuung während der Schichtarbeitszeiten der Eltern vom Staat gewährleistet gewesen, jetzt hatten Eltern auch damit Probleme. Viele Kinder seien sich oft selbst überlassen und säßen vor dem Fernseher, so daß sie Filme aller Art kennen, die nicht für ihr Alter bestimmt seien, ohne daß sie aber darüber reden könnten. Die Eltern wurden von der Direktorin über das Projekt informiert und erklärten sich alle einverstanden.

Die Schülergruppe, die ich vorfand, war mit über 40 Kindern unerwartet groß. Eine Teilung war zwar verabredet, offenbar aber aus organisatorischen Gründen nicht zu realisieren gewesen. Meine Befürchtungen, daß damit kaum eine gesprächsorientierte Arbeit möglich sei, wurden beruhigt mit dem Hinweis, daß es zum Schulstil gehöre, Kinder an freies Reden in großem Kreis zu gewöhnen, daß regelmäßig Gesprächskreise auch mit Eltern stattfinden, Reden in so großen Gruppen sei kein Problem für diese Kinder. Ich war skeptisch und dann um so positiver überrascht von den Fähigkeiten der Kinder, sich gegenseitig ausreden zu lassen und ihre Ansichten zu formulieren, obwohl sie angesichts der großen Zahl zu meinem und ihrem Bedauern nur selten drankommen konnten.

Der Film, den ich ausgewählt hatte, „Kindergartencop", wird in Videotheken unter der Rubrik Familienkomödie angeboten. Tatsächlich handelt es sich bei „Kindergartencop" um einen raffinierten Etikettenschwindel, mit dem Zensur und Hemmungen besonders bei Frauen unterlaufen werden können. Der Film ist ein Beispiel dafür, wie die heimliche Allianz von Regie und Zuschauer über das Zusammenspiel von Angebot und Nachfrage (nach lustigen Filmen) funktioniert und wie Gewalt im Bild so vermarktet wird, daß keine staatliche oder freiwillige Zensur greift. „Kindergartencop" ist aber, wie der Wolf im Schafspelz, ein Gewaltfilm, denn er handelt von Erpressung, Mord, Schießen, Mißbrauch, Drogen. Es wird geprügelt und geschossen, gequält, mißhandelt, mißbraucht, mißachtet, zynisch gesprochen. Filme wie „Kindergartencop" sind zur Analyse von Gewalt im Bild und in der Gesellschaft brauchbar, weil an ihnen nicht nur alle zur Problematik Film, Zuschauer und Regie gehörenden inhaltlichen und formalen Aspekte von Gewalt im Bild studiert werden können, sondern auch Fragen der Gewalt in der Familie und Fragen der Selbstjustiz.

„Kindergartencop" handelt von Beziehungskonflikten, wie sie nach außen unbemerkt häufig zu Alltagserfahrungen der Jugend gehören, von Konflikten zwischen Generationen, Vätern, Müttern und Kindern, Männern und Frauen. Erpresserische Beziehungen aus enttäuschter Liebe, aus Geld- oder Besitzgier, von Vater-Sohn-Konflikten, von Freundschafts- und Rivalitätskonflikten, Konflikten in Klassengemeinschaften, aggressive Beziehungsmuster aus Rücksichtslosigkeit, Rivalität, Eifersucht, Haß, Abhängigkeit, Unterdrückung und Erpressung werden agiert. Sie folgen dem Prinzip der Spaltung in entweder-oder, Freund oder Feind.

Eindrucksvoll war gleich zu Beginn der handfest und verbal teilweise heftig ausgetragene Kampf der Jungen und Mädchen um die besten Sitzplätze, den die stärksten Jungen und Mädchen gewannen, während andere unzufrieden die Hälse reckten. Ich stellte daher einen Zusammenhang her zwischen dem Thema Gewalt im Film und Gewalt im Raum, worauf sie mich verwundert ansahen. „Jetzt gerade haben hier die Stärksten gesiegt, Stühle wurden weggerissen, es wurde geschubst, beleidigt. Es gibt viele Leute, die sagen, das habt ihr von den Gewaltfilmen. Ist das so? Ob wir das jetzt hier doch anders lösen könnten, so daß alle zufriedene Gesichter haben und sich jeder wohl fühlt?". Es gelang schließlich den Jungen und Mädchen, Stühle zu rücken, Plätze zu tauschen, bis alle einigermaßen zufrieden waren.

In der vorbereitenden Phase waren sie sehr eifrig, aber einigen Jungen dauerte das Reden viel zu lange, und ungeduldig verlangten sie schließlich, den Film zu sehen. Einige der Schüler kannten ihn bereits, reagierten enttäuscht, sie hatten etwas Spannenderes erwartet. Einer sagte großspurig, er habe ihn schon oft gesehen, sah dann aber so gebannt zu, daß ich annehme, er wollte den anderen imponieren. Vereinbart wurden viele Unterbrechungen. Die plötzlich vollkommene Konzentration der Kinder auf den Film war dann geradezu schmerzlich für mich zu beobachten. Ihre Augen saugten sich förmlich am Bildschirm fest, sie vergaßen alles um sich herum, auch sich selbst. Ich unterbrach mehrmals mit Fragen, um das zu ändern und sie aus der Fixierung auf den Film zu holen.

„Kindergartencop" erzwingt die Aufmerksamkeit mit einem turbulenten Anfang, mit aufdringlicher Musik und verwirrenden Anfangsszenen durch schnelle Schnitte, Männer mit Sonnenbrille, Drogensüchtige, Wutausbrüche, Erpressung, Mord, man weiß nicht, wer wer ist. Es gibt die böse kalte Mutter, die nette Polizistin, unfähig ihren Dienst zu verrichten, so daß der Mann als Held einspringen muß, um im Kindergarten verdeckt zu ermitteln. Es gibt die gute unschuldige Frau, die nur ihren lieben Jungen vor dem Zugriff des bösen Vaters retten will, und eine energische Direktorin, die den rächenden Schlag gegen einen schlagenden Vater lobt. Der Hauptteil spielt im Kindergarten und ist ruhiger. Da gibt es zu lachen, eine Liebesgeschichte, hier entspannten sich die Zuschauer. Sie sahen Kinder spielen, turnen und reden über ihre Eltern. Sie sehen ideale Erwachsene, lustig und unterhaltsam, kinderfreundlich. Supermann, da lächeln die jungen Menschen, hat Angst vor Kindern im Kindergarten und sie helfen ihm, alles ist schön. Der Schlußteil des Filmes operiert wieder mit allen Mitteln des Gewaltfilmes, da tritt der böse Vater, der sein Kind erpresserisch besitzen will, auf und legt Feuer, und die böse Großmutter, die an allem schuld ist, wird schließlich mit Waffengewalt besiegt. Der vaterlose Junge erhält den Supermann als Ersatzvater.

Der vermeintlich harmlose Mittelteil des Filmes enthält einige für die Gewaltproblematik bemerkenswerte Szenen, die genauer anzusehen wichtig ist, zum einen wegen der Frage der Selbstjustiz und der Verflechtung aggressiver Zuschauerwünsche mit denen des Filmes bzw. der Regie, zum anderen wegen der mißbräuchlichen Verwendung von Kindern für Erwachsenenkonflikte. Diese Szenen schienen den Jungen und Mädchen gegenüber den vielen spektakuläreren Schießereien kaum aufgefallen zu sein, daher machte ich in der Gesprächsrunde darauf aufmerksam und fragte, ob sie sich nach dem Film an eine besondere Stelle mit einer besonderen Bewegung, die dann auch im Film und im Raum nachgeahmt wurde, erinnern. Die Kinder sahen diese Stelle wohl, aber „vergaßen" sie neben anderen, offensichtlich dramatischeren Stellen.

Es ist folgende Szene: Der gute Polizist greift sich einen bösen Vater, der immer wieder sein Kind mißhandelt. Auch die Mutter schützt das Kind nicht. „Du schlägst Dein Kind, so schlag ich Dich", sagt er und boxt den Vater mit Faustschlägen nieder. Als er dann aber bemerkt, daß Kindergartenkinder zusehen, läßt er vom finalen Schlag ab und sagt „Du bist es nicht wert, daß ich dich schlage", und läßt ihn fallen. Von Interesse ist ferner die anschließende Reaktion der Frau Direktorin, die den Schlag bei einem Gespräch als „sehr schön" lobt, ihn ihrerseits befriedigt nachahmt und damit ausdrückt, was auch Zuschauer dem bösen Vater wünschen: Schläge.

Mir ist hier wichtig, ins Detail zu gehen und nach den Gefühlen der Zuschauer zu fragen. An dieser Stelle geht es um das Bewußtmachen von geheimem Einverständnis der Zuschauer mit der Regie, hier stellt sich das Problem der „gerechtfertigten" Gewalt, wie sie der Regisseur nahelegt. Hier ist es angebracht, auf die Realität des Rechtsstaates zu verweisen, wo jeder das Recht auf körperliche Unversehrtheit hat. Weil Kinder häufig unsicher sind, ob Eltern ihre Kinder prügeln dürfen ist das besonders wichtig, damit hier keine heimliche Kumpanei betrieben wird, sondern Unrecht nach beiden Seiten klar benannt wird. Das Thema Gewalt am Kind wird auf diese Weise wichtig, ohne daß es am Projekttag persönlicher bearbeitet werden kann. Hier wäre zu wünschen, daß Lehrerinnen und Lehrer die Problematik später vertiefen, daß auch sie genau hinsehen, wo reale Mißhandlung erkennbar ist. An dieser Stelle wird auch klar, daß Filme, weil sie aktuelle Bezüge zur Realität haben, idealerweise nicht nur an besonderen Projekttagen untersucht werden sollten, sondern kontinuierlich in regulären Unterrichtsbezügen.

Die Fähigkeit der Kinder dieser Grundschule, im großen „Stuhlkreis" über ihre Eindrücke und Fragen zu reden, war erstaunlich. Man möchte es allen Schulkindern wünschen, daß ihre Lehrerinnen und Lehrer dies mit ihnen üben und ihnen auf diese Weise das elementare Gefühl vermitteln, daß sie wichtig sind, daß sie verstanden werden können, daß sie ihre Konflikte klären können, daß Reden sinnvoll ist.

Projekttag an einem Gymnasium

Während die Arbeit mit Jungen und Mädchen der Grundschule trotz der großen Zahl an einem einzelnen Projekttag in Zusammenarbeit mit den vertrauten Lehrerinnen erfolgreich war, zeigt ein vergleichbares Beispiel an einem Gymnasium in Wittenberge, daß die Projektarbeit mit 14- bis 16jährigen Schülern, wenn sie nur an einem Tag, ohne ausreichende Vorbereitungsmöglichkeit, mit aufgelösten Klassenverbänden und durch eine schulfremde Lehrperson betreut stattfindet, erhebliche Hürden zu überwinden hat.

Die am Projekttag für die Gruppe zuständige Lehrerin war irrtümlich der Meinung, sie würde bei dem Projekt Gewaltfilme nicht benötigt, verabschiedete sich gleich zu Beginn und setzte damit auch ein Signal im Sinn von Beliebigkeit der Teilnahme, mit viel Kommen und Gehen der Schülerinnen und Schüler. Räume und Geräte hatten erst gesucht werden müssen, das kostete Zeit und schuf Unruhe. Die Schüler (weit in der Mehrzahl) und Schülerinnen hatten nichts dabei, um kreativ zu arbeiten. Eine starke Spannung zwischen Jungen zeigte sich, einige „machohafte" Jungen suchten das Klima zu bestimmen, andere schienen verunsichert, Fraktionsbildungen waren erkennbar. Die Teilnehmer bezogen sich kaum aufeinander, unterbrachen sich, hörten einander nicht zu. Die vorbereitende Phase kam nur mühsam in Gang. Die Intention des Projekts kannten sie zwar, aber viele wirkten mißtrauisch, als erwarteten sie eher eine Moralpredigt. Mit Blick auf die Uhr drängten einige ungeduldig auf den Film, wollten das Reden, das Auswahlverfahren und die Vereinbarungen abkürzen.

Als die Wahl per Abstimmung auf den Film „Cliffhanger" fiel, waren die, die den Film schon kannten, frustriert und verließen öfters den Raum bzw. kamen nach der Pause nicht wieder. Sie fühlten sich nicht an die Absprachen gebunden. Die für Auswertung geplante Zeit verkürzte sich noch, weil Musik im Schulhof zu einer anderen Veranstaltung lockte. Immerhin hatte sich mehr als die Hälfte der Gruppe intensiv an der Analysearbeit beteiligt, die sich allerdings stark auf die Filmebene bezog. Die Zuschauerseite zu reflektieren, war viel schwieriger, das gelingt nur, wenn dafür ein vertrauensvolles Klima hergestellt ist.

Die Erfahrung zeigt, wie schwierig Projektarbeit an einem einzelnen Projekttag, innerhalb eines unruhigen Umfelds ist, das die Konzentration der Schüler auf intensive Seharbeit erschwert. So besteht die Gefahr, daß zur Flüchtigkeit der Bilder eines Filmes die Flüchtigkeit der Anregung zu kritischem Sehen folgt. Die Erfahrung zeigt auch, von welcher Bedeutung intensive Vorarbeiten sind, und daß es grundsätzlich wünschenswert ist, die Thematik „Gewalt im Bild" nicht an den Rand der Schule zu schieben, wo die ohnehin beunruhigende Gewaltthematik noch zusätzlich in die Unruhe eines von allerlei anderen Attraktionen abgelenkten Projekttages gerät. Es empfiehlt sich statt dessen, die Thematik in den „normalen" Unterricht zu integrieren, wo Kontinuität zwischen Zuschauern und Erwachsenen besteht.

Während also einzelne Projekttage diverse pädagogische, organisatorische und soziale Probleme aufwerfen, die sich störend auf die Arbeit auswirken können, bieten längerfristige Arbeitsgemeinschaften mit einer bewußt begrenzten Schülerzahl, wie sie mit Unterstützung der RAA Potsdam an einer Schule durchgeführt wurde, eine weitere

Möglichkeit zur Realisierung, die pädagogische Ziele mit therapeutischen Absichten verknüpfbar macht.

Arbeitsgemeinschaft

Aktuelle Schwierigkeiten nach der Wende an einer in Umstrukturierung befindlichen Gesamtschule in Potsdam waren Anlaß für mich, zur Gewaltprophylaxe unmittelbare Hilfestellungen in Form einer längerfristigen freiwilligen Video-Arbeitsgemeinschaft speziell für eine kleine Gruppe von Jungen und Mädchen der 7. Klassen anzubieten. Ich wollte mit dieser Altersstufe ins Gespräch kommen, weil sie als schwierig gilt und weil hier häufig Aggressionsprobleme beklagt werden. In dieser Altersstufe haben Jungen häufig ein stark erhöhtes Interesse an Gewaltfilmen aufgrund pubertärer Konfliktspannungen. Es gibt noch selten strukturelle Verfestigungen gewalttätigen Verhaltens, etwa durch Zugehörigkeit zu extremistischen Organisationen, aber dennoch finden extremistische Parolen Anklang und werden experimentierend oder in provokativer Absicht benutzt. Bekanntlich erkunden generell viele Jungen und Mädchen in dieser Altersstufe gesellschaftliche Grenzen, auch die des Grauens und der Gewalt im Film, aber die psychosoziale Situation der Jungen und Mädchen in Ostdeutschland wies zur Zeit der Projektentwicklung doch einige Besonderheiten auf, die mich dazu motivierten, Erfahrungen aus der therapeutischen Praxis im pädagogischen Bereich anzubieten. Nach der Wende waren diese Jungen und Mädchen als etwa Neun- bis Zehnjährige geradezu überflutet worden vom geballten westlichen Gewaltbildangebot, das sie begierig studierten. Sie waren damit in aller Regel nicht nur sich selbst überlassen, sondern sie wurden dafür auch, weil die Gewaltfilme Eltern und Lehrer erschreckten, heftig kritisiert. Man prophezeite ihnen, sobald sie sich nicht mehr so brav wie vor der Wende verhielten, eine schlimme Entwicklung. Eine Folge davon war, daß die Beziehungen sich verschlechterten und daß es beiden, Lehrern und Schülern, aussichtslos erschien, sich über Gewaltfragen zu verständigen und miteinander ins Gespräch zu kommen. Mir schien es sinnvoll, anhand des Themas Gewaltfilm, für das sich Schüler interessierten, ins Gespräch über Gewaltkonflikte zu kommen.

Die AG fand zunächst wöchentlich bzw. 14tägig im Anschluß an den Schulunterricht mit sieben bis zehn Schülerinnen und Schülern etwa zweistündig statt. Die Teilnahme sollte nach meinem Wunsch freiwillig sein und die AG außerhalb der Schulzeit stattfinden. Wie ich aber später erfuhr, waren es Klassenlehrer, die auf Anraten der Direktorin unter den Interessenten „die schwierigsten Schüler und Schülerinnen" auswählten und teilweise von Lernstunden befreiten. Nach Ende des ersten Abschnitts von acht Terminen wurde die AG auf Wunsch von Schülern und der Direktorin im nächsten Schulhalbjahr fortgesetzt. Bedingung für die Teilnahme war die erklärte Bereitschaft, nicht nur zu „glotzen", sondern genau zu sehen und über das Gesehene zu diskutieren. Im ersten Treffen wurden die Ziele des Projekts besprochen. Von anfänglich zwölf Interessenten bildete sich nach drei Terminen ein fester Kern von sechs bis acht regelmäßig teilnehmenden Jungen heraus, drei Mädchen kamen nach vier Terminen immer sporadischer und blieben nach Beendigung des ersten Abschnittes ganz weg; das hatte zum Teil organisatorische Gründe in unterschiedlichen Stundenplänen, lag aber wohl mehr an ihrem persönlichen schwankenden Interesse für einzelne Jungen. Mitunter stürmten Mädchen aus fremden Klassen pulkweise mitten in die Arbeit, wollten sich spannend unterhalten lassen, hatten jedoch, wie sich rasch zeigte, kein Interesse für intensive Arbeit. Als sie sich entscheiden sollten, entweder richtig mitzuarbeiten oder wegzugehen, blieben sie fern.

Die wichtigste Erfahrung in der Arbeitsgemeinschaft mit „schwierigen" Jugendlichen war für mich die, daß Gewaltfilmanalyse nicht sachlich unabhängig von den Personen und ihren Beziehungen durchgeführt werden kann, sondern daß, um auf Filmebene mehr als die kognitiv leicht zugänglichen Schichten, nämlich die für Jugendliche relevanten Konfliktebenen zu erreichen, zuerst ein positives Grundklima innerhalb der Gruppe geschaffen werden muß. Dazu kann man, auch ohne psychotherapeutisch vorgebildet zu sein, als Lehrperson entscheidend beitragen, allerdings weniger durch theoretische und pädagogische Absichtserklärungen oder zielgerichtete didaktische Schritte, sondern mehr durch die Haltung der Offenheit und des Interesses für die Jugendlichen, die zu dem wechselseitigen Arbeitsbündnis führt: gemeinsam forschend arbeiten zu wollen. Diese Haltung bewirkt ungeachtet vorhandener Spannungen zwischen den Teilnehmern eine ausreichend positive Gruppenatmosphäre, in der Schüler ihre skeptische Distanz zu schulischen Dingen schrittweise in dem Maße, wie sie Zutrauen gewinnen, reduzieren können. Die Erfahrung, daß es auf sie selbst und auf ihre unterschiedlichen Sichten ankommt, vermittelt ihnen ein Wertgefühl, an dem zu zweifeln sie leider häufig gelernt haben.

So habe ich durch diese Gruppe den kreativen Wert von Kritzeleien während der Filmarbeit entdeckt. Am Anfang, als einiges besprochen werden mußte, bemerkte ich, wie einige Kinder, weil ihnen zu wenig action war, weil „zu viel geredet wird", zu kritzeln begannen, und als ich es ansprach, wie ertappt die Kritzeleien schnell verschwinden lassen wollten. Als ich mich jedoch positiv dafür interessierte, zeigten einige ihrer „Malereien", ihre Hefte waren voll davon. Die Zeichnungen waren von sehr unterschiedlicher Art, dekorativ, im Comicstil, darunter auch mit Hakenkreuz versehene blutrünstige Skizzen („mal ich immer so"). Sie würden dafür immer geschimpft, sagten die Schüler, und waren überrascht über meine grundsätzlich positive Würdigung ihrer Kreativität. Obwohl ich über die politischen Inhalte erschrocken sei, schlug ich vor, sie zu sammeln. Die Ermutigung zum Kritzeln und Zeichnen wurde gerne aufgegriffen, ich sorgte für Material aller Art, um ihren Stellenwert im Projekt zu dokumentieren, auch dafür, daß die losen Skizzen einen Rahmen in Mappen mit Klarsichthüllen für jeden bekamen, so daß man sie betrachten und auch jederzeit daran weiterarbeiten konnte.

Eine zweite wichtige Erfahrung mit diesen Jugendlichen betraf die verbalen Kontaktmöglichkeiten zwischen ihnen und mir, die mir unterschiedlich zu denen mit Kindern in Westdeutschland erschienen. So war mir immer wieder aufgefallen, wie rasch die Jugendlichen „abschalteten", wenn ich im Stehen etwas, was mir wichtig war, besprechen wollte. Saß ich jedoch und war so auf ihrer Augenhöhe, waren die Blicke aufmerksamer und die Verständigung gelang leichter. Ich hatte den Eindruck, daß offenbar ein Automatismus greift („Lehrperson – da lohnt es sich nicht hinzuhören, sagt ohnehin alles mehrfach"), wenn ich stand. Wenn ich hingegen in ihrer Augenhöhe als „primus inter pares" war, suchten sie eher Blickkontakt und hörten eher zu. Als ich meine Eindrücke schilderte, waren sie verdutzt, meinten, das stimme, sie seien es als Schüler gewöhnt, daß Erwachsene, die vor ihnen stehen, alles ganz oft wiederholen.

Eine dritte Erfahrung war, daß Gewalt nicht immer nur als distanziertes Filmthema vorkam, sondern sich auch innerhalb der Gruppe als akutes Problem stellte. Der Raum, der uns zur Verfügung stand – ein abgenutzter Biologiesaal mit Föten in Glasschränken im Hintergrund – war sehr unfreundlich, wirkte auf mich wie ein Symbol der Unbehaustheit und als Ort von latenter Gewalt. Er lud förmlich dazu ein, noch weitere Schäden anzurichten: Ein Schüler erkundete tatsächlich auch meine Grenzen, wie weit „Kreativität" gehen könne, mit einem Seziermesser, mit dem er am Tisch „operierte", bis ich es ihm aus der Hand nahm.

Erschreckender war für mich ein anderer Vorfall, ein vor Beginn der AG offenbar handfest ausgetragener Konflikt zwischen zwei Teilnehmern. Sie hatten zusammen mit anderen vor dem abgesperrten Raum gewartet, und als ich kam, sah ich zu meiner Bestürzung einen kräftigen Jungen tränenüberströmt und schmerzgekrümmt an die Wand gelehnt. Er hatte sichtlich so große Schmerzen, daß ich fragte, ob er einen Arzt brauche. Die Lehrerin, die aufsperrte, fand das mit einem kurzen Blick auf den Jungen überflüssig und sagte, daß sie ihm das mal gönne. In dieser Situation war dann nicht ein Film, sondern die akute Szene Thema. „Der dreht durch, wenn er mal anfängt", sagten einige Schüler von dem „Täter", und dieser rechtfertigte sich gegenüber dem Opfer, „der hat angefangen". Die Szene war Anlaß, über Gewaltkonflikte unter Jungen zu reden. Ich fragte nach ihren allgemeinen Erfahrungen und was es so schwer mache, rechtzeitig Grenzen einzuhalten, Signale zum Aufhören zu setzen, und auch, wie sie als Jungen mit körperlichen Schmerzen umgingen, nach dem Motto „das macht nichts“, oder ob sie sie zugeben könnten. Das Ideal des „männlich = schmerzunempfindlich“ galt für sie, sonst werde man ausgelacht. Ich fragte auch nach den Erfahrungen mit Reaktionen der Erwachsenen, ob sie als Kinder eigene spielerische Erfahrungen im Raufen und Aufhören hätten sammeln können. Man habe sie immer gleich getrennt, sagten sie und fügten hinzu: „Aber jetzt halten wir zusammen“. Ich begriff nicht, und sie erklärten mir, daß es vor der Wende so gewesen sei, daß „alle gegen den einen“, gegen den, der etwas angestellt habe, gewesen seien, daß sie den einen als den Schuldigen gegenüber Lehrern „angegeben“ hätten. Das aber sei jetzt anders, jetzt hielten sie zusammen „gegen die Erwachsenen“. Den Schülern wurde bewußt, daß sie jetzt selbst etwas leisten müßten, was zuvor vielleicht Erwachsene übernommen hatten, nämlich selbst untereinander für rechtzeitigen Einhalt zu sorgen, wenn sie nicht riskieren wollen, daß sie sich verletzen. Das Problem, nach Konflikten keinen versöhnenden Rückweg finden zu können, sondern immer weitermachen zu müssen, wurde dann später in Filmen wiederholt bemerkt.

Die Erfahrungen mit dieser Arbeitsgemeinschaft zeigen, daß die Konzeption von Projekten zum Thema Gewalt und Film flexibel gehandhabt werden muß. So ist es in einer Gruppe auf freiwilliger Basis nicht immer sinnvoll, die Auswertungsphase säuberlich von der Filmphase zu trennen – obwohl Schüler es nicht mögen, wenn „dazwischen geredet“ wird – sonst gerät sie bei Zeitknappheit doch zu kurz. Die Beobachtung bestimmter Fragestellungen ließ sich bereits während der Erstsicht pflegen. Erwähnt sei hier auch, daß im Laufe der Arbeit bei Jugendlichen der Wunsch, einmal in die Filmstudios nach Babelsberg zu gehen, entstand. Nach Abschluß der Arbeitsgemeinschaft wurde er im nächsten Schuljahr im Zusammenhang mit einer Projektwoche zum Thema Gewalt und Film realisiert.

Im folgenden greife ich einzelne Filme auf, soweit sie für Fragen der Möglichkeiten und Grenzen der Filmanalyse-Arbeit in der Schule von Bedeutung sind. Der erste Film, aus meiner Sammlung „Fire Fox“ war einigen „viel zu lahm“. Sie fragten, ob sie eigene Vorschläge mitbringen könnten. Ihre Wahl war „Blutiger Valentinstag“. Ich kannte den Film nicht, ließ mich aber darauf ein. Es war auch ein Test der Schüler an mich, ob auch ich genau hinsehen kann und will und was ich damit mache. Er handelt sich um eine Jugendgruppe mit sexuellen Problemen, Sarkasmen, Zynismen, um Geistesgestörte, Kriminelle, ein Bergwerk, in dem sich eine mörderische Tragödie ereignet, um Spiele mit Verkleidungen, Masken und beunruhigenden Atemgeräuschen. Wir sahen den Film en bloc. „Das war geil“ – er fand ihren Beifall. Nach Filmende erinnerten sie sich zunächst an Szenen, die ihnen imponiert hatten. Die Frage, „wie hat der Regisseur es hingekriegt, zu faszinieren“, interessierte sie zu untersuchen und auch die Reflexion auf sich selbst mit der Frage, „gibt es Bilder, die ‚automatisch‘ bewirken, daß man sich fürchtet, was dem Regisseur die Arbeit erleichtert, weil er nur anzutippen braucht, was Menschen angst macht, so daß er mit unseren Erwartungen spielen kann?“

Bei einem Treffen der AG entstand Frustration, weil die technische Qualität eines ihrer Videos so miserabel war, daß wir abbrachen, ohne jedoch die Stunde zu beenden. Ich riskierte zu fragen, ob sie nach dem Sehen des Films „Valentinstag“ geträumt haben. Erst kamen lässig abwehrende Antworten: „Nee“, „Quatsch“, „Wieso“. Dann aber fiel nach und nach einzelnen beiläufig beim Zeichnen etwas zur Frage der Nachwirkung ein: „Meine Mutter hat mich geweckt, gefragt, warum ich im Schlaf gerufen habe: ‚nicht mich‘“. Bettina fiel auf einmal ein: „Ich habe was Irres erlebt“. Sie erzählt, wie sie einen Tag nach dem Film an einer Kaserne vorbeiging, und da seien plötzlich auf der Straße drei Männer mit Gasmasken erschienen, sie sei ausgerastet und habe zu ihrem Freund gesagt, „zwick mich, ich weiß nicht, ob ich spinne“. Gespräche über negative Filmwirkungen und Befürchtungen der Erwachsenen und über das Thema „Jugendschutz ja oder nein“ schlossen sich an. Für Jüngere hielten sie Zensur und Verbot schon für wichtig, „auf jeden Fall“. Sie selbst aber hätten den Jugendschutz als Jüngere keinesfalls akzeptiert, sondern sich die Filme auf irgendeine Weise doch beschafft, stellten die Jugendlichen klar. Der Widerspruch fiel ihnen an dieser Stelle selbst auf, aber sie sahen offenbar sich persönlich als unbeeinflußt von Gewaltfilmen an.

Auf geschlechtsspezifisch geteiltes Echo stieß „Predator II", ein nach Ansicht der Mädchen stumpfsinnig blöder Action-Film, den sie ablehnten. Hier zeigten sich zum erstenmal grundlegende Interessenunterschiede; die Mädchen mögen lieber Filme mit Beziehungsgeschichten, auch Horrorfilme, aber nicht Filme mit so viel Männerkämpfen unter Einsatz irrwitziger Waffen und Technik. (Der Film handelt von schauerlichen Kämpfen, die ein mutiger schwarzer Polizist gegen Monster mit käferartigem Gesicht gewinnt, so daß am Ende die „Bösen" ins „Weltall" fliehen.) Die Jungen hingegen waren fasziniert, nutzten von sich aus die Möglichkeiten der Rückschaltungen und Einzelbildschaltung zum genauen Studium: „Wie war das, wie konnte er uns so lange in Spannung halten, wann sah man das Gesicht des Monsters zum erstenmal, wie ist es gebaut?" Hier zeigten sie sich motiviert zum genauen Hinsehen. Einig war sich die Gruppe darin: „Viel erschreckender ist, was wir nicht genau sehen".

Beispiel einer Projektwoche

Als bisher gelungenste Form der Projektarbeit schätze ich die Projektwoche mit einer auf zwölf Teilnehmer begrenzten Schülergruppe, wie ich sie zusammen mit einer Lehrerin an der Gesamtschule 19 in Potsdam mit Schülern der 8. Klassen durchführen konnte. Inhaltlich und menschlich entwickelt sich in diesem Zeitraum genügend soziale Kontinuität und Intensität der Arbeit auch mit Schülern aus unterschiedlichen Klassen, und vor allem kann sich jeder angesprochen fühlen und zu Wort kommen. Gerade das fällt vielen Schülern jedoch so schwer, daß sie gerne davor ausweichen bzw. viel Zeit brauchen, es zu üben. Die vorbereitende Phase muß nicht eilig durchgezogen werden, sondern dafür kann ein Schultag eingeräumt werden, und es bleibt dennoch genügend Raum für Filme und für kreative Auswertungen. Dabei hat sich wiederum bewährt, Zeichenmaterial zur Verfügung zu stellen, so daß alle immer etwas Eigenes zu tun hatten, während sie zuhörten oder sich etwas überlegten.

Eine Folge der Begrenzung auf zwölf Teilnehmer war allerdings bei Projektbeginn nicht mehr zu korrigieren, nämlich daß sich nur Jungen beworben hatten. Damit schien das Vorurteil, daß Gewaltthemen Männersache sind, zunächst einmal bestätigt. Offenbar hatten einige Jungen Mädchen dazu überredet, Plätze in dieser Arbeitsgemeinschaft für sie zu räumen, und auch auf Lehrerseite gab es wohl Tendenzen, Plätze in der Gruppe besonders den „schwierigen Jungen" einzuräumen. Einige von ihnen hatten bereits eine Video-Arbeitsgemeinschaft mitgemacht und betrachteten sich als Spezialisten für die Thematik „Gewaltfilme".

Großen Wert legte ich darauf, das Prinzip des „richtig versus falsch" zugunsten der offeneren Grundeinstellung zu lockern: „So siehst Du etwas und so sieht er etwas..." Das bewirkte eine deutliche Entspannung in der Gruppe, in der sich am Anfang Fraktionen gebildet hatten, die zunächst einheitliche Meinungen, orientiert an den jeweiligen Gruppenführern, abgaben. Herabsetzende Kommentare über andere gingen merklich zurück, das kam der Gruppenatmosphäre sehr zugute. Das Prinzip, jeden zu Wort kommen zu lassen, wurde formal vor Augen geführt, indem Antworten zu Fragestellungen von allen als kurze Statements – ohne Rücksicht auf Rechtschreibung versteht sich – eingeholt wurden („alle Einfälle sind wichtig").

So waren etwa Fragen der Filmauswahl in der Projektwoche Anlaß, grundlegende Schwierigkeiten im Reden über einen Film zu klären. Die Schüler warfen sich nämlich untereinander, kaum war ein Filmtitel genannt, Fragen zu wie: „Kennst Du den Film?" und „Wie ist der?" Daran konnte die Frage geknüpft werden, was sie eigentlich wissen wollten, wenn sie so fragten. „Ob er gut ist", „ob er spannend ist", „ob tolle Szenen vorkommen", sagten sie und merkten, daß damit Gespräche regelmäßig auch schon am Ende waren. Auch konnte an dieser Stelle der soziale Aspekt problematisiert werden, was es für den einzelnen bedeutet, wenn einer viele aufregende Filme kennt, andere aber nicht.

Am ersten Projekttag wurden zunächst Wahrnehmungsübungen anhand von drei Filmplakaten gemacht: „Was sehe ich" im Unterschied zu „was weiß ich“. Schüler mit schwachem Selbstwertgefühl zeigen hier anfangs erhebliches Mißtrauen in ihre eigenen Fähigkeiten, etwas wahrzunehmen und es zu benennen. Die Grundintention der Filmanalysearbeit, genau hinzusehen und über die Eindrücke zu reden, wurde so eingeübt. Hinzu kamen zeichnerische Übungen in Kleingruppen zur Frage „Was habe ich gesehen“, um die grundsätzlichen Schwierigkeiten visueller Wahrnehmungen bewußt zu machen. Dann wurden anhand der Modelle zum visuellen Analphabetismus Fragen der Lenkbarkeit der Augen und der Wahrnehmung durch andere Menschen gestellt. Anhand der Filmplakate wurde untersucht, in welcher Position die Kamera war, welchen Einfluß das darauf hat, ob man einen Menschen als sympathisch oder unsympathisch sieht. Formale Bildelemente wurden auf Wirkung hin geprüft mit Fragen wie: „Wo war die Augenhöhe des Fotografen, war die Kamera tiefer oder höher als die abgebildete Person, was bedeutet der Blickwinkel, der dem Zuschauer angeboten wird, wie fühlt man sich, wenn man von unten oder von oben auf jemanden schaut? Welche Farben gibt es? Wie sind die Lichtverhältnisse im Bild, was ist betont, was zurückgestellt, was bedeutet das an Wirkung?“ Die Schüler merkten so, daß sie auf den ersten Blick zwar sofort bestimmte Wirkungen erfassen, daß sie aber nicht so schnell erkennen, wie diese Wirkungen zustandekommen. Spielerische Übungen mit kurz gezeigten Plakaten trainieren ihre Aufmerksamkeit für die genaue Wahrnehmung. Skizzen zeigen, wie unterschiedlich ihre Aufmerksamkeiten gewichtet sind.

Bei den Vorübungen zeigte sich immer wieder, wie rasch man als Zuschauer dazu tendiert, Sehen und Meinen zu vermischen, so daß Fotografen und Regisseure damit spielen können. Der Satz „Ich sehe“ muß also im Falle von Bildersehen ergänzt werden um den Satz „So und nicht anders läßt mich jemand etwas sehen – und ich merke das oft gar nicht“. „Bewußter merken, was die Augen lenkt“ war dann die Devise für die Weiterarbeit. Es war dabei von Interesse für mich zu beobachten, wie die Aufmerksamkeit der Schüler auf manipulative Vorgänge zunahm, ohne daß darüber ihr Spaß am Film abnahm. Die anfängliche Befürchtung, durch Reden würde die Wirkung kaputt gehen, traf nicht zu, im Gegenteil, das Sehen wurde spannender unter der Fragestellung „Wer merkt was“.

Fragen der Filmauswahl und der Filmanalysearbeit erfolgten dann im Prinzip, wie sie bereits im ersten Teil dieses Kapitels beschrieben wurden. Um noch mehr Motivation zu kreativem Sehen und zu bewußtem Umgang mit fotografischen Bildern zu fördern, wurde mit dieser Gruppe erstmals ein neues Teilprojekt realisiert. Ein Tag der Projektwoche wurde nicht in der Schule zugebracht, sondern auf dem Filmgelände der „Studiotour Babelsberg“ mit dem Ziel, den Schülern selbst einmal Gelegenheit zu geben, sich zu verwandeln und ihre eigenen Fotos zu untersuchen.

Beratung von Lehrerinnen und Lehrern

In Storkow, Beeskow, Lübbenau, Wittenberge, Fürstenwalde, Rathenow, Forst, Rehbrücke und Potsdam gelang es Hilde Schramm und ihren Mitarbeiterinnen und Mitarbeitern der Regionalen Arbeitsstelle für Ausländerfragen immer wieder, Schulen für meine Video- und Fotoprojekte zu interessieren. Schulleiterinnen und Schulleiter, auf der Suche nach hilfreichen Wegen aus der als eskalierend empfundenen Gewalt an Schulen, luden mich zu Informations- oder Fortbildungsveranstaltungen oder zu Projekten ein in der Hoffnung, „daß es irgendwie nütze“. In der Praxis erwies es sich zunächst als schwierig, mehr als allgemeines Interesse, nämlich aktive Mitarbeit der Lehrerinnen und Lehrer zu erreichen. Hinderlich war häufig die aus anfänglicher Unsicherheit oder Skepsis resultierende Haltung der Kolleginnen, mir zwar freundlich ihre Schüler für einzelne Projekte zu überlassen, sich selbst aber zurückzuziehen. So sah ich es als wichtigste Aufgabe an, bei Lehrerinnen und Lehrern immer wieder um Verständnis für die zentrale Intention der Projekte zu werben. Ich machte deutlich, daß es nicht um eine objektivierbare Sache (Gewalt im Bild) geht, die anstelle der Kolleginnen ohne weiteres eine schulfremde Person wie ich kurzfristig übernehmen könnte, sondern daß es auf die längerfristige Etablierung einer forschenden Lehrer-Schüler-Beziehung über das schwierige Thema Gewalt in Beziehungen ankommt, für die die Person der Lehrerinnen und Lehrer unverzichtbar ist.

Gegen solche auf Beziehungsfragen erweiterte Unterrichtsauffassung gab es freilich auch große Vorbehalte. Sie veranlaßten uns, die psychosozialen Spannungen stärker zu reflektieren, die seit der Wende deutsch-deutsche Beziehungen auch in gemeinsamen Schulprojekten belasten. Einige der Vorbehalte beruhten auf Mißverständnissen und auf dem verständlichen Mißtrauen einer zur Nachqualifikation genötigten Lehrerschaft. Einige Vorbehalte lösten sich in dem Maße, wie es gelang, sie in ihrer historischen und aktuellen Dimension zu verstehen: daß etwa der Begriff „Berater" in Ostdeutschland problematische Assoziationen auslösen kann, sofern er an staatliche Aufsichts- und Kontrollfunktionen erinnert. Diese Information einer Kollegin erleichterte es mir als „Wessi", manche Reserviertheiten und Ängste vor vermeintlichen Schuldzuweisungen zu verstehen. Als ich Beziehungsfragen angesprochen hatte, kamen solche Ängste etwa in den abwehrenden Worten eines Lehrers zum Ausdruck: „Wir sind immer gut ausgekommen mit unseren Schülern". Viele Kollegen wollten mit dem Thema „Gewalt und Bild" nichts zu tun haben, sie empfanden die Auseinandersetzung damit als Zumutung („da ziehn die sich die Filme rein, damit will ich nichts zu tun haben") und wollten dafür keine Kraft und Zeit einsetzen. Sie vertraten die Auffassung, der Staat solle sich kümmern.

Wo aber der Zorn über neue Mißstände nach der Wende nicht lähmend wirkte, gelang es, gerade an der guten Beziehung der Lehrerinnen und Lehrer zu ihren Schülerinnen und Schülern anzuknüpfen und daraus die Motivation zu schöpfen, die Problematik „Gewalt im Bild" als Vehikel zur Auseinandersetzung theoretisch und praktisch zu nutzen. Während die Arbeit mit Filmen aus organisatorischen und inhaltlichen Gründen als schwierig empfunden wurde, fand das Portraitprojekt unmittelbar Akzeptanz. Es schuf eine gemeinsame Erlebnisbasis und lieferte konkrete Ergebnisse, über die man sprechen konnte und die zur Weiterarbeit in der Schule motivierten. Hier gelang die Verschränkung von Theorie und Praxis und erzeugte Spaß sowie überraschende Erfahrungen für die Beteiligten, außerdem Neugier und Interesse an der Projektarbeit bei anderen. Es entstand auch das Bedürfnis nach kollegialem Austausch außerhalb der Schule und nach Reflexion der diversen Erfahrungen. Daraus entwickelte sich in einigen Fällen die Suche nach Ideen und Möglichkeiten zur Weiterarbeit.

VI. Jugendliche Gesichter: Verwandlung und Entfremdung

1. Portraitfotos als Anfang bewußten Bildersehens

Idee und Intentionen

Auf der Suche nach einem direkteren Weg, Jugendlichen Zugang zu bewußterem Bildersehen zu eröffnen und mit ihnen zusammen eine tragfähige Motivation sowohl zur Introspektion wie zur Kommunikation zu bilden, entwickelte ich ein Konzept, das mit der Produktion von Potraitfotos beginnt. Die zugrundeliegende Idee knüpft an dem Gedanken an, Jungen und Mädchen würden u.a. deshalb so gerne Filme sehen, weil sie sich mit den „Helden" der Filme identifizieren wollten.

Filmische Vorbilder werden bekanntlich von Eltern und Pädagogen recht argwöhnisch beobachtet. Der Grund dafür liegt darin, daß Vorbildern, gleich ob sie positiv oder negativ sind, grundsätzlich dieselbe Kraft zugetraut wird. Nur solange Vorbilder die Ideale der Gesellschaft verkörpern, werden sie als pädagogisch wertvoll eingeschätzt. Ist das nicht der Fall, verkehrt sich die positive Einschätzung ins Gegenteil, befremdliche oder abgelehnte Vorbilder werden negativ dafür verantwortlich gemacht, daß jugendliche Zuschauer nicht nur in idealisierten Allmachtsphantasien und -wünschen schwelgen wollten, sondern schlimmer noch, daß sie imitierend von omnipotent stilisierten, gewaltverherrlichenden Filmhelden lernen wollten und auf diese Weise ihre bereits vorhandenen aggressiven Impulse bedrohlich verstärkt würden.

Ich halte das Risiko der Idealisierung für geringer als das Risiko verdrängter, also unerkannter, aggressiver Gefühle und Wünsche. Aus analytischer Sicht sind aggressive wie libidinöse Wünsche eines Menschen grundsätzlich als solche akzeptierbar, machen sie doch Emotionen und konfliktreiche Beziehungen in der Phantasie deutlich, so daß sich eine Chance der Klärung und bewußten Entscheidung für reales Handeln ergibt. Um möglichen Mißverständnissen an dieser Stelle vorzubeugen, sei ausdrücklich betont: Akzeptieren heißt nicht, kritiklos zu sein, heißt nicht, bedrohliche Wünsche zu billigen oder gar zu verlangen, daß für deren Erfüllung zu sorgen sei. Darum kann es nicht gehen. Akzeptieren (auch aggressiver Wünsche) heißt hier vielmehr, sie als etwas, was bereits existent ist, gemeinsam näher zu betrachten und sie auf ihre emotionalen und sozialen Folgen hin zu klären.

Fotografie ist ein sehr nützliches Hilfsmittel dazu, identifikatorische Wünsche, „wie Filmhelden oder -heldinnen“ einmal „groß“ hervorgehoben zu sein, wenigstens im Bild deutlich zu formulieren. Sie nicht in der Realität, sondern auf Bildebene, zu akzeptieren, bedeutet die Chance, sie in der Phantasie und doch sichtbar auf ihre emotionalen und sozialen Folgen hin zu erleben und zu reflektieren. Im Bild kann man sich probehandelnd auf alle Aspekte des „was wäre, mit mir, mit dir, mit ihm, wenn“, einlassen.

Die theoretische Annahme für das Projekt war zunächst, Jungen und Mädchen von zehn bis 18 Jahren würden, ihren altersgemäßen Bedürfnissen entsprechend, die Chancen, „ins Bild“ zu kommen, gerne nützen. Jugendliche sollten deshalb in Haltung, Mimik und Attributen Posen nach Wahl gestalten, dokumentieren und analysieren. Jugendliche sollten die Stufen möglicher vorübergehender und absichtsvoller Verfremdung ihrer Person durch künstlerische Elemente mitproduzieren und sich dabei gleichermaßen der inneren wie der äußeren Wirkung bewußt werden sowie ihre Beobachtungen verbal artikulieren bzw. protokollieren.

Diese Annahme erwies sich im Prinzip bei allen Projekten als richtig, das Angebot zur Verfremdung wurde gerne akzeptiert. Bereits der erste Projektversuch mit einer Gruppe von Schülern aus siebten und achten Klassen der Gesamtschule 19 in Potsdam anläßlich einer Projektwoche zur Thematik „Gewaltfilm“ fand bei den Beteiligten positive Resonanz und schuf die erwartete intensive Beobachtungs- und

Gesprächsbasis. Überraschungen gab es allerdings über die inhaltliche Ausgestaltung, die das Konzept durch Jungen und Mädchen erfuhr.

Die unerwartete Motivwahl: Jugendliche als Verletzte

Die zweite theoretische Annahme, die selbstverständliche Wirksamkeit von Omnipotenzphantasien der Pubertätsphase betreffend, erwies sich auf bemerkenswerte Weise als korrekturbedürftig. Ich hatte erwartet, daß die identifikatorischen Wünsche der 13- bis 15jährigen Jungen mehrheitlich in die Richtung von „Helden" à la Schwarzenegger gehen würden. Um so überraschender war, daß niemand ein derartiges Image wählte, sondern alle Jungen der ersten Gruppe und die Mehrzahl der Jungen und Mädchen später sich als Verletzte schminken ließen. Sie boten, ebenso wie ihre Portraitfotos, den bestürzenden Eindruck als Opfer von Gewalt.

Angesichts dieser unerwarteten ersten Ergebnisse stellte sich eine Reihe von Fragen: Was bringen junge Menschen auf diese Weise über sich selbst zum Ausdruck? Machen ihre „Selbstportraits" ein spezifisches Lebensgefühl, eine Angst oder eine Erfahrung deutlich? Nötigen diese Bilder zur Korrektur von Erwachsenengedanken über potentielle jugendliche Täter? Kann man die Fotos als Illustrationen zu psychoanalytischen Theorien der Gewalt interpretieren? War das ein Einzelfall, zufälliges Ergebnis, vom Maskenbildner oder durch Nachahmung beeinflußt, ist es sozialisationsbedingt?

Um Antworten zu finden, wollten wir zuerst einmal überprüfen, ob das erste Gruppenergebnis nur ein Einzelfall, ob es zufällig oder wovon es abhängig war. Daher wiederholten wir die Fotoprojekte Ende 1994 und Anfang 1995 in dichter Abfolge mit fünf weiteren Gruppen unter variierenden Voraussetzungen, was Altersstufen, Zusammensetzung der Gruppen (Jungen – Mädchen) sowie ihre inhaltliche und zeitlichen Vorbereitungen anbetraf. Um das Ergebnis vorwegnehmend anzudeuten: Die Opferthematik blieb, ungeachtet sonstiger Motivwahlen, ungeachtet von längeren oder kürzeren Vorbereitungszeiten, von ad hoc zusammengestellten Gruppen im Rahmen von Projekttagen oder von einander bekannten Teilnehmern einer ganzen Schulklasse die dominierende. Sie war kein Zufall, die Opferthematik im Selbstportrait erscheint vielmehr als signifikante Aussage vieler Jungen und Mädchen in der Pubertät. Ehe sie im einzelnen hinsichtlich ihrer Bedeutung erörtert wird, soll zunächst der gesamte inhaltliche und organisatorische Prozeß der Bildproduktion, die stets nach demselben Grundmuster ablief, geschildert werden.

Die Produktionsphase

Jungen und Mädchen, die sich für die Thematik „Gewalt, Bild und Film“ interessierten, erhielten mit professioneller Unterstützung eines Maskenbildners und eines Fotografen bei „Studiotour Babelsberg“ die Möglichkeit, „wie Filmstars“ einmal im Bild „groß heraus zu kommen“. Um vergleichendes Sehen anhand der Fotos später in der Schule zu fördern und in der Absicht, einerseits wirkungsvolle, andererseits aber nicht zu komplexe Bilddokumente zu erhalten, wurde bewußt auf bewegte Bilder durch Videoaufnahmen ebenso verzichtet wie auf Farbe im Bild. Die Arbeit mit Schwarzweiß-Fotos hat gegenüber Farbbildern erhebliche Vorzüge. Schwarz-weiß-Bilder vereinheitlichen heterogene Motive, verfremden sie dabei etwas und nehmen den Portraits den lächerlichen Faschingscharakter. Reduziert auf Form, Kontraste, Struktur und Ausdruck sind Schwarzweiß-Fotos weniger komplex, das erleichtert die Komposition und das Studium bildnerischer Grundelemente. Ferner haben sie den in der Pubertät durchaus erwünschten psychologischen Effekt einer Beruhigung vor „Bloßstellung“, geben sie doch mehr schützende Distanz als Farbe, da ästhetische Details wie etwa Teintprobleme, die mitunter hemmend wirken, im Foto weniger störend auffallen.

Eine wichtige Aufgabe für alle Beteiligten während der Maske- und Fotoarbeiten bestand mit Blick auf die Auswertungsphase später darin, möglichst bewußt alles wahrzunehmen, was gegenüber der Kamera, dem Fotografen, im Kreis von Bekannten oder Fremden sowie in den eigenen Gefühlen zu beobachten war. („Alles was ihr seht, hört, erlebt, ist von Bedeutung für das Projekt.“) Die Produktionsphase verlief im Prinzip stets so, daß von allen Beteiligten mindestens zwei vergleichbare Portraitfotos gemacht wurden. Das erste Foto dokumentierte den „Normalzustand" einer Person, so wie jemand, der ihr wohlgesonnen ist, sie alltäglich, ohne besondere Anstrengung, frontal und auf Augenhöhe etwa, sieht. Anschließend konnten die Jungen und Mädchen sich nach eigenen Wünschen durch die Maske verwandeln lassen. Sie beobachteten auch die Verwandlungsprozesse anderer, die Handgriffe des Maskenbildners, die Stadien der Verwandlung eines bekannten in ein verfremdetes Gesicht und die Reaktionen der Person auf sich selbst, wenn sie sich im Spiegel betrachtete.

Inszenierungen

Das zweite Portrait wurde im „verwandelten Zustand" fotografiert. Dieser Akt war viel mehr als nur ein technischer oder formaler Vorgang, er beinhaltete eine schauspielerische bzw. eine psychologische Aufgabe. Wir bemühten uns bei jeder Person um besondere Wirkung. Wir suchten jeweils zur Erscheinung passende Hintergründe, Beleuchtung und Perspektiven, d.h. wir „inszenierten" die Person. Was nämlich die Geschminkten selbst nicht wahrnehmen konnten, war, daß ihr spontaner Gesichtsausdruck nicht zu ihrer Maske paßte, sondern daß er noch ihren „normalen", noch nicht verwandelten inneren Gefühlen entsprach. So trugen die Jungen und Mädchen etwa eine „böse Verletzung" im Gesicht, lachten aber dabei. Sie bemerkten nur bei anderen Menschen sehr besorgte, entsetzte, erschrockene oder bedauernde Mienen, die ihnen auf diese Weise von außen etwas von der Wirkung spiegelten, die sie persönlich zwar in anderen Menschen verursachten, selbst aber noch nicht empfanden. Sie erlebten damit an der eigenen Person das Problem der Diskrepanzen von Bild und Wirkung, wie äußere Erscheinung und innere Realität nicht passen. „So sehen andere mich und so denken sie" versus „ich sehe das nicht, ich denke und fühle nicht so".

Beim zweiten Portraitfoto bestand daher die Aufgabe für Jungen und Mädchen darin, zu versuchen, sich emotional auf die von ihnen gewählte Maske einzustellen, um einen zu ihrer äußeren Erscheinung passenden Ausdruck zu finden. Das fiel ihnen zunächst relativ schwer, gelang aber dann rasch, wenn sie sich dabei eine kleine Szene zu ihrer Maske mit der Frage vorstellten, „was hätte Dir passiert sein können?" „Wo stünde der, der dich verletzte," „Wie würdest Du dich jetzt fühlen, wenn das passiert wäre – traurig, wütend, etc. ... ?" Begleitet von Kommentaren der Gruppe suchten sie eine passende Körperhaltung und eine für sie passende Stimmung, bis wir „Halt" oder „Jetzt" sagten, wenn ein überzeugender Ausdruck, oft nur für Sekunden, zu sehen war, so daß er fotografisch festgehalten werden konnte. Die körperlichen und emotionalen Spannungen auch bei „coolem" Anschein wurden so für kurze Momente bewußt gespürt, später konnte anhand der Fotos, daran erinnert werden.

Anregungen für szenische Inszenierungen der maskierten Jungen und Mädchen gab es zahlreich, weil die Aktionen auf dem Ausstellungsgelände von Studiotour Babelsberg stattfanden, wo Filmkulissen als Dekorationen aufgebaut sind und als interessante Hintergründe benutzt werden konnten. Auch der Umstand, daß immer wieder fremde Zuschauer vorüberkamen und sehr unterschiedliche Reaktionen zeigten, erwies sich nicht, wie zunächst befürchtet, als Nachteil. Auch das ermöglichte Studien über unterschiedlichste Reaktionen Vorübergehender zum Problem „genau Hinsehen" oder „lieber Wegsehen". Kommentare von Männern, Frauen und Kindern wurden gesammelt wie: „Das geschieht ihnen recht", „Da sollte doch man das Jugendamt anrufen, hat wohl ein Vater seine Tochter mißhandelt", „Typisch Jungen", „Ach der Arme". Die Jungen und Mädchen betrieben so aufmerksam Wirkungsforschung und hörten oft aggressive Zuschreibungen, Schuldzuweisungen und Vorurteile.

In der dritten abschließenden Phase der Bildproduktion wurden spontane Szenenfotos nach Motiven gemacht, wie sie sich beiläufig von selbst durch kurze spielerische Aktivitäten der Geschminkten miteinander oder durch Einfälle ergaben: „Stark – schwach", „Oben sein – unten sein", „Zwei Gegner", „Zwei gegen einen", „Jungen gegen Mädchen", „Rivalen", „Feindselige Haltung", „Überfall", „Stolz". In einigen Fällen wurden auch fremde Zuschauer einbezogen, die zufällig stehenblieben und kurz mitmachten. Diese Szenen, gerade weil sie so beiläufig spielerisch selbstverständlich entstanden, lassen sich, wie im einzelnen noch zu zeigen sein wird, geradezu als Illustrationen zu psychoanalytischen Theorien der Gewalt interpretieren.

Hinsehen versus Wegsehen als Test für die Wahrnehmung von Gewalt

Die szenischen Fotoarbeiten fanden im Freien statt, das hatte zur Folge, daß die Gruppe nicht isoliert von der Gesellschaft war, sondern daß sich unmittelbar soziale Bezüge zu vorübergehenden Menschen herstellten, die unterschiedliche Reaktionen zeigten, die sehr nützlich waren für die Reflexionen über Schein, Wirkung, Blicke, Worte und Reaktionen der Projektgruppe darauf. Die Erfahrung, für kurze Zeit im Mittelpunkt der Aufmerksamkeit zu stehen, wirkte teils animierend, teils hemmend, erwies sich für die Auswertung als wichtig. Um Wirkungsfragen außerhalb des Studiogeländes genauer zu prüfen, schminkten sich einige Jungen und Mädchen am Ende der Fototermine nicht gleich wieder ab, sondern fuhren in ihrer Maske in öffentlichen Verkehrsmitteln nach Hause und berichteten, wie Jana, später den anderen von ihren Erlebnissen mit Fremden, Bekannten und Familienangehörigen.

(Jana): „Ich erhielt zwei verschiedene Arten von Reaktionen. eine positive und eine naja mehr oder weniger negative. Die ‚negativen' Reaktionen bestanden darin, daß manche riefen, ‚guck mal, die hat ne Spinne im Gesicht!' Andere starrten mich auf der Straße völlig hemmungslos an, einige wollten mich mit ihren Blicken förmlich auffressen. Nach dem Motto: ‚Wie kann sie sich nur erlauben, so durch die Stadt zu laufen'. Es würde mich nicht wundern, wenn sich manche sogar den Hals verrenkt haben, um mich zu sehen. Mein Vater hat mich ganz entsetzt angesehen und gefragt, was ich gemacht habe. Aber er kennt mich ja. Meine Mutter hingegen lachte mich an und sagte: ‚Du siehst scharf aus'. Von ihr habe ich eigentlich eine andere Reaktion erwartet. Der Chef meiner Freundin sah mich nur an und schüttelte den Kopf und rief meinen Freund. Dieser ist ja nun schon einiges gewöhnt. So fiel auch seine Reaktion aus, er drehte nur mal kurz die Augen. Ganz lustig fand ich, daß ein Junge in der

Straßenbahn sogar einige Male hochsprang, nur um mich zu sehen. Sein Vater belächelte diesen Vorgang und mich nur. Meine Schwiegereltern haben sich richtig erschrocken. Genauso wie ihre Arbeitskollegin und der Bruder meines Freundes. Manche Leute auf der Straße haben mich gar nicht beachtet, nur ganz stur an mir vorbeigesehen."

Eindrucksvoll war für die Projektbeteiligten, beides zu erleben, wie Menschen entweder überhaupt nichts zu bemerken schienen oder aber neugierig oder vorwurfsvoll starrten oder, wie im Fall von Familienangehörigen, ihnen bereits ein flüchtiger Blick genügte, um heftige Emotionen der Wut oder des Mitleids zu erwecken.

So hatten auch zwei Lehrerinnen den Entschluß gefaßt, die Reaktionen außerhalb des Filmgeländes zu testen. Eine war mit einem aufgeschminkten blauen Auge einkaufen gegangen und erschüttert darüber, daß sie im Laden überhaupt von niemandem angesehen wurde, kein bedauernder Blick traf sie, alle schauten weg. „Ich war wie Luft für die". Während Mutter und Vater sie spontan bedauerten, wurde ihr Mann bei ihrem Anblick spontan so wütend über die vermeintlichen Täter, daß er entschlossen war, sie aufzusuchen, um seine Frau sofort zu rächen. Auf diese Weise erweiterte sich das Interesse an der Problematik „Gewalt und Bild" auf den eigenen sozialen Raum.

Wer hat hier Angst vor wem? Das wechselseitige Mißtrauen

Einige der im Umfeld der eigentlichen Projektarbeit gemachten sozialen Erfahrungen über verbreitete eigene und fremde Vorurteile, Verdächtigungen und aggressive Zuschreibungen, wenn das Thema Gewalt auftaucht, werden im folgenden beschrieben, weil sie zeigen, wie sehr die Arbeit an der Problematik „Gewalt und Bild" von unreflektierten Ängsten und Erwartungen begleitet ist. Bei Jungen und Mädchen ebenso wie bei Männern und Frauen gibt es unbewußte Zuschreibungen, die die Verständigung erheblich beeinträchtigen, denn sie erzeugen Mißtrauen, Verdächtigungen, Reserviertheiten, die, wenn sie nicht erkannt und benannt werden, Vorurteile zwischen den Generationen und Geschlechtern verstärken und die Verständigung erschweren.

Hochgradig mißtrauische Empfindlichkeiten zwischen den Generationen beleuchtet die folgende Szene, die sich mit der ersten Jungengruppe im Eingangsbereich des Filmstudio-Geländes Babelsberg abspielte. Kaum hatten wir die ermäßigten Eintrittskarten ausgeteilt, reagierten die Jungen plötzlich empört und trafen Anstalten, wieder heimzugehen. Im lärmenden Menschengemenge war der Grund nicht so rasch zu verstehen, „Unverschämtheit" rief einer, schwenkte seine Karte, für die er eigentlich hätte dankbar sein können. „Da geh ich lieber wieder."

Folgendes war geschehen: Die Firma war über das Projekt informiert und um ermäßigte Eintrittskarten gebeten worden, freundlicherweise hatte man den billigsten Tarif zugesagt. Nun stand „Behinderte" aufgedruckt auf der Karte. „Mit so was lauf ich nicht rum." Offenbar konfrontierte der Aufdruck die Jugendlichen mit ihnen ganz unerträglichen Zuschreibungen, und offenbar mißtrauten sie plötzlich auch mir, daß ich als Psychotherapeutin, die sich für die Thematik „Gewalt und Film" interessierte, sie doch nicht als normale Menschen angesehen, sondern sie Dritten gegenüber bei der Anmeldung als Behinderte bezeichnet hätte. Sie nahmen mir schließlich ab, daß wir einfach die billigsten Tarife zugesagt bekommen hatten und diesen Vorteil gerne in Anspruch nahmen. All das interessierte die Jungen deutlich weniger als ihr Verdacht einer persönlichen Kränkung und eines „Verrats".

Ein Grund der heftigen Reaktion, auf den in der akuten Situation einzugehen nicht möglich war – das gelang erst später bei der Auswertung in der Schule –, liegt darin, daß die Jungen an dieser Stelle für ihre Person eine Entwertung erlebten, wie sie sie anderen Menschen häufig zufügen. Im Alltag benützen sie häufig und ungehemmt, wenn sie etwas an Kameraden stört, den Ausdruck „Behinderte". Ihnen ist dabei nicht bewußt, daß sie rassistische und nationalsozialistische Entwertungen benutzen. Um so wichtiger ist es daher bei der Arbeit an der Gewaltproblematik, auch die historisch -politische Basis solcher aggressiver Entwertungsstrategien mit der unvermeidlichen Folge von Entwertungsängsten, die in der Gesellschaft immer wieder zum Problem werden, bewußt zu machen. Das ist um so wichtiger in Anbetracht der alltäglichen Problemverstärkung dadurch, daß diese Jungen, wie viele schlechten Schülerinnen und Schüler, daran gewöhnt sind, als schwierige Schüler „entwertet" zu werden bzw. sich entwertet zu fühlen. Auch aus diesem Grund sind Jungen und Mädchen oftmals hochgradig empfindlich gegen vermeintliche Kränkungen.

Im Getümmel des Eingangsbereiches jedenfalls waren die Jungen keiner tieferen Argumentation zugänglich, immerhin sahen sie ein, daß sie jetzt mit Weglaufen niemandem nützen würden, daß sie jedoch ihre Meinung und Kritik durchaus vertreten könnten, z. B. indem sie etwa einen Brief schrieben. Später zeigte sich das gravierende Problem, daß die Jungen das Eintreten für ihre Meinung als ein Risiko empfinden und als sinnlos, weil sie überhaupt am Wert verbaler Kommunikation zweifelten und sich nicht vorstellen konnten, daß man sie überhaupt beachtete mit ihrer Kritik. Abgesehen davon – und auch dies ist ein gewichtiger, mit ihrer Sozialisation zusammenhängender Grund – fürchteten sie nachteilige Folgen für sich oder ihre Familien. Denn als der Brief an „Studiotour Babelsberg", der im übrigen freundlich sowohl Danksagung für die preiswerten Karten, aber auch den Hinweis auf ihre Kränkung enthielt, unterschrieben werden sollte, benutzten einige statt ihrer eigenen fingierte Namen. „Vielleicht kennt uns da im Büro einer."

Die Antwort der Geschäftsleitung kam prompt, telefonisch und war in der Diktion gleichfalls sehr gekränkt und ärgerlich über die Undankbarkeit der Schüler. Man sprach ihnen zunächst entschieden das Recht ab, überhaupt gekränkt zu sein, da man ihnen doch entgegengekommen war, und reklamierte mich als Verantwortliche, deren Pflicht es gewesen wäre, auf die Schüler so einzuwirken, daß diese nicht kritisch, sondern positiv denken. Es gelang schließlich, Verständnis für die pädagogische Absicht zu vermitteln, daß Schüler ermutigt werden, sich mit Worten statt mit Taten zu äußern, daß es nicht Sinn sei, etwas wegzudrücken bei ihnen, sondern sich mit ihnen über das, was sie störte, auseinanderzusetzen. Daraufhin entschloß man sich in der Geschäftsleitung, ebenfalls einen Brief an die Gruppe zu schreiben, der im Unterricht vorgelesen und besprochen wurde. Darin wurde ebenfalls Kritik und Enttäuschung ausgedrückt und auf das positive Bemühen um Integration von Behinderten in der Gesellschaft hingewiesen. Zwar fühlten die Schüler sich immer noch nicht mit ihrem Anliegen verstanden, aber immerhin gelang es auf diese Weise einen Kontakt zustandezubringen, bei dem die Darlegung unterschiedlicher Standpunkte riskiert wurde. Für die Jungen war das eine sehr positive neue Erfahrung, daß sie weder wegrennen noch sabotieren mußten, daß sie beachtet werden, wenn sie sich äußern. Die moralische Seite des Grundproblems, nämlich die gesellschaftliche Diskriminierung Behinderter erlebt zu haben, konnte später im Ethikunterricht behandelt werden.

„Sind Sie die mit den Gewalttätigen?"

Ein weiteres Beispiel aus der Projektarbeit belegt, wie automatisch gewissermaßen bereits dort, wo die Begriffe Gewalt und Jugend fallen, noch ehe unmittelbare Erfahrungen gemacht werden, Abwehrformen zwischen den Generationen wirksam sind. Die erste Projektgruppe, mit der wir angemeldet waren, sollte in der „Maske" geschminkt werden, einem Raum mit einigen Requisiten, zwei Schminktischen, einer Kassentheke und an den Wänden diversen Fotos von dekorierten Kindern. Die Dame an der Kasse blickte mich skeptisch an, als ich, wie vereinbart, die Gruppe vorstellen wollte. „Sind Sie die mit den Gewalttätigen?", fragte sie und schaut merkwürdig über meine Schulter, ich drehte mich um und mußte feststellen, daß plötzlich alle Jugendlichen verschwunden waren, sie waren geflüchtet, keiner traute sich herein, es dauerte geraume Zeit, bis es ihrer Lehrerin gelang, sie wieder hereinzuholen und mit dem Maskenbildner bekannt zu machen, der später lächelnd sagte „die hatten Schiß".

Der Maskenbildner seinerseits, ebenso wie seine Assistentin und die Kassiererin, wirkten so, als wären sie hinter dem Tresen in Deckung gegangen, als wir kamen. Offensichtlich hatten sie genausoviel Angst wie die Jugendlichen. „Wir haben ja nicht gewußt, ob die uns die Bude auseinandernehmen, nachdem wir so was gehört haben mit Gewalt und so", sagt der Maskenbildner später, als er die Arbeit aufnahm, und fügte hinzu, „man weiß ja nie". Und obwohl die Modalitäten des Projekts und die Herkunft der Schüler eingehend besprochen waren, wurde auch bei späteren Projekten immer wieder von „Sie mit ihren Schwererziehbaren" oder der „Subkultur" gesprochen.

Opfer – Täter? Das Motiv der Verletztheit und seine Bedeutung

Das am häufigsten gewählte Motiv ihrer Verwandlung waren Wunden oder Narben in jungen Gesichtern von Jungen und Mädchen – ein erschreckender Anblick. Verletzte Kindergesichter üben regelmäßig eine starke Wirkung auf alle Betrachter aus. Die Skala der Gefühle reicht dabei von Erschrecken, Entsetzen, Mitleid, Angst bis zu Wut auf „Täter" und bis zu Häme oder aber zur Empörung, daß es so etwas gibt.

An dieser Stelle könnte die Empörung von Betrachtern sich kurzerhand von der sichtbaren Problematik „verletzte Kinder" wegwenden und sich statt dessen auf mich bzw. die Konzeption richten, die so etwas sichtbar macht, die das Spiel mit schockierenden Motiven ermöglicht. Das wäre im Prinzip ein ähnlicher Abwehrvorgang, wie er gegenüber dem Fernsehen stattfindet, wo man meint, das Problem mit Zensur lösen zu können. Die Frage, ob es zynisch ist, „mit dem Entsetzen zu spielen", ist allerdings sehr ernst zu nehmen. Gerade weil aber die Wahl der Motive nicht von Erwachsenen vorgeschrieben war, sondern von den Jungen und Mädchen freiwillig getroffen wurde, muß das Phänomen der Verletztheit, auch wenn es zynisch im Umgang mit der eigenen Person wirkt, als Teil der Probleme junger Menschen sehr ernst genommen werden.

Der Einwand, daß die jungen Menschen diese Bilder als mutwilliges Spiel mit dem Schrecken betrieben hätten, daß sie schockierende Themen aus Lust an der Zerstörung vor Augen führen, widerspricht nicht der These, daß diese jungen Menschen die Wahl des Opfermotivs auch aus unbewußten Gründen getroffen haben. Durch Übersetzung der Bildsprache in Wortsprache wird der Grund besser verständlich und kann als Botschaft an Erwachsene sinngemäß etwa so ausgedrückt werden: „Wenn ihr Erwachsenen mit uns jungen Menschen über Gewalt reden wollt, dann müßt ihr zuerst auf unsere Verletzungen sehen." Da die Fotoprojekte als Teil des Gesamtprogramms, nämlich Gewalt und Bild in der Schule, zu thematisieren waren, macht speziell diese Botschaft darauf aufmerksam, daß es wenig überzeugend für Jugendliche ist, nur von der Gewalt im Film zu reden und die alltägliche Gewalt in ihrem Leben zu übergehen. Daß an ihr regelmäßig Erwachsene in vielfältiger Weise beteiligt sind, rückt damit freilich stärker in den Fragebereich – ein Umstand, der vielen Erwachsenen viel unangenehmer als Filmgewalt ist, über die in persönlich sicherer Distanz zu reden begreiflicherweise leichter fällt.

Die Reaktionen auf die Fotos sind sehr vielschichtig und unterschiedlich. Innerhalb dieser Projekte konnten keine statistischen Erhebungen gemacht werden – das wäre ein eigenes aufschlußreiches Forschungsprojekt –, daher können im folgenden nur häufig beobachtete Tendenzen oder auffällige Unterschiede beschrieben werden, wie sie aus zahlreichen Gesprächen mit vielen Menschen innerhalb und außerhalb des Schulbereichs zu erfahren waren. Allgemein konnten wir feststellen, je beunruhigender der Anblick eines „verletzten" Jungen oder Mädchens wirkte, um so stärker erschien die Ambivalenz der Betrachter, einerseits hinsehen zu „müssen" und andererseits wegsehen zu wollen. („Ich kann das gar nicht sehen".)

Auffällig war ferner, daß, je intensiver der erste Schrecken wirkte, desto rascher die Frage nach der Schuld und nach den möglichen Tätern gestellt wurde. Bei Fragen zu den Bildern, „wie könnte das passiert sein?", dachten Männer, Frauen und Jungen spontan an Verletzungen durch andere Männer, durch Väter, Freunde oder Feinde. Mädchen dachten öfters auch an „normale" Unfälle als mögliche Ursache. Bemerkenswert und Anlaß nach den Gründen zu fragen ist auch, daß spontane Einfühlung in die „Opfer" selten zum Ausdruck kam. Offensichtlich wirkt hier die Schuldfrage wie ein Schutzschild gegenüber Einfühlung. Verwunderlich ist das nicht, wenn man bedenkt, daß Einfühlung die Distanz zur Gewaltproblematik, die mit der Schuldfrage leicht herzustellen ist, ganz erheblich reduzieren würde.

Aufschlußreich war zudem eine geschlechtsrollenspezifische Gewichtung der Schuldfrage. Handelte es sich um Mädchen mit „Verletzungen", so wurden sie von Männern und Frauen spontan als Opfer aggressiver männlicher Gewalt vermutet; handelte es sich dagegen um Jungen, so wurde automatisch ihre eigenen Schuld oder zumindest erhebliche Mitschuld vermutet: „das werden die sich schon selbst eingebrockt haben". Bei Frauen fielen außerdem schwer zu bestimmende Schuldgefühle auf. „Daß es nicht gelingt, die Kinder besser zu schützen oder sie gewaltfrei zu erziehen", begründete eine Lehrerin ihre Empfindungen.

Aus Gesprächen mit Lehrerinnen und Lehrern gewann ich den Eindruck, daß sie die Botschaft aus den Portraits verstanden haben und dadurch tatsächlich motiviert wurden, Fragen nach den alltäglichen Gewaltbeziehungen in ihrer Arbeit mit den Jungen und Mädchen stärker in den Mittelpunkt ihrer forschenden Aufmerksamkeit zu stellen. Die Bereitschaft, auch auf die unmittelbaren Gewaltbeziehungen, nicht nur die Gewaltbilder in Filmen, genauer hinzusehen und sich darüber auseinanderzusetzen, war bei allen Beteiligten größer geworden.

Im psychotherapeutischen Bereich ist ein Hilfsmittel zum Verständnis von schwierigen Situationen die Reflexion persönlicher Wahrnehmungen. Die Tatsache, daß ich, überrascht von der Motivwahl, „Verletzte" war, machte mir klar, daß ich offenbar, wie viele andere Erwachsene auch, Anteil an einer aggressiven Einschätzung von Jugendlichen habe, indem ich sie mir in einer bestimmte Rolle im Bild vorstellte, nämlich in der des potentiellen Helden, d. h. des potentiellen Kämpfers und insofern Täters, wobei ich nicht an ihre Rolle als Verletzte dachte, die sie mir vor Augen führten. Die Botschaft der Portraits paßt auch in den Kontext psychotherapeutischer Praxis. Ich interpretiere die Bilder der Verletzten als Illustrationen zu psychoanalytischen Theorien über den „Teufelskreis von Gewalt": Mit Verletzungen am Kind beginnt der Kreislauf von Gewalt.

Überraschend war darüber hinaus, daß die Gruppenszenen Basiskonflikte, nämlich aggressive Eskalations- und Abwehrprozesse in Zweier- und Dreierbeziehungen sichtbar machten. Wenn ich im folgenden diese aggressiven Szenenbilder als Illustrationen meiner bereits in historischen und psychotherapeutischen Zusammenhängen entwikkelten Thesen über die Wirksamkeit der Disposition zur Radikalität interpretiere, so bin ich mir durchaus bewußt, daß dies als ein von mir induzierter Prozeß verstanden werden kann, dessen allgemeine Gültigkeit erst durch weitere Kontrollversuche, auch in anderen Sozialisationsfeldern etwa, behauptet werden kann.[1] Selbstverständlich sind durch meine Mitwirkung an den Projekten allen Beteiligten und Lehrern ganz bestimmte Sichtweisen durch mein spezifisch von psychoanalytischer Praxis beeinflußtes Konfliktverständnis bekannt geworden, so daß man die Szenen nicht als rein spontane Akte der Schüler auffassen kann, die von allein meine Theorien über Gewalteskalationen bei Kindern und Jugendlichen bestätigen würden. Andererseits jedoch weist der Umstand, daß die Schüler und Schülerinnen die Aufgabe, Konfliktszenen darzustellen, so unmittelbar, einfallsreich und als einen eskalierenden Gruppenprozeß realisierten, darauf hin, daß hier Basiserfahrungen bestehen, aus denen sie mühelos schöpfen können, sobald sie gefragt sind.

Jungen und Mädchen haben es im Gefühl, sie wissen aus eigenem Erleben, wie Gewaltkonflikte von Kindern szenisch aussehen. Gerade die überzeugende – und durchaus lustvolle – Art der Darstellung von Zweier-, Dreier- oder Gruppenkonflikten wäre ohne solches Wissen nicht so spontan und ohne Proben „nebenbei" gelungen. Die Jungen und Mädchen schöpften aus dem vollen eigenen Erfahrungsschatz. Um solche Szenen zu erfinden, bedurfte es keines Regisseurs, keiner langen Interpretation oder Anweisung, weil sie den Jugendlichen aus ihrem Leben bestens vertraut sind, sei es als reale Erfahrung oder als Angstvorstellung. Meine Funktion in dieser Situation bestand vielmehr

1 Vergleichbare Projekte an Schulen der alten Bundesländer könnten zur Diskussion der Fragen beitragen. Auch Pausenspielbeobachtungen von Mädchen unter dem Aspekt der Konfliktinszenierungen wären für weitere Erkenntnisse nützlich.

darin, rasch zu erkennen, wenn die Jungen „nebenbei" ihre Ideenangebote machten, „Halt" zu sagen bei einer Geste, die ich sah. Denn sie kamen oft sehr schnell und manchmal nur als knapp andeutende Körperbewegungen, die sie dann, wenn sie Aufmerksamkeit fanden, gerne möglichst wirkungsvoll zum Fotografieren wiederholten. Ich bin überzeugt davon, daß den Fotos ein erheblicher dokumentarischer Wert zum Verständnis konflikthafter Beziehungsmuster und ihrer Abwehrformen durch Opferkonstruktionen beigemessen werden kann, wie sie von mir in den Thesen von der Disposition zur Radikalität bei Kindern und Jugendlichen allgemein und mit geschlechtsspezifischen Ausprägungen im besonderen beschrieben wurden.

Auf Jungenseite stellte sich der Prozeß der Konfliktentwicklung, Konfliktdynamik und Konfliktabwehr in sieben deutlich unterscheidbaren Stadien dar:

Erstens: Fast alle Jungen inszenierten sich als Verletzte, d. h. sie präsentierten sich zuerst als Opfer einer Gewalttat.

Zweitens: Bei Phantasien darüber, wie die Verletzungen zustande gekommen sein könnten, stellten befreundete Jungen (dies erscheint mir von besonderer Bedeutung) Zweier-Konflikte dar. Es waren im Prinzip Konkurrenzsituationen, bei denen es um Oben- oder Unten-Sein, um Größer-Stärker-Besser-Sein, um Verlierer und Gewinner ging. Dabei fiel die kurzzeitige enge Vermischung libidinöser und aggressiver Impulse auf. Dichte körperliche Nähe war im abrupten Wechsel mit aggressiver Distanz zu sehen. Freundschaft und Erpressung wirkten unlösbar vermischt. Dargestellt wurden so Konkurrenzkonflikte innerhalb gleichgeschlechtlicher Zweierbeziehungen.

Drittens: Eine Ablenkung von den Zweier-Konflikten erfolgte in dieser Phase durch Verlagerung des Konflikts auf einen Dritten nach dem Muster Zwei gegen Einen. Bündnisse auf Kosten eines Dritten wurden geschlossen zu dem Zweck der Herstellung von Einigkeit anstelle von Trennung durch unlösbare Konflikte. Es sind Akte aggressiver Kumpanei. Die Kohärenz der Beziehung der Rivalen wird über den Ausschluß eines Dritten erzeugt.

Viertens: Eine quantitative Veränderung des Grundmodells Zwei gegen Einen – es hat durch die lautstark ausgedrückte Spaßkomponente erheblichen Aufforderungscharakter für andere Jungen – ist prinzipiell jederzeit möglich. Die kumpelhafte Vergrößerung der Zweiergruppe bewirkte eine deutliche Intensivierung der aggressiven Ideen der Gruppe, die jetzt nach dem erweiterten Prinzip funktionierte: Alle Jungen gegen einen Jungen.

Fünftens: Die erweiterte Situation entwickelte jetzt eine qualitative Veränderung: die Funktion des Dritten, des „Opfers" bleibt, aber sie wird nun von einem Mädchen übernommen. Der Rollentausch bewirkte, daß die maskuline Gruppe sich wieder völlig zusammengehörig fühlen konnte – jetzt gegenüber dem weiblichen Geschlecht. Damit hatten die Jungen nun ein gemeinsames, im Prinzip altes und zugleich neues, erregendes Ziel. Sie „verfolgten", sich in aggressiven Späßen überbietend, das Mädchen, das einerseits „geschmeichelt", andererseits „verängstigt" spielte. Damit war die Opferfunktion als Abwehr von Rivalitätskonflikten auf ein weibliches Wesen übertragen, die Jungen hatten damit die eigenen Reihen wieder geschlossen und Einigkeit im Handeln unter sich hergestellt, während sie ihre Rivalität nach dem Motto „wer hat die tolleren Ideen" agierten.

Sechstens: Der Erregungsdruck der Gruppe eskalierte daher, jetzt konnten sie sich „kaum mehr bremsen", es kam zu immer „mutwilligeren" aggressiven Aktivitäten, die die Insider der Gruppe selbst mit „befreitem Lachen" begleiteten. Offensichtlich nimmt mit der Strukturierung der Szene, männlich versus weiblich, der Gruppendruck an Intensität zu. Die Gruppe wirkt durch Einzelinteressen, Separierungen und potentielle Paarbildungen vom Zerfall bedroht.

Siebtens: In dieser eskalierenden Situation wurden Erwachsene aufmerksam, „beunruhigt, alarmiert". Sie müssen tatsächlich von außen her „Einhalt" gebieten, d. h. auf die Respektierung humanen Verhaltens dringen. Durch äußeren „Halt" der gesellschaftlichen

Normen werden Jugendliche, die die Normen nicht stabil integriert haben, veranlaßt, andere Wege zur Lösung ihrer gruppeninternen Konflikte zu entwickeln. Als in der Szene die Lehrerin sich mit erhobenem Arm „schützend" dazwischen stellte, zogen sich die Jungen „maulend" etwas zurück, hatten aber nun ein weiteres weibliches Objekt gewonnen, auf das sie sich wieder gemeinsam aggressiv beziehen konnten, so daß sie ihre internen Konflikte nicht mehr bemerken mußten.

Auf Mädchenseite waren die Konfliktabläufe insgesamt nicht so eindeutig und schnell im Bild festzuhalten. Hier müßte durch weitere Untersuchungen im einzelnen geklärt werden, woran das liegt. Mädchen zeigten in gemischten Gruppen ein kollektives Verhalten, indem sie sich aus offen aggressiven Szenen eher zurückhielten und das Feld der spontanen körperlichen Aktivität eher Jungen überließen bzw. sich an deren Tun anhängten. Wenn Mädchen vor der Kamera aggressive Szenen stellten, wenn sie sich aggressiv auf einen Jungen „stürzten", wirkt das im Bild wie ein Zitat von Jungenverhalten. Wo Mädchen sich als Verletzte inszenierten, ließen sie Jungen als Täter auftreten, hatten aber auch Einfälle, daß die Verletzungen von Unfällen stammen könnten. Wenn Mädchen sich als Hexen/Vampirwesen stilisierten, war die Rivalitäts- und Konkurrenzproblematik deutlicher: „Die Schönste, Mächtigste" im Kontrast zur „Unterlegenen". Die Form der aggressiven Benutzung eines „Dritten als Opfer" fand versteckter statt: „Sich heimlich bereden", „tuscheln" über Dritte, doppeldeutige, von Blicken interpretierte Kommentare („sieht gut aus" versus „bescheuert"). Die weibliche Form der aggressiven Konkurrenz ist weniger einfach ins Bild zu bringen, sie unterliegt stärker der Verdrängung hinter sozial angepaßten Formen. Der heimliche schnelle Tritt, die boshafte Falle, die kalkulierte Geste – davon berichten Mädchen, wenn sie danach gefragt wurden, sehr lebhaft, zögern jedoch, so etwas ins Bild zu bringen.

Beim Studium der Potraits mit den Motiven „Verletzung" stellt sich neben allen allgemeinen und geschlechtsspezifischen Fragen zu Konflikt- und Gewaltbeziehungen junger Menschen auch ein die politische Situation betreffendes Problem: Wären Fotos von Jungen und Mädchen aus dem westlichen Sozialisationsbereich anders oder ähnlich ausgefallen? Diese Fotoprojekte im Zusammenhang mit gewaltprophylaktischer Arbeit fanden ausschließlich an Schulen Brandenburgs im Zeitraum 1993 bis 1995 statt, vergleichende Projektstudien in Westdeutschland gibt es bisher nicht. Die Frage, ob die Motivwahl „verletzte Kinder“ auch etwas mit der spezifischen Situation und Sozialisation junger Menschen in Ostdeutschland bzw. mit den Umbrüchen der Wende zu tun haben könnte, beschäftigt mich als eine im westdeutschen Sozialisationsbereich Angesiedelte nicht als theoretische Frage, sondern deshalb, weil eine der eindrücklichen Erfahrungen während der gemeinsamen Projektarbeit mit Kolleginnen und Kollegen brandenburgischer Schulen war, auch von den vielfältigen seelischen Verletzungen der Erwachsenen zu hören, die einigen physisch und psychisch schwer zu schaffen machen. „Auch mir ist politisch und psychisch Gewalt angetan worden“, sagte eine Kollegin, und ihre Äußerung macht deutlich, daß „Gewalt im Bild“ nur Thema sein sollte, wo auch Gewalt in der Realität alltäglicher menschlicher Beziehungen Thema werden kann.

2. Foto-Dokumente aus dem Schulprojekt „Erkennen von Gewalt in Beziehungen“

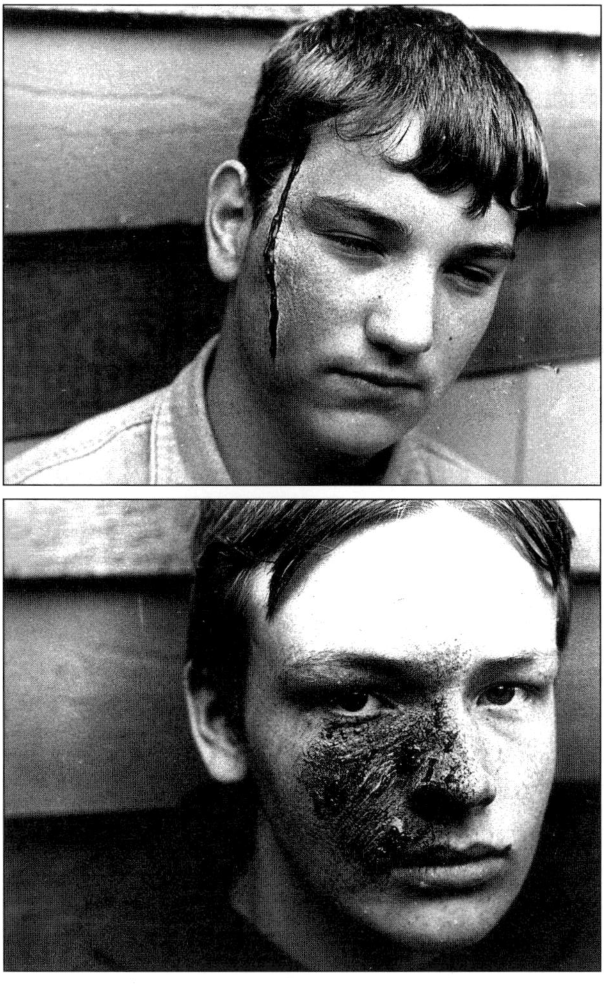

Abb. 1 bis 2: „Verletzte“

Die Motivwahl „verletzt“ ist kein Zufall. Sie spiegelt u. a. ein Lebensgefühl junger Menschen. Sichtbare und unsichtbare Verletzungen sind nicht nur das bittere Ende von gewalttätigen Beziehungen, sondern auch ihr Anfang.

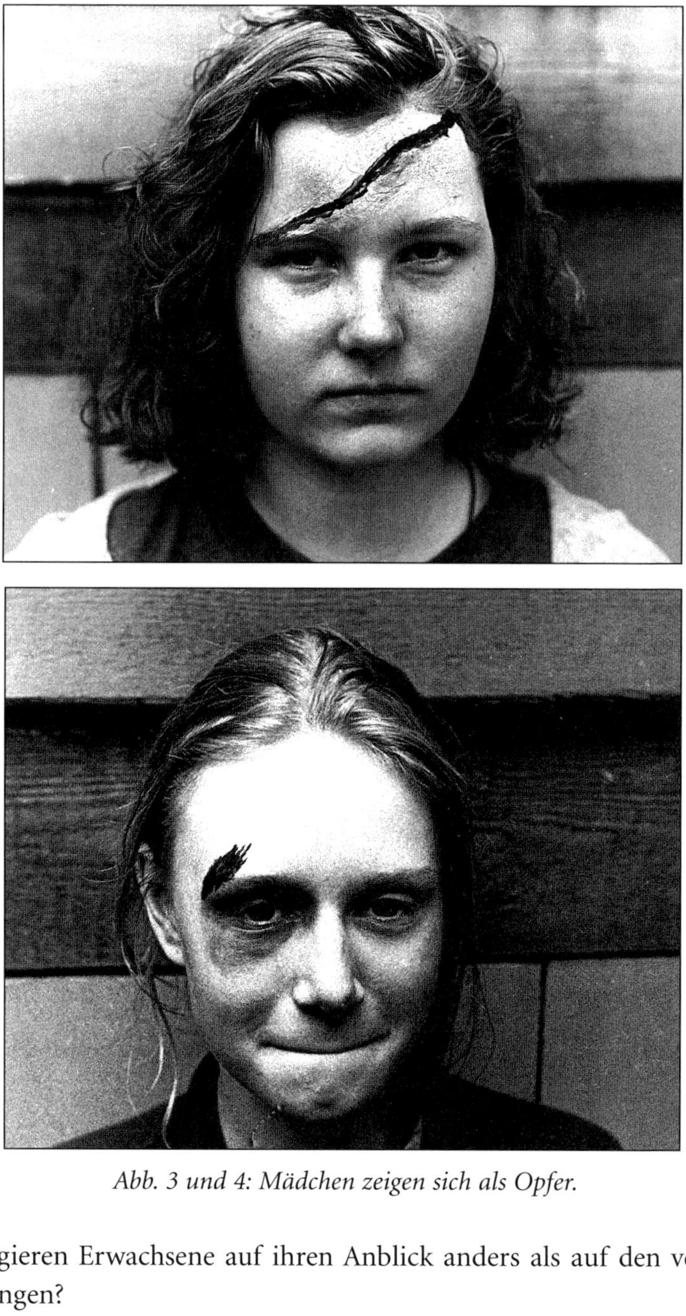

Abb. 3 und 4: Mädchen zeigen sich als Opfer.

Reagieren Erwachsene auf ihren Anblick anders als auf den verletzter Jungen?

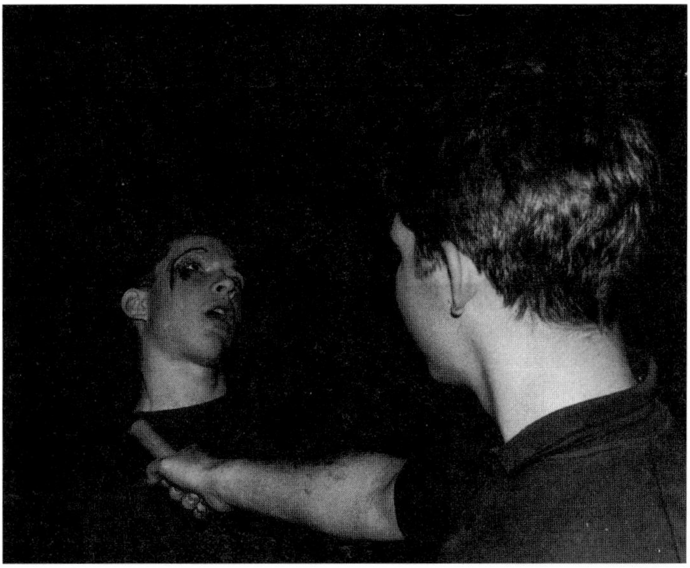

Abb. 5 und 6: Gewalt zwischen Jungen.

Wie fängt so etwas an? In Kindertagen, ganz alltäglich, unter Freunden, teils aus Spaß, teils aus Ernst.

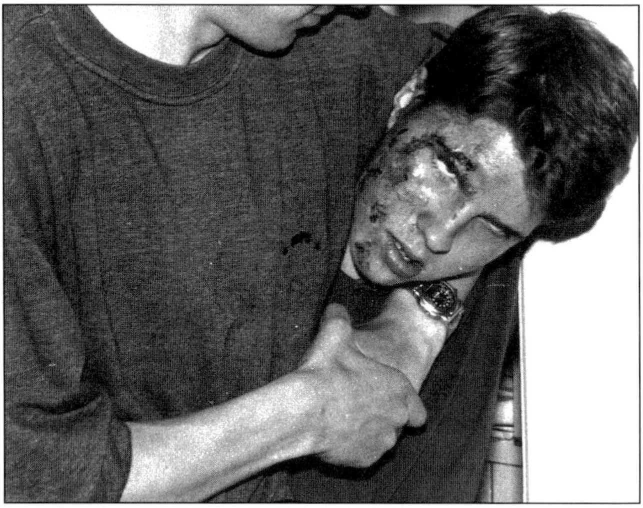

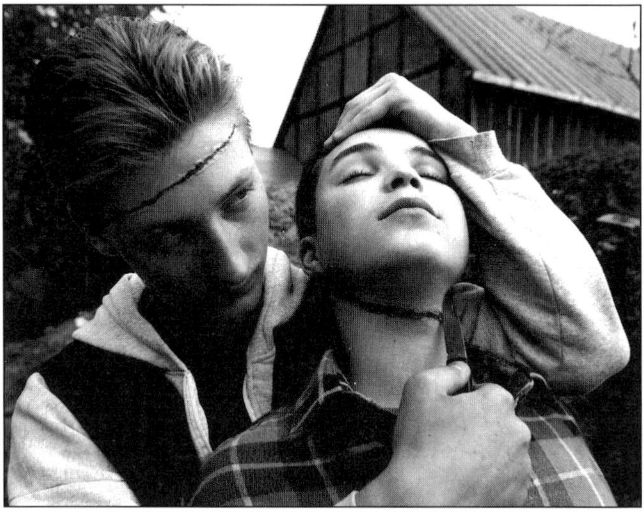

Abb. 7 und 8: Zweikämpfe.

Es sind Konkurrenzkämpfe: Wer ist körperlich überlegen und hat das Sagen? Wer muß sich fügen?

Ob die Schmerzgrenze eingehalten wird, hängt davon ab, ob man zeigen darf, was weh tut. Erwartet die Gesellschaft von Jungen Härte gegen sich selbst?

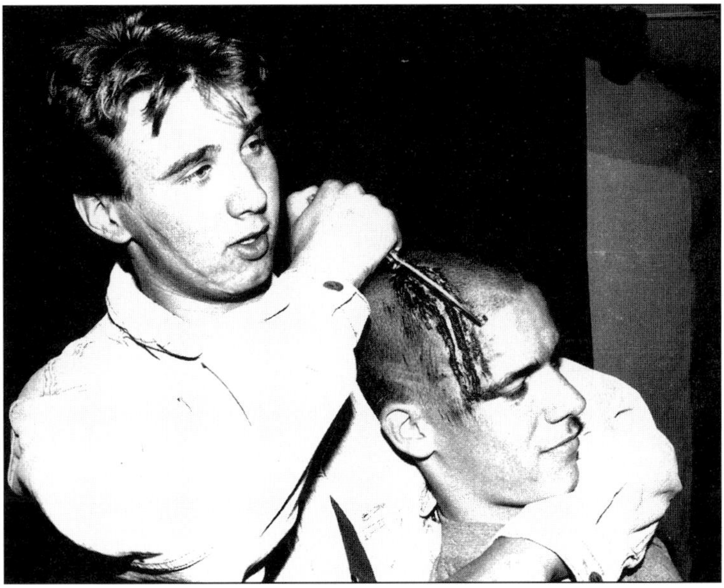

Abb. 9 und 10: Pattsituation.

Ohne Versöhnung nach Kämpfen bleiben die Spannungen aus Wut, Angst vor Unterlegenheit oder Rache. Stärkere Mittel werden gesucht. Alles kann zur Waffe werden.

Abb. 11: Zwei gegen Einen.

Nach diesem Grundmodell suchen zwei Konkurrenten eine Lösung für ihre Probleme miteinander. Sie benutzen einen Dritten, den sie aggressiv behandeln können. Auf Kosten des Dritten fühlen sie sich nicht mehr als Gegner, sondern als Verbündete. Als Person ist ihnen der Dritte unwichtig – das ist für dessen Sicherheit gefährlich.

Abb. 12: Alle gegen einen.

Das ist nur die quantitative Erweiterung des Grundmodells „Zwei gegen Einen". Dabei kann jeder mitmachen, wenn er nur gegen den „Feind" ist. Der innere Gruppendruck steigt mit der Zahl, aber die Aggressivität wird nach außen, auf einen gemeinsamen „Feind" abgeleitet.

Abb. 13: Rollentausch.

Ein Mädchen hat jetzt die Funktion des Dritten. Es erfüllt sie aber nicht wie ein Junge. Durch das andere Geschlecht erhöht sich der alte Konkurrenzdruck der Jungen. Rivalität kommt dazu und Verlustangst. Heterosexuelle Paarbildungen könnten die Kameradschaften stören.

Abb. 14: Erwachsene greifen ein.

Wenn junge Menschen die Grenzen humanen Verhaltens gegenüber ihren Feinden bzw. Opfern überschreiten, müssen Erwachsene von außen eingreifen und die Einhaltung der rechtsstaatlichen Normen durchsetzen. Doch das allein reicht nicht.

Erwachsene müssen zudem dafür Sorge tragen, daß sie ihrerseits junge Menschen nicht mit Worten und Taten verletzen. So kann der Teufelskreis der verletzenden Gewalt von innen unterbrochen werden.

Abb. 15 und 16: Mädchenkonflikte

Auch Konflikte zwischen gleichaltrigen Mädchen wurzeln in Zweierbeziehungen. Diese können nicht nur harmonisch sein, weil Konkurrenzdruck stört. Fragen der Gleichheit, der Überlegenheit oder Unterlegenheit beziehen sich weniger auf Körperkraft als auf Körperaussehen, auf Schönheit und Beliebtheit.

Abb. 17: Kratzen, Beißen, Schlagen sind abbildbare Formen der körperlichen Aggressionen von Mädchen gegeneinander. Andere höchst wirksame Formen sieht man nicht so leicht.

Abb. 18: Zwei gegen Eine

Um ihren Konflikten zu entgehen, beziehen zwei Mädchen ein Drittes aggressiv mit ein, indem sie negativ von der Dritten reden. Auf diese Weise machen sie eine Dritte zur „Feindin", gegen die sie zusammenhalten. Sie „opfern" eine Dritte, wohlwissend, daß Verrat ihr Bündnis bedroht. Sobald sie abwesend sind oder mißliebig, geraten sie selbst in die Rolle der aggressiv Ausgegrenzten.

Abb. 19: Alle gegen Eine

Aus dem aggressiven Grundmodell „zwei gegen eine“ kann jederzeit die erweiterte Form „alle gegen eine“ werden. Die unterdrückte Spannung der Gruppe nimmt dann zu und drängt auf Veränderungen.

Abb. 20: Rollentausch

Ein Junge hat die Funktion des Dritten. Die Aggression richtet sich halbherzig gegen ihn. Das Bündnis der Mädchen ist in Frage gestellt. Heterosexuelle Paarbildungen würden die Verbündeten trennen.

3. Jugendliche Gesichter als Dokumente zur Weiterarbeit

Bewußtmachung künstlerischer und psychologischer Wirkungselemente

Die Portrait- und Szenenfotos sind ein für die Problematik „Gewalt, Bild und Jugend“ relevantes Dokumentationsmaterial, mit dem in der Schule und in der Öffentlichkeit weitergearbeitet werden kann. Sie sind ihrer starken Wirkung wegen geeignet, Gespräche zwischen Erwachsenen und Kindern und Jugendlichen in Gang zu bringen und insbesondere dazu, Wirkungsfragen zugleich mit Beziehungsfragen zu erforschen. Wo die Bilder bisher innerhalb der Klassen oder der Schule oder in Seminaren ausgestellt wurden, fanden sie spontanes lebhaftes Interesse und erregten unterschiedliche Reaktionen. Sie sind Anlaß, zahlreiche Fragen diverser Zuschreibungen, Unterstellungen, Vorurteile und Emotionen zu diskutieren und bewußter zu machen.

Gespräche zwischen jungen Menschen über Wirkungen ergeben sich, da die Bilder altersgleiche Jungen und Mädchen betreffen und emotionales Interesse wecken. Das motiviert für die rationale Beschäftigung mit Bildproblemen; ohne solche Motivation fällt es schwer, die Schwelle des gewohnten, flüchtigen Bildersehens zu überwinden. Die bewußte Wahrnehmung innerer Vorgänge gelingt Schülerinnen und Schülern anhand der Portraitfotos leichter, weil mit dem Herstellungsprozeß persönliche Erfahrungen verknüpft sind, so daß die Schüler die Diskrepanzen zwischen innerer Erfahrung und äußerer Wirkung deutlicher erkennen. Wirkungsfragen sind damit kein abstraktes und intellektuell weniger begabten Schülern schwer zugängliches Thema mehr, sondern sie ergeben sich einfach aus Vergleichen zwischen unterschiedlichen Erfahrungen bei der Produktion und später bei der Betrachtung der Portraitbilder.

Manipulative Prozesse der Fotografie sind ein weiteres Thema, das anhand der Bilder diskutiert werden kann. Ideal wäre es, wenn Mädchen und Jungen selbst in Fotolabors die Manipulationen der Bildentwicklung aktiv vollziehen oder wenigstens mitbeobachten könnten. In unseren Projekten war das mangels technischer Einrichtungen an den Schulen nicht zu realisieren. Wir legten den Schülern nur Abzüge in unterschiedlichen Größen vor, an denen sie Wirkungsveränderungen durch Vergrößerungen vergleichend prüfen konnten. Um darüber hinaus auch auf die moderne Problematik von computergesteuerten Bildmanipulationsmöglichkeiten aufmerksam zu machen, hatten wir zudem in einigen Fällen Portraits mit einer aus einem anderen Gesicht gescannten Narbe versehen. Die Produzentengruppe selbst war jetzt „sachkundig“ und in der Lage, Manipulationen zu erkennen, sie konnte die originale Situation mit der Bildwirkung vergleichen. Sie war auch hellhörig für „Zuschreibungen“, für Kommentare von Menschen, die nicht wußten, wie die Fotos zustande gekommen waren, wenn sie sie im Rahmen einer Präsentation am Ende einer Projektwoche öffentlich ausgestellt erblickten.

Arbeit am Bild mit den Mitteln der Sprache

Eine weiteres Ziel der Projekte besteht darin, nach der Bildproduktionsphase auch die Sprache und die kritische Reflexion stärker in den Mittelpunkt der Arbeit zu rücken. Wie sich bald herausstellte, ist es aber viel leichter, weil unverbindlicher, Worte und Assoziationen zu fremden Bildern zu finden als zum eigenen Bild, wo die narzißtische Kränkbarkeit hemmend wirkt. Um also mehr Texte über Assoziationen, Ängste und Vermutungen zu erhalten, ist es hilfreich, Fotos nicht aus der eigenen, sondern aus einer anderen Projektgruppe einzusetzen.

Um subjektive Bildwirkungen spontan in Worte zu fassen, wurden einer Klasse fünf unbekannte Portraitfotos vorgelegt, zu denen die Schülerinnen und Schüler nur kurz ein paar Stichworte notieren sollten.[2] Drei Textbeispiele zeigen, wie heterogen die Wirkungen sind.

Beispiel I:
kleine Göre, wirkt zickig, möchte keine Gefühle zeigen
möchte bedrohlich wirken, sieht voll affig aus
ist stinkig auf das Vorhergehende
„trotz Wunde gehe ich als Sieger hervor“
„ich habe geholfen! ich fühle mich gut, trotz Wunde“

Beispiel II:
Gleichgültigkeit
Eitel, Distanzierung, abstoßen

2 Für die Überlassung der Unterlagen danke ich Sigrid Schwarz, RAA Potsdam.

Mitleid
Bestürzung
Abneigung

Beispiel I:
böse blickendes Mädchen, Wut, Ärger, Aggression
gemischtes Gefühl von Schreck, abstoßend weil geschädigt, Hilfe bedürftig
Langeweile, Trauer über ein Geschehen, Mitleid, Hilfe bedürftig
arrogant, ängstigend, weil beides nicht zusammenpaßt: Schramme und Stolz (fast Freude), abnormale Freude
ängstigend, brutal, ernst

Mehr Sinnzusammenhang wird hergestellt, wenn die Aufgabe bei der Betrachtung und Analyse der Fotos dann lautet, Texte als Nachrichten zu formulieren, und zwar abwechselnd im Stil einer Boulevard-Zeitung oder im Stil seriöser Presse. Dabei werden die Unterschiede möglicher Wirkungen und Assoziationen, wie folgende Ausschnitte aus erfunden Geschichten zweier Mädchen zum gleichen Foto eines „Verletzten" zeigen, noch deutlicher.

(Karin): „In einer Zeitung liest man: ‚Ältere Frau, welche am Nachmittag beim Bummel auf der Brandenburgerstraße von vier Jugendlichen körperlich belästigt worden war, erhielt Hilfe von einem 13jährigen Jungen.' Bei diesem Report handelt es sich um Janou, einen Jungen, der sonst nicht sonderlich auffallen würde. In der Schule ist er durchschnittlich gut, oder auch schlechter. Er ist sehr schweigsam und nicht mit aller Welt befreundet. Eben einfach ein normaler Junge. Auf dem Schulhof bekommt er das Getuschel vieler Mädel seiner Klassenstufe mit, aber auch vieler älterer Schüler. Janou läuft ganz normal, nur mit gesenktem Kopf zum Schuleingang, so, als wenn ihm das alles nichts ausmachen würde. Erst als sich die Tür hinter ihm schließt, kann man sein Gesicht erkennen. Er lehnt sich an die Wand und verweilt einen Augenblick so. Das bemerkt Herr Hilbert. Er hat ihn schon beobachtet, als er in das Schultor einbog ..."

(Tina): „Max war früher ein richtiges kleines Muttersöhnchen. Er ist Einzelkind und wurde immer von seinen Eltern umhegt. In der Schule war er der beste. Nur Freunde hatte er nicht. Niemand wollte etwas mit einem Streber zu tun haben. Irgendwann kam der Punkt, wo er sagte: ‚Jetzt ist Schluß'. Er kapselte sich von seinen Eltern ab und fand Anschluß bei einer gefürchteten Straßengang. Aber dort mußte er erst eine Mutprobe bestehen, um aufgenommen zu werden. Dabei ist es passiert. Ralf, ein Mitglied der Clique, war früher ein erfolgreicher Florettfechter. Max mußte ihn besiegen. Dabei kam es zu der Verletzung. Sie hat ihm die Augen geöffnet. Jetzt ist Max wieder bei seinen Eltern. In der Clique ist er schon lange nicht mehr. Dieses Erlebnis wird für immer sein Leben prägen."

Persönliche Eindrücke schilderten Mädchen aus der 12. Klasse eines Gymnasiums:

(Rija): „Jedesmal, wenn mich jemand fotografieren möchte, fühle ich mich ausgeliefert. Man glaubt (gerade bei Fotos von Posen), daß dieses Foto total doof aussehen wird. Aber wenn eine bestimmte Person diese Fotos dann sieht, fallen ihr keine großartigen Abnormalitäten auf. Da bekommt man mit, daß man zu sich selbst viel zu kritisch ist. So würde ich zuerst sagen ‚ich bin viel zu dick, dicke Oberschenkel, dicke Hüften, häßliche Haare, usw.' Doch die erwarteten Reaktionen sind nicht vollzogen worden. Mehrere der Betrachter des Fotos konnten einfach gar nichts damit anfangen. ‚Ja und, was möchtest Du jetzt hören?' Dann mußte ich ihnen die Geschichte erzählen, wieso, was, wo, warum. Und dann kamen blöde kurze Bemerkungen wie ‚Ja, sieht ganz gut aus' oder ‚Schön bunt'. Die einzige wahrscheinlich noch zutreffendste Bemerkung kam von einer guten Freundin: ‚Du siehst aus wie ein Groupie, der von dem Konzert der Metal Gruppe Kiss kommt, noch schärfer sieht das aber bei dem rothaarigen Mädel aus!' Nach einiger Zeit, in der sie sich das Foto genauer anschaute, meinte sie: ‚Wenn Du grinst, siehst Du aus, als wenn Du weinst, wie immer.' Auch das Überschminken hat nicht meine Gesichtszüge vertuscht. Leute, die mich genau kennen, kann ich nicht täuschen. Was mich sehr verblüffte, eine Bekannte, mit der ich seit einiger Zeit nicht sehr gut

auskam, brachte es auf den Punkt: ‚Du siehst Karin gegenüber so überlegen aus ... aber auch etwas hilflos.‘ Wahrscheinlich sieht sie dieses Bild unter anderen Aspekten.“

(Bettina): „Als ich mich nach dem Anschminken im Spiegel sah, fand ich es eigentlich erst lustig. Ich fühlte mich eigentlich gar nicht wie etwas Böses, das ich darstellen sollte. Deshalb fiel es mir anfangs auch schwer, mich mit dieser Maske in Szene zu setzen. Erst durch die Wirkung auf andere wurde mir mein neues Aussehen bewußt. Dann machten mir die Fotos keine Schwierigkeit mehr. Doch eine richtige Identifizierung fand nicht statt. Die Maske blieb nur eine Maske, die nur kurz aufgesetzt wurde. Andere Menschen reagierten auf die Bilder unterschiedlich. Viele machten sich lustig. Sie dachten vielleicht an Fasching bei diesem Anblick. Eine Freundin hätte mich nicht erkannt, wenn nur das Gesicht zu sehen gewesen wäre. Sie war erschrocken. Sogar als ich auf dem Foto lachte, wurde Böses in meinem Gesicht gesehen.“

(Carola): „Als wir geschminkt wurden, waren wir leider die einzigen, die dort geschminkt waren. Diese Situation war für mich anfangs ein klein wenig peinlich. Die ersten, die mich geschminkt sahen, waren ‚die‘ aus meinem Psychokurs, sie sagten, wie toll das doch aussieht, kurz gesagt, sie taten begeistert. Als dann die ersten kleinen Kinder kamen und mich sahen, waren die ganz geschockt, einer von denen fragte mich sogar, ob das weh tut. Als nächstes kamen dann mehrere ältere ‚Kinder‘ (14- bis 16jährige), die hatten dann eben schon mal abfällige Bemerkungen gemacht. (z. B. ‚so was ist doch total kindisch‘ oder ‚Das sieht doch jeder, daß das nicht echt ist‘). Als ich mir dann, nach dem Fotografieren meine Verletzungen abmachen wollte und zum WC ging, habe ich mich ziemlich beobachtet gefühlt und das war auch so, alle haben gestaunt und sich gewundert. Im großen und ganzen fand ich es eher lustig, andere Leute zu verwirren und zu beeindrucken, als peinlich und würde so etwas gerne nochmal machen.“

Bild und Wahrheit – Die Rekonstruktionen der Szene als Aufgabe

Eine stärker an der äußeren Situation orientierte Projektaufgabe im Anschluß an die Portrait-Fotos knüpft an die Frage an: „Was ist alles weggelassen?“ Die Aufgabe ist dann, eine Ergänzung des Bildes zur Szene zu versuchen, so daß Menschen, die nicht dabei waren, sich die ursprüngliche Gesamtszene vorstellen können und erkennen, woher der Bildausschnitt stammt. Es geht darum, bewußt zu machen, daß die Wahl des Ausschnitts bereits eine Manipulation bedeutet, einen Eingriff in „die ganze“ Wahrheit, die durch Weglassen und Hervorhebung unvermeidlich verändert wird. Die Rekonstruktion der Originalszene ist geeignet für Gruppenarbeiten mit dem Ziel, all das, was der Fotograf auf dem Bild weggelassen hat, andeutungsweise wieder sichtbar zu machen, sei es mit Mitteln der Zeichnung oder der Collage, wobei das Foto den Ausgangspunkt bildet.

Räumlich anschaulicher wird die Rekonstruktion der Szene, wenn sie als Modell, als kleines „Environment“ gestaltet wird und so unmittelbar Anschauung vermittelt über den Ort, aus dem mit der Kamera der Bildausschnitt isoliert wurde. Rekonstruktionen der ganzen Szenen haben den Vorteil, daß sie grundsätzliche Probleme des Mediums Film auf einfache Weise einsichtig machen, so daß an ihnen die Pluralität visueller Wahrnehmung in Abhängigkeit von der jeweiligen subjektiven Perspektive nachvollziehbar wird. Jungen und Mädchen lernen auf diese Weise, neben den Details ans Ganze zu denken und haben damit für das kritische Sehen bewegter Bilder wesentliche Voraussetzungen erworben.

Zur Vertiefung sprachlicher Arbeit mit Bildern läßt sich anhand der Rekonstruktionen der Ursprungsszene auch die Aufgabe zur Respektierung pluraler Sichtweisen entwickeln. Man kann etwa die Aufgabe stellen, ein und dieselbe Szene aus der Sicht unterschiedlicher Positionen zu beschreiben, etwa aus der Sicht des Fotografen oder aus der Sicht des Fotografierten. („Wer kann was sehen bzw. nicht sehen?“)

In der Auswertungsphase kann anhand der selbstproduzierten Protraits auch ein wichtiges Wirkungselement von Filmen erforscht werden: die Frage der „lässigen Wirkung“ im Vergleich zur Realität.

Filmische Lässigkeit ist bekanntlich etwas, was Jugendlichen regelmäßig imponiert. „Cool“ bleiben, gilt als Ideal von Jungen und Mädchen. Filmhelden wirken auch in katastrophalen Situationen lässig, zeigen kaum Emotionen. Daß lässige Bildwirkung etwas sehr künstliches ist und darauf beruht, daß Filmschauspieler tatsächlich nicht körperlich fühlen, was sie darstellen, daß dies aber der Zuschauer assoziativ ergänzt, kann hier deutlich werden. Der Zuschauer weiß gut, was schmerzhaft und aufregend ist. Die Filmbotschaft „Macht ja nichts“ entspricht jedoch den Wünschen der Menschen nach Unverletzbarkeit und Schmerzunempfindlichkeit. Um die Diskrepanz zwischen äußerer Lässigkeit und innerer Anspannung zu erforschen, böte sich auch an, im Sport Bewegungsabläufe bewußt auf die innerliche und äußerlich Anspannung zu erkunden.

Portraitprojekte als positive Motivation zu genauem Hinsehen und zur Kommunikation

Die folgenden Projekterfahrungen mit einer Gruppe von siebzehn 14- bis 16jährigen Schülerinnen und Schülern der Bruno Bürgel-Gesamtschule Rathenow belegen, daß Portrait-Projekte sich auf besondere Weise als Einstieg in die Beschäftigung mit Gewaltfilmanalysen eignen, weil sie tatsächlich beides erzeugen, die notwendige persönliche Motivation zu genauem Sehen sowie die Bereitschaft zur Kommunikation über visuelle Wahrnehmungen durch eine gemeinsam forschende Anfangsbeziehung zwischen Erwachsenen und Jugendlichen.

Die Gruppe fiel insofern etwas aus dem üblichen Rahmen, als sich zum einen der Direktor der Schule persönlich beteiligte, weil ihn das Konzept überzeugte und er sich ein eigenes Bild davon machen wollte, was im einzelnen dabei abläuft. Zum anderen handelte es sich überwiegend um Problemschülerinnen und -schüler, die „Null Bock „ auf Schule hatten, regelmäßig schwänzten und als aggressiv galten. Es gehört zu den besonderen pädagogischen Zielen des Schulleiters, nach Kräften für die Integration der „randständigen“, schulverweigernden Jungen und Mädchen in seiner Schule zu sorgen. Für diese Jugendlichen schienen ihm die Projekte „Video-AG Gewaltfilmanalysen“ und

„Gesichter und Verwandlungen" geeignet, mit besonderen neuen Themen- und Kommunikationsangeboten auch ihr allgemeines Interesse an der Schule zu wecken. Dafür nahm er die finanzielle und personelle Unterstützung der Regionalen Arbeitsstelle für Ausländerfragen Rathenow zur Einrichtung einer längerfristigen Arbeitsgemeinschaft unter Leitung einer freien Mitarbeiterin der RAA in Anspruch. Am Portraitprojekt, das einen attraktiven Anfang darstellte, reiste er mit der Gruppe nach Babelsberg und nahm persönlich, für sich fotografierend, aber auch zum Vergnügen aller aktiv „mitspielend", teil. Es war ihm auch gelungen, einen Lehrer und einen Schüler der Foto-AG für die gesamten Fotografenarbeiten zu gewinnen.

Auffällig war die intensive Konzentration der Jungen, Mädchen und ihrer Begleiter bei diesem Projekt. Die sonst als unfähig zur Aufmerksamkeit beklagten Schülerinnen und Schüler beobachteten – zum Erstaunen des Direktors – sehr genau und für ihre Verhältnisse nach seiner Ansicht unerwartet ausdauernd die Prozeduren der Verfremdung durch die Maske (immerhin dauerte die einzelne Maske etwa 10–15 Minuten). Ausgiebig studierten sich die, die bereits fertig waren, mitten im Trubel im Spiegel oder beobachteten die Reaktionen der anderen auf ihren verfremdeten Anblick. Beobachtungen wurden ausgetauscht. Für die Erwachsenen war bedeutsam, daß auch in dieser Gruppe sich die meisten Jungen und Mädchen als Verletzte oder Entstellte schminken ließen, sich Wunden oder Deformierungen wählten, Vampirartiges oder Totenähnliches.

Bei den Inszenierungen mit diesen überwiegend „schulunlustigen" Jugendlichen, fiel mir besonders auf, wie verletzbar und rückzugsbereit viele der Jugendlichen zunächst waren. Im Schutz der Maske begannen sie dennoch, Kontakt herzustellen und mitzuarbeiten. Die Phase der Inszenierung einer Person nach der Maske, in der es darum geht, zu zweit oder zu mehreren einen passenden und besonderen Ausdruck für jede Person zu suchen, ist meiner Erfahrung nach von großer Bedeutung und erfordert besonders sorgsame Beachtung der Beziehungen dabei. Denn hierbei geht es um ein wechselseitiges, zwar kurzes, aber doch relativ nahes Sich-aufeinander-einlassen von Jugendlichen und Erwachsenen, um ein kurzzeitiges „Sich-ausliefern" der Jungen und Mädchen an die Betrachter und Fotografen, an „fremde" Blicke, mit denen in gewisser Weise eine zentrale Frage persönlicher Wertschätzung und Wichtigkeit der Jungen und Mädchen verbunden ist. Die Bereitschaft der Jungen und Mädchen, sich auf introspektive Wahrnehmungen und subjektive Phantasien, die dem gewählten Motiv ihrer Verfremdung entsprechen, einzulassen, entsteht nur, wenn sie am Gegenüber positive Akzeptanz spüren. Sie brauchen zur Mitarbeit Zutrauen in eine positive Beziehung, daß sie, wenn sie sich im Bild „ausliefern", als Person ernst genommen, nicht kritisiert oder lächerlich und damit entwertend dargestellt werden.

Ich schätze es als großen Vorzug dieser Art von Portraitarbeit, daß sie gerade für kontaktscheue und mißtrauische Jugendliche eine probehandelnde Möglichkeit schafft, sich kurzzeitig aufmerksam aufeinander zu beziehen. Ein Junge wollte z. B. gerne einen energischen Ausdruck („Na warte") erreichen, aber er brachte ihn nach Meinung zusehender Schüler nicht zustande, weil er mit eingezogenen Schultern eher demütig dasaß. Es dauerte einige Zeit, bis er mit Unterstützung von außen (die Zuschauer sagten „jetzt") die Haltung fand und riskierte, die er bewußt zum Ausdruck bringen wollte. Meiner Einschätzung nach ist es sehr wichtig, daß es an dieser Nahtstelle im Kontakt zwischen Jugendlichen und Erwachsenen gelingt, Vertrauen darin zu schaffen, daß jeder in seiner Besonderheit beachtet und auf eine Weise gewürdigt wird, die Distanz, Wohlwollen und Aufmerksamkeit für ihre eigene Person trotz befremdlicher Motivwahl enthält.

Ein Jahr später berichtete der Schulleiter von einigen positiven Wirkungen der Projektarbeit an der Schule. Befragt nach seiner Einschätzung über die Nützlichkeit des Projekts „Gesichter und Verwandlungen", verwies er auf überraschend positive Verhaltensveränderungen einiger Jugendlicher. Zwei Mädchen hätten durch das Projekt gemerkt, daß sie nicht unfähig und wertlos in der Schule seien, sondern sich in Gesprächen mit anderen verständlich machen und darstellen könnten, und dies habe ihr Selbstbewußtsein gehoben und einen grundlegenden Einstellungswandel zur Schule bei ihnen bewirkt. Sie wurden inzwischen als Klassenvertreterinnen gewählt und amtieren als Schülerratsvertreterinnen. Insgesamt positiv bei dieser Gruppe hat sicherlich das Engagement der Schulleitung gewirkt und die pädagogisch richtige Absicht, den Jungen und Mädchen, die sonst wegen schwierigen Verhaltens von besonderen schulischen Aktivitäten wie Klassenfahrten ausgeschlossen wurden, etwas anzubieten, an dem der Direktor selbst sich auch beteiligte.

Von Interesse für weiterführende Möglichkeiten und Grenzen im Anschluß an das Portrait-Projekt sind noch Erfahrungen der Pädagogin mit der Arbeitsgemeinschaft, wo neben Filmwirkungs- und Gewaltfragen auch die Diskussion von Drogenproblemen betrafen. Als sie vorschlug, daß die Jungen und Mädchen selbst einen Videofilm produzieren sollten, stimmten die zwar theoretisch zu, blieben aber dann praktisch weg. Ein Grund für die Verweigerung der Videoarbeit liegt meiner Ansicht nach darin, daß Jugendliche die häufig positive Einschätzung Erwachsener über das Faszinosum eigener Videoherstellung nicht teilen. Das könnte daran liegen, daß die Filmkamera jungen Menschen mit schwachem Selbstwertgefühl – und das findet sich regelmäßig bei „schwierigen“ Schülerinnen und Schülern – zu intensiv, zu lange und zu nahe auf den Leib rückt und sie „verfolgt“. Fotografie hingegen hält in ihrer kurzzeitigen Produktionsphase mehr Distanz und steht als Endergebnis „still“ zum genauen und jederzeit möglichen Studium der Wirkungen.

Die Frage der Nützlichkeit der Portraitprojekte

Die Einschätzungen zur Nützlichkeit dieses Weges über Portraits junger Menschen für eine bewußte Auseinandersetzung mit der Problematik „Gewalt, Jugend und Bild“ waren bei den beteiligten Erwachsenen und Jugendlichen insgesamt überwiegend sehr positiv. Damit produzierten sie nicht nur wichtiges Material, das die Produzentengruppe selbst, aber auch Angehörige und Unbeteiligte mit großer Aufmerksamkeit betrachteten, sondern auch ein mit wichtigen Erfahrungen über Produktion, Wirkung und Introspektion verknüpftes Material, an dem im Unterricht auf vielfältige, noch nicht in allen Einzelheiten getestete Weise weitergearbeitet werden kann. Hier erweist sich der Vorzug der stehenden, jederzeit verfügbaren Bilder, die ohne lange Vorbereitung und auf individuelle Weise betrachtet und analysiert werden können, gegenüber den bewegten Bildern von Videos.

Was sich aus meiner Sicht auf seiten der Kolleginnen und Kollegen durch das Projekt veränderte und bei den Schülerinnen und Schülern positiv ankam, war ihr Interesse, Möglichkeiten zu suchen und zu nutzen, aktiv zusammen mit ihren Schülerinnen und Schülern aus der Situation der Hilflosigkeit gegenüber den als bedrückend empfundenen vielen Bildern der Gewalt heraus und miteinander darüber ins Gespräch zu kommen. Das mag manchen Menschen, die viel lieber die Gewaltfilme ganz abschaffen würden, als zu wenig erscheinen.

Für Betrachter, die die Entstehungsgeschichte der Portraits nicht kennen, könnten die Fotos eine unerträgliche Provokation darstellen. Sie könnten der Ansicht sein, daß es wichtiger wäre, schöne, positive Bilder zu zeigen, statt häßliche und gemeine Gedanken offensichtlich zu machen. Sie könnten auch Sorge haben, daß durch das Ausstellen solcher Bilder, aggressive Impulse verstärkt statt abgebaut werden. Daß Schüler mit so aufregenden Fotos von sich gegenüber Mitschülern angeben und stolz auf ihre Posen sind, so als seien sie selbst es, die so verletzende Angriffe überstanden haben, halte ich nicht für schädlich. Der Besitz solcher Bilder der eigenen Person wird den begonnenen Prozeß der Auseinandersetzung mit Bild und Wirkung begünstigen.

Die Kommunikation über problematische Bilder mit Gewaltthemen, bei denen es um intergenerationale Vermutungen, Verdächtigungen und Verständigung über unterschiedliche Sichtweisen geht, hatte in diesem Projekt Vorrang vor anderen für bewußtes Sehen ebenfalls wichtigen Zielen, etwa der formalen Bildanalyse. Doch in der zur Verfügung stehenden knappen Zeit einzelner Projekttage sind die Möglichkeiten zwangsläufig sehr beschränkt. Der Umstand, daß in dem Projekt eine Vielzahl von Problemen und Themen lediglich angeschnitten wurde, bei denen es jedoch aus pädagogischen Gründen sehr wichtig wäre, sie kontinuierlich mit jungen Menschen im Unterricht zu vertiefen, macht einmal mehr darauf aufmerksam, daß visuelle Bildung nicht en passant und nicht nur punktuell an einzelnen Projekttagen betrieben werden kann, sondern daß sie, wie andere Fächer auch, einen festen Platz in den Lehrplänen der Schulen und in der Universitätsausbildung für den Schulbereich braucht.

Schlußbetrachtung

Die häufig beklagten und regelmäßig für Gewaltentwicklungen junger Menschen, so auch bei den ausländerfeindlichen Straftaten der vergangenen Jahre, verantwortlich gemachten „Gewaltfilme“ sind ein gewichtiger Anlaß, theoretische und praktische Fragen in den Grenzbereichen der Bildenden Kunst, der Psychoanalyse und der Pädagogik zu stellen. Auf diese Weise werden bislang im öffentlichen Diskurs zu wenig beachtete Interdependenzen, Fixierungen, Problemverschiebungen und Schuldzuschreibungen sichtbar, die zur Erklärung einer paradox erscheinenden Situation der Gesellschaft in der Gegenwart beitragen.

Erklärungsbedürftig ist tatsächlich, warum die Gesellschaft einerseits zwar die Heranbildung mündiger Bürgerinnen und Bürger im visuellen Bereich reklamiert und ihre freiheitliche Medienpolitik darauf aufbaut, warum sie aber andererseits eine gründliche, allgemeine visuelle Bildung blockiert, indem sie nicht die dafür erforderlichen Voraussetzungen an Schulen und Universitäten schafft, warum sie mit dem Argument föderaler Bildungskompetenzen vor der Bildungsaufgabe ausweicht und sich anstelle von Bildung mit ordnungspolitischen Maßnahmen zufriedengibt. Jugendschützende Bemühungen wie Altersangaben zu Filmen, Indizierungen, Sendezeitbeschränkungen, so wichtig sie sind, dienen letztlich der moralischen Beruhigung besorgter Erwachsener mehr als dem Ziel, mündige Bürger, die sich selbst schützen können, heranzubilden.

Aus psychoanalytischer Sicht muß man zu dem Schluß kommen, daß die Situation der Mediengesellschaft von kollektiven Verdrängungsprozessen bestimmt ist, die, solange sie unerkannt bleiben, alle bewußten Bemühungen um positive Veränderungen blockieren. Die Wirkungen kollektiver Verdrängungsleistungen zeigen sich an Problemeinschränkungen, Problemspaltungen und Problemfixierungen auf einige Bereiche unter Auslassung anderer. Problemspaltungen zeigen sich u. a. darin, daß speziell die „bösen“ Bilder/Filme problematisiert werden, nicht aber die „guten“ mit ihren durchaus fragwürdigen Idealisierungen. Im Gefolge derartiger Spaltungen gedeihen einseitige Schuldzuschreibungen („die gewaltgierigen Jugendlichen“), die verhindern, daß die tatsächlichen ambivalenten Interessenverflechtungen und Verantwortlichkeiten klar werden.

Es gibt eine Reihe von Störfaktoren, die das Reden über Filme zwischen Erwachsenen und jungen Menschen so unerfreulich für beide Seiten machen, daß beide es trotz guten Willens meiden. Als Störfaktor von außen wirkt auf viele Erwachsene die gesellschaftliche Überforderung, daß sie als Individuen ein kollektives Problem lösen sollen; die Überforderung der Eltern äußert sich häufig in einer Haltung der Entrüstung, Belehrung oder Herabsetzung dessen, was Kinder interessiert, so als verursachten die Kinder durch ihr Interesse die Probleme, die doch die Mediengesellschaft produziert. Innere Störfaktoren in Gesprächen über Filme sind auch zahlreiche verdrängte Motive der Angst, der Aggressionen, der Verdächtigungen Erwachsener, die die Gesprächsatmosphäre von vornherein feindselig und wenig attraktiv machen. Gespräche, die mehr als reine Qualitätsurteile Erwachsener sind, die Introspektion und Subjektivität der Wahrnehmungen Raum geben, gedeihen jedoch nicht unter Vorwürfen, sondern nur dann, wenn bei Erwachsenen und Kindern und Jugendlichen eine grundsätzlich forschende Haltung entwickelt wird, mit Respekt und Neugier auf die wechselseitigen Ansichten unter den Fragen: „Was siehst Du, was sehe ich, und was denkst Du dazu und was denke ich dazu“.

Viele Menschen sehen es als aussichtsloses Unterfangen, gegenüber dem Faszinosum Film und gegenüber der Macht der Bilderindustrien ausgerechnet auf eine befreiende Wirkung von visueller Bildung und Aufklärung zu setzen. Sie werden zwischen „Abschalten“ oder „Laufenlassen“ alternative Wege suchen, um der Attraktivität des Filmesehens das Wasser dadurch abzugraben, daß jungen Menschen ausreichend Räume, konkrete Anregungen und flexible Möglichkeiten zur kreativen Betätigung zur Verfügung stehen. Resignation gegenüber Filmkonsum und Fernsehen jedoch mag zwar als persönliche Entscheidung respektabel sein, aber in den bildungspolitischen Ansprüchen wäre sie verheerend. Damit würden Demokraten ohne Not das Feld räumen, anstatt es für die Zukunft bildungspolitisch zu bestellen, um es im wesentlichen, abgesehen von restriktiven Vorbehalten durch Zensur, den nur profitorientierten, an den Inhalten von Bildern und Filmen nur sekundär interessierten Marktkräften zur Ausbeutung zu überlassen.

Die Gesellschaften, die einerseits die Dominanz von bewegten Bildern zulassen, indem sie ihnen quantitativ und qualitativ immer mehr Gewicht geben, müssen andererseits auch, wollen sie ihre demokratischen Wurzeln nicht gefährden, für adäquate Gegengewichte durch allgemeine, gründliche visuelle Bildung, kritische Wahrnehmungsfähigkeit und Verbalisierungsfähigkeit sorgen. Bilder müssen vergleichbar, überprüfbar und kritisierbar werden.

Bildende Kunst und ihre Derivate – Design von Bildern in Werbegrafik, Film, Computer – sind wirkungsvolle Instrumente zur Steuerung von Bedürfnissen. Es ist der kalkulierte Einsatz künstlerischer Mittel, der über Bilder – unabhängig von ihren Inhalten – Emotionen zu beeinflussen vermag. Die Wirkung basiert auf dem formalen Zusammenspiel von bildnerischen Mitteln wie Farbe, Form, Struktur, Kontrast, Motiven sowie der Zeit und Musik in Filmen, Mittel, die Assoziationen und Emotionen viel schneller auslösen, als es der bewußte Gedanke vermag. Um die Herrschaft im Inneren, im einzelnen wie in der Gesellschaft vor Usurpatoren schützen zu können, benötigen die Bürger die Fähigkeit, „hinter die Bilder zu sehen", um verborgene Absichten darin zu erkennen. Sie müssen die künstlerischen Mittel, die formalen und inhaltlichen Tricks kennenlernen, mit denen per Bild Absichten in ihr Inneres transportiert werden. Sie müssen ihren visuellen Analphabetismus durch Bildung, d. h. durch Wissenserwerb und kritisches Denkvermögen überwinden.

Gewaltfilme sind, psychoanalytisch betrachtet, ein spektakuläres Symptom unserer Zeit, aber nicht das eigentliche Problem. In ihnen kehren als bedrohlich für die friedliche Ordnung der Gesellschaft abgewehrte Teile der Gesellschaft, die sich bewußt nur auf das „Schöne" einrichten wollte, vor aller Augen wieder und zwingen zu erneuter Abwehr. Ein Teufelskreis, aufrechterhalten durch Angebot- und Nachfragedruck, ist in Gang gebracht und erzeugt eskalierende Gewalt in Bildern und Filmen, erzeugt wachsende Unruhe, wachsenden Druck und Gegendruck oder aber wachsende Resignation.

Das Hauptproblem ist nicht die Qualität irgendwelcher Filme, sondern der visuelle Analphabetismus, der Abhängigkeiten sowie sprachliche und kommunikative Behinderungen schafft. Wenn die Gesellschaft beginnt, am ausgehenden 20. Jahrhundert den visuellen Analphabetismus und nicht so sehr einzelne fragwürdige Filme ernstzunehmen, dann wird sie auch in der Lage sein, auf kreative Weise Mittel und Wege zu entwickeln, um gründliche visuelle Bildung für ihre Bürger zu etablieren, damit sie sich bewußt mit ihren Bildern und deren geliebten oder gefürchteten Inhalten befassen, spiegeln sie doch Grundkonflikte von Menschen in vielerlei Variationen.

Visuelle Bildung, die positive Erfahrungen dafür vermittelt, daß verbale Verständigung zwischen den Generationen und Geschlechtern auch über kontroverse Ansichten und auch anhand von Filmen über bedrohliche Konflikte möglich ist, hat nach psychotherapeutischer Auffassung eine wichtige demokratiestützende und gewaltprophylaktische Funktion. Natürlich wäre es ideal, wenn mündige Bürger dies alles ohne staatliche Hilfe leisten könnten, so daß nicht erst lange bürokratische Wege beschritten werden müßten, um sie zu etablieren.

Beobachtungen an Jungen und Mädchen aller Altersstufen zeigen, wie nötig eine kontinuierliche und nicht nur sporadisch angebotene visuelle Bildung ist. Erfahrungen im Schulalltag zeigen auch, wie nötig dafür professionelle Unterstützung der Lehrpersonen ist.

Die pädagogische Forderung, mit Kindern und Jugendlichen über Filme zu reden, ist wichtiger denn je. Aber das Reden über visuelle Eindrücke und der Diskurs über unterschiedliche Sichtweisen ist schwer und bedarf der Übung in offener Atmosphäre. Auch wenn es noch keine kontinuierliche visuelle Bildung gibt, in der Gewaltfilmanalysen einen festen Platz haben, existieren doch Möglichkeiten, Projekte zur Film- und Bildanalyse, zu bewußtem Sehen und zu Gesprächen auch für die vielen Kinder und Jugendlichen einzurichten, deren Eltern überfordert sind von der Aufgabe, mit ihnen über Gewalt und

Bilder von Gewalt zu reden. Projekte bieten die Möglichkeit, folgende Ziele zu erreichen: Die Förderung des Dialoges in der Schule über Gewaltprobleme durch forschendes Herangehen von Schülern und Lehrern; eine genaue und bewußte Wahrnehmung von Bildern und Filmen; die Verbalisierung visueller Eindrücke; die Pflege von Toleranz für unterschiedliche Wahrnehmungen. Damit bieten sie wichtige Möglichkeiten zur Überwindung von Beziehungsstörungen und dienen der Gewaltprophylaxe.

Literaturverzeichnis

Astrid Albrecht-Heide, Frauen, Krieg und Militär, Tübingen 1991

Astrid Albrecht-Heide, Männliche Helden und weibliche Tränen. Über die innere Kolonisierung von Mädchen im Patriarchat, in: Christian Büttner u. a. (Hrsg.), Die Rebellion der Mädchen, in: Jahrbuch der Kindheit 3 (1986), S. 51–64

Astrid Albrecht-Heide, Ordnung zwischen Gewaltproduktion und Friedensstiftung, Baden-Baden 1993

Astrid Albrecht-Heide, Das Verhältnis von Mädchen und Frauen zur Gewalt: Fragen zu einem vernachlässigten Bereich, in: Christian Rajewski (Hrsg.), Rüstung und Krieg, Frankfurt a. M. 1983, S. 261–273

Jakob Augstein, Mütter und Väter sind die gefährlichsten Täter. Grausamkeiten gegen Kinder beschäftigen die Berliner Polizei mehr als die organisierte Kriminalität, in: Süddeutsche Zeitung, 12. 3. 1996

Jakob Augstein, „Ein wahnsinnig normaler Täter", in: Süddeutsche Zeitung, 16. 2. 1996

Dieter Baacke/Uwe Sander/Ralf Vollbrecht, Medienwelten Jugendlicher, Opladen 1991

Mathilde Bauer/Herbert Selg, Gewaltdarstellungen in Film und Fernsehen. Auswirkungen auf Kinder und Jugendliche, in: Jugend-Medien-Schutz-Report (künftig JMS-Report) 17 (1994), H. 1, S. 5–7

Thea Bauriedl, Auch ohne Couch. Psychoanalyse als Beziehungstheorie und ihre Anwendungen, Stuttgart 1994

Thea Bauriedl, Psychoanalyse ohne Couch, München 1995

Thea Bauriedl, Wege aus der Gewalt, Analyse von Beziehungen, Freiburg 1992

Jürgen Belgrad/Bernhard Görlich/Hans-Dieter König/Gunzelin Schmid Noerr (Hrsg.), Zur Idee einer psychoanalytischen Sozialforschung. Dimensionen szenischen Verstehens, Frankfurt a. M. 1987

Ute Benz, Allerleirauh. Der riskante Weg des jungen Mädchens durch Phantasie und Wirklichkeit oder: Der ganz normale Inzest, in: Merkur 45 (1991), S. 1125–1134

Ute Benz, Brutstätten der Nation. „Die deutsche Mutter und ihr erstes Kind" oder der anhaltende Erfolg eines Erziehungsbuches, in: Dachauer Hefte 4 (1989), S. 144–163

Ute Benz, Der Mythos von der guten Mutter. Zur Tradition der politischen Instrumentalisierung eines Ideals, in: Brigitte Rauschenbach (Hrsg.), Erinnern, Wiederholen, Durcharbeiten. Zur Psychoanalyse deutscher Wenden, Berlin 1992, S. 148–156

Ute Benz, Rechtsradikalismus – Merkmal einer neuen Jugendkultur?, in: Gewalt, Faszination und Furcht. Jahrbuch für Literatur und Politik in Deutschland I, Leipzig 1994, S. 120–139

Ute Benz, Verführung und Verführbarkeit. NS-Ideologie und kindliche Disposition zur Radikalität, in: Ute und Wolfgang Benz (Hrsg.), Sozialisation und Traumatisierung. Kinder in der Zeit des Nationalsozialismus, Frankfurt a. M. 1992

Bruno Bettelheim, Kinder brauchen Märchen, Stuttgart 1977

Werner Bergmann/Rainer Erb (Hrsg.), Neonazismus und rechte Subkultur, Berlin 1994

Werner Bergmann, Ein Versuch, die extreme Rechte als soziale Bewegung zu beschreiben, in: Bergmann/Erb, Neonazismus, S. 183–207

Gerd Biermann, Zur Geschichte der analytischen Kinderpsychotherapie, in: ders. (Hrsg.), Handbuch der Kinderpsychotherapie, Bd. I, München 1969, S. 1–18

Dirk Blasius, „Einfache Seelenstörung". Geschichte der deutschen Psychiatrie 1800–1945, Frankfurt a. M. 1994

Gisela Bock, Zwangssterilisation im Nationalsozialismus. Studien zur Rassenpolitik und Frauenpolitik, Opladen 1986

Werner Bohleber, Autorität und Freiheit: Sind die 68er schuld am Rechtsextremismus?, in: psyschosozial 17 (1994), H. 56, S. 73–85

Heiko Boumann, Mut zur Erinnerung. Die Debatte um „Mut zur Erziehung" im Jahr 1978, in: psychosozial 17 (1994), H. 56, S. 17–40

Charles Brenner, Elemente des seelischen Konflikts. Theorie und Praxis der modernen Psychoanalyse, Frankfurt a. M. 1986

Heidrun Bründel/Klaus Hurrelmann, Zunehmende Gewaltbereitschaft von Kindern und Jugendlichen, in: Aus Politik und Zeitgeschichte, Beilage zur Wochenzeitung Das Parlament, 23. 9. 1994, S. 3–9

Angelika Burger/Gerlind Seidenspinner, Töchter und Mütter. Ablösung als Konflikt und Chance, Opladen 1988

Bundesministerium für Frauen und Jugend (Hrsg.), Gewalt im Fernsehen, Bonn 1994

Bundeszentrale für politische Bildung (Hrsg.), Handbuch Medienarbeit. Medienanalyse, Medienordnung, Medienwirkung, Opladen 1991 (3. Aufl.)

Dorothy T. Burlingham, Kinderanalyse und Mutter, in: Handbuch der Kinderpsychotherapie, Bd. II, München 1976 (4. Aufl.), S. 631–637

Judith Butler, Das Unbehagen der Geschlechter, Frankfurt a.M. 1991

Horst Dichanz, Medienkompetenz: Neue Aufgabe politischer Bildung, in: Aus Politik und Zeitgeschichte, Beilage zur Wochenzeitung Das Parlament, 17. 11. 1995, S. 27–39

Annemarie Dührssen, Psychogene Erkrankungen bei Kindern und Jugendlichen, Göttingen 1974 (10. Aufl.)

Annemarie Dührssen, Ein Jahrhundert psychoanalytische Bewegung in Deutschland, Göttingen 1994

Norbert Elias, Über den Prozeß der Zivilisation. Soziogenetische und psychoanalytische Untersuchungen, 2 Bde., Basel 1939 (TB-Ausgabe Frankfurt a. M. 1995, 19. Aufl.)

Barbara Eppensteiner/Karl Fallend/Johannes Reichmayer, Psychoanalyse im Film (1925–1926), in: Psyche 41 (1987), S. 129–139

Hubert Feiereis u.a., Diagnostik und Therapie der Magersucht und Bulimie, München 1989

Liselotte Frankl, Die Hampstead Child-Therapie-Clinic, eine psychoanalytische Kinderklinik, in: Handbuch der Kinderpsychotherapie, Bd. I, München 1976 (4. Aufl.), S. 139–150

Anna Freud, Probleme der Pubertät (1958), in: Die Schriften der Anna Freud, Bd. VI, Frankfurt a.M. 1987, S. 1739–1769

Anna Freud, Berichte über Kriegskinderheime (1939–1945), in: Die Schriften der Anna Freud, Bd. II und III, Frankfurt a. M. 1987

Anna Freud, Mütterliches Wissen und Wissenschaft für die Mütter (1949), in: Die Schriften der Anna Freud, Bd. V, Frankfurt a. M. 1987, S. 1501–1516

Anna Freud, Wege und Irrwege in der Kinderentwicklung, Stuttgart 1991

Anna Freud, Die infantile Amnesie und der Ödipuskomplex (1930), in: Die Schriften der Anna Freud, Bd. I, Frankfurt a. M. 1987, S. 95–108

Sigmund Freud, Der Traum (1916), in: Studienausgabe, Vorlesungen zur Einführung in die Psychoanalyse Und Neue Folge, Frankfurt a. M. 1969, S. 99–230

Sigmund Freud, Widerstand und Verdrängung (1917), in: Studienausgabe, Vorlesungen zur Einführung in die Psychoanalyse Und Neue Folge, Bd. 1, Frankfurt a. M. 1969, S. 285–299

Sigmund Freud, Libidoentwicklung und Sexualorganisation (1917), in: Studienausgabe, Vorlesungen zur Einführung in die Psychoanalyse Und Neue Folge, Bd. 1, Frankfurt a. M. 1969, S. 316–332

Sigmund Freud, Das Unbehagen in der Kultur (1930), in: Werkausgabe Bd. 2, Frankfurt a. M. 1978, S. 367–424

Sigmund Freud, Märchenstoffe in Träumen (1913), in: Werkausgabe Bd. 2, Frankfurt a. M. 1978, S. 496–501

Sigmund Freud, Totem und Tabu (1912/13), in: Studienausgabe Bd. 9, Frankfurt a. M. 1974, S. 287–444

Werner Glogauer, Kriminalisierung von Kindern und Jugendlichen durch Medien, Baden-Baden 1991

Gerhard Glück, Das „scharfe Schwert" gegen Gewalt in den Massenmedien, in: JMS-Report 15 (1992), H. 1, S. 8

Joachim von Gottberg, Das erste halbe Jahr. Freiwillige Selbstkontrolle im Fernsehen legt erste Prüferfahrungen vor, in: JMS-Report 17 (1994), H. 5, S. 1–4

Jo Groebel, Medien und Gewalt, Anhörung des deutschen Bundestages 31. 1. 1996

Jo Groebel, Angsthaben ist so schön, in: Die Zeit, 13. 1. 1995

Günther Gugel/Uli Jäger, Gewalt muß nicht sein. Eine Einführung in friedenspädagogisches Denken und Handeln, Tübingen 1994

Wilhelm Heitmeyer, Jugend – Staat – Gewalt. Politische Sozialisation von Jugendlichen, Jugendpolitik und politische Bildung, München 1989

Wilhelm Heitmeyer, Rechtsextremistische Orientierungen bei Jugendlichen, Weinheim/München 1993

Ludger M. Hermanns (Hrsg.), Spaltungen in der Geschichte der Psychoanalyse, Tübingen 1995

Petra Hesse/Debra Poklemba, Feindbilder im Kindesalter. Der Fremde mit grünen Füßen und schwarzen Zehen, in: psychosozial 12 (1989), H. 40, S. 62–67

Michael-Sebastian Honig (Hrsg.), Kindesmißhandlung. Gewalt gegen Kinder als öffentliches Thema, München 1982

Christine Holzkamp, Geschlechterverhältnis und Rechtsextremismus, in: Rolf

Busch (Hrsg.), „Streetwork im Bermuda-Dreieck". Rechtsextremismus in Berlin: Gegenstrategien, Berlin 1992

Christine Holzkamp, Jugendgewalt: männlich-weiblich, in: Sabine Behn/Helmut Heitmann/Stephan Voß (Hrsg.), Jungen, Mädchen und Gewalt – ein Thema für die geschlechtsspezifische Jugendarbeit?! Berlin o. J. (1994), S. 71–83

Christine Holzkamp/Birgit Rommelspacher, Frauen und Rechtsextremismus, in: päd extra, demokratische erziehung, 1/1991

Max Horkheimer/Theodor W. Adorno, Dialektik der Aufklärung, Philosophische Fragmente, Frankfurt a. M. 1969

Klaus Hurrelmann, Aggressionen und Gewalt in der Schule. Ursachen, Erscheinungsformen und Gegenmaßnahmen, päd extra 5/1993, S. 7–10.

„Jugend und Gewalt". Anhörung des Ausschusses für Frauen und Jugend, 24. 3. 1993, in: Zur Sache. Themen parlamentarischer Beratung, hrsg. vom Deutschen Bundestag, Bonn 1993

Corinna Kehlenbeck, Mädchen brauchen Abenteuer. Eine Studie über abenteuerliche Heldinnen in der zeitgenössischen Jugendliteratur und ihre sozialisatorische Bedeutung in der weiblichen Adoleszenz, Phil. Diss. TU Berlin 1994

Hans Keilson, Sequentielle Traumatisierung bei Kindern. Deskriptiv-klinische und quantifizierend-statistische follow-up Untersuchung zum Schicksal der jüdischen Kriegswaisen in den Niederlanden, Stuttgart 1979

Ruth S. Kempe/Henry Kempe, Kindesmißhandlung, Stuttgart 1980

Werner Kemper, Eigentümlichkeiten der frühkindlichen Erlebniswelt und deren Auswirkung, in: Gerd Biermann (Hrsg.), Handbuch der Kinderpsychotherapie, Bd. I, München 1976 (4. Aufl.), S. 19–39

Ernst Klee, „Euthanasie" im NS-Staat. Die „Vernichtung lebensunwerten Lebens", Frankfurt a. M. 1983

Ernst Klee, Was sie taten – was sie wurden. Ärzte, Juristen und andere Beteiligte am Kranken- oder Judenmord, Frankfurt a. M. 1986

Martin Knapp/Bernhard Borgeest/Pedro Meyer (Fotos), Wie die Bilder lügen lernen. Der Computer hat sich der Bilder bemächtigt. Ein bißchen spielen mit der Maus und die Täuschung ist perfekt. Es naht das Ende der klassischen Photographie, in: Zeitmagazin Nr. 38, 16. 9. 1994, S. 14–20

Marianne Knief, Dokumentation psychosoziale Aspekte von Schule, Berlin 1995 (Berliner Institut für Lehrerfort- und -weiterbildung und Schulentwicklung)

Renate Lippert, Männlicher Blick und feministische Filmtheorie, in: Psyche 46 (1992), S. 1088–1099

Regine Lockot, Erinnern und Durcharbeiten. Zur Geschichte der Psychoanalyse und Psychotherapie im Nationalsozialismus, Frankfurt a. M. 1985

Alfred Lorenzer, Sprachzerstörung und Rekonstruktion, Frankfurt a. M. 1970

Helmut Lukesch, Horrorvideos – Verbreitung und Wirkung, in: psychosozial 13 (1990), H. 44, S. 33–41

Elke Lutzebäck/Gisela Schaar/Carola Storm, Mädchen in rechten Jugendcliquen, in: Sabine Behm/Helmut Heitmann/Stephan Voß (Hrsg.), Jungen, Mädchen und Gewalt – ein Thema für die geschlechtsspezifische Jugendarbeit?! Berlin o. J. (1994), S. 153–161

Angela Merkel, Jugendschutz ein politischer Auftrag?, in: JMS-Report 15 (1992), H. 3, S. 1–3

Christian Metz, Der fiktionale Film und sein Zuschauer. Eine metapsychologische Untersuchung, in: Psyche 48 (1994), S. 1004–1046

Joshua Meyrowitz, Die Fernsehgesellschaft. Wirklichkeit und Identität im Medienzeitalter, Weinheim 1987

Britta Müller/Karl-Otto-Richter/Bernhard Schmidbauer, Gewalt. Texte von Kindern und Jugendlichen, Rostock 1993

Rita Müller-Hilmer/Helga Theunert, Institut Jugend, Film und Fernsehen München (Hrsg.), Nie hat es soviel Spaß gemacht. Brutales in den Medien, München 1987

Heinz Müller-Pozzi, Identifikation und Konflikt. Die Angst vor Liebesverlust und der Verzicht auf Individuation, in: Psyche 39 (1985), S. 877–904

Gabriele Naundorf, Mädchenarbeit. Entwicklung, Ansätze, Methoden, in: Sabine Behm/Helmut Heitmann/Stephan Voß (Hrsg.), Jungen, Mädchen und Gewalt – ein Thema für geschlechtsspezifische Jugendarbeit, Berlin o. J. (1994), S. 95–105

Klaus Ott, Gegen das tägliche Hauen und Stechen, in: Süddeutsche Zeitung, 2. 1. 1995

Henri Parens, Zur Epigenese der Aggression in der frühen Kindheit, in: Analytische Kinder- und Jugend-Psychotherapie, 27 (1996), H. 1, S. 17–49

Barbara Pfetsch/Klaus Neumann, Am (N)Kabel der Welt? Kinder und Kabelkommunikation, in: psychosozial 13 (1990), H. 44, S. 24–32

Neil Postman, Wir amüsieren uns zu Tode. Urteilsbildung im Zeitalter der Unterhaltungsindustrie, Frankfurt a. M. 1985

Peter Reichel, Der schöne Schein des Dritten Reiches. Faszination und Gewalt des Faschismus, München 1991

Monika Reimitz, Rambo-Zambo und was Jugendliche dazu meinen, in: psychosozial 10 (1987), H. 31, S. 49–59

Peter Rieker, Familie – Rechtsextremismus – Schule. Zu den Ergebnissen einer sozialwissenschaftlichen Studie und deren Bedeutung für die Schule. Arbeitspapier des Berliner Instituts für Lehrerfort- und -weiterbildung und Schulentwicklung, Berlin 1994

Christa Rohde-Dachser, Expedition in den dunklen Kontinent. Weiblichkeit im Diskurs der Psychoanalyse, Berlin, Heidelberg 1991

Horst-Eberhard Richter, Zum Unbehagen in der Unkultur der Gewalt, in: psychosozial 17 (1994), H. 56, S. 9–16

Horst-Eberhard Richter, Der Gotteskomplex. Zur Psychologie des Friedens. Russen und Deutsche 1990, Reinbek 1979.

Barry Sanders, Der Verlust der Sprachkultur, Frankfurt a. M. 1995

Horst Scarbath, Videokonsum und pädagogische Verantwortung, Köln 1987

M. Schiebel, Biographische Selbstdarstellungen rechtsextremer und ehemals rechtsextremer Jugendlicher, in: psychosozial 14 (1992), H. 51, S. 66–77

Heike Schmoll, Gemeinsinn, Soziale Verantwortung und Sprachkultur, in: Frankfurter Allgemeine Zeitung, 31. 1. 1995

Wolfgang Schmidbauer, Helden und Superhelden, in: psychosozial 10 (1987), H. 31, S. 85–95

Hilde Schramm (Hrsg.), Frauensprache, Männersprache. Ein Arbeitsbuch zur geschlechtsspezifischen Sprachverwendung, Frankfurt a.M. 1981

Hilde Schramm, Das Gefühl überrollt zu werden, in: Brigitte Rauschenbach (Hrsg.), Erinnern, Wiederholen, Durcharbeiten. Zur Psychoanalyse deutscher Wenden, Berlin 1992, S. 286–294

Hilde Schramm (Hrsg.), Projektwochen gegen Ausgrenzung und Gewalt. Beratung von Schulkollegien im Land Brandenburg, Potsdam (Regionale Arbeitsstelle für Ausländerfragen) o.J. (1994)

Carlos Sopena, Amadeus – Einige Überlegungen zum Neid, in: Psyche 42 (1988), S. 159–173

René A. Spitz, Vom Säugling zum Kleinkind. Naturgeschichte der Mutter-Kind-Beziehungen im ersten Lebensjahr, Stuttgart 1974 (4. Aufl.)

Annette Streeck-Fischer, „Geil auf Gewalt". Psychoanalytische Bemerkungen zu Adoleszenz und Rechtsextremismus, in: Psyche 46 (1992), S. 745–768

Jürgen Strohmaier, Das Ende, in: Fraktion Bündnis 90/Grüne (AL)/UFV (Hrsg.), Wenn nur die Straße bleibt ... Jugendbanden, Analyse und Auseinandersetzung, Berlin 1991, S. 31–32

Helga Theunert/Renate Pescher/Petra Best/Bernd Schorb, Zwischen Vergnügen und Angst: Fernsehen im Alltag von Kindern, Hamburg 1992

Helmut Thoma, Ein Neues Medienzeitalter, in: Academia 87 (1994), H. 6, S. 5–7

Elisabeth Trube-Becker, Gewalt gegen das Kind. Vernachlässigung, Mißhandlung, sexueller Mißbrauch und Tötung von Kindern, Heidelberg 1987

Walter Vandereycken/Ron van Deth/Rolf Meerman, Hungerkünstler, Fastenwunder, Magersucht. Eine Kulturgeschichte der Eßstörungen, München 1992

Klaus Vater, Die kleinen Seelen voll im Griff. Marktstrategen machen sich an die Kinder heran, in: Vorwärts, 19. 12. 1987, S. 7–12

M. D. Vernon, Wahrnehmung und Erfahrung, München 1977

Waldemar Vogelgesang/Rainer Winter, Die neue Lust am Grauen. Zur Sozialwelt der erwachsenen und jugendlichen Horrorfans, in: psychosozial 13 (1990), H. 44, S. 42–49

Waldemar Vogelgesang, Medien und Gewalt: Fakten und Vermutungen im Widerstreit, in: psychosozial 18 (1995), H. 59, S. 99–110

Eberhard Wilke, Tiefenpsychologisch fundierte (analytisch orientierte) Therapie und katathymes Bilderleben, in: Hubert Feiereis u.a. Diagnostik und Therapie der Magersucht und Bulimie, München 1988, S. 205–226

Herbert Will, Heil Hitler! gez. Müller-Braunschweig. Gab es eine Kollaboration der Deutschen Psychoanalyse mit dem Nationalsozialismus?, in: Kursbuch 115/1994, S. 123–138

Helmut Willems, Fremdenfeindliche Gewalt. Einstellungen, Täter, Konflikteskalationen, Opladen 1993

Helmut Willems/Stefanie Würtz/Roland Eckert, Fremdenfeindliche Gewalt: Eine Analyse von Täterstrukturen und Eskalationsprozessen, in: Forschungsbericht, vorgelegt dem Bundesministerium für Frauen und Jugend und der Deutschen Forschungsgemeinschaft, Juni 1993

Hans-Jürgen Wirth, Die Sehnsucht nach der Vollkommenheit. Zur Psychoanalyse der Heldenverehrung, in: psychosozial 10 (1987), H. 31, S. 96–113
Hans-Jürgen Wirth, „Voll auf Haß". Zur Psychoanalyse des Ressentiments am Beispiel der Skinheads, in: psychosozial 12 (1989), H. 40, S. 80–92
Mechthild Zeul, Bilder des Unbewußten. Zur Geschichte der psychoanalytischen Filmtheorie, in: Psyche 48 (1994), S. 975–1003
Hans Zulliger, Schund – Phantasie und Angstbewältigung, in: Praxis der Kinder- und Jugendpsychologie, Bern 1960, S. 157–169